AF464340

1675. Bruyer

# EXTRAICT DE QVELQVES PASSAGES DE L'ESCRITVRE SAINTE, AVTORITEZ ET EXEMPLES DES SAINTS PERES, CONCERNANT le soulagement des Pauures dans les necessités publiques.

Des Celestins de Paris

BIBLIOTHEQUE DE L'ARSENAL

## PREFACE.

*Comme les actions sont plus efficaces que les paroles, & que l'on connoist de la bonté de l'arbre plustost par le fruict que par les feüilles; La connoissance que nous auons de l'approbation qu'ont reçeu nos Relations, touchant les Pauures de Picardie & Champagne, beaucoup plus par la liberalité de ceux qui les ont leuës, que par tout autre discours: nous a obligez de supplier quelques personnes, dont la Charité n'est pas moindre que la Science, de donner au public vn abbregé des sentiments des Escritures Diuines, & des Saincts Peres Grecs & Latins, sur le sujet de l'Aumosne, afin d'exciter leur zele à ne se pas lasser au milieu de la course; & faire vn effort tout nouueau à donner la vie à ceux de la calamité*

4° J 675 (1)

*desquels ils n'ont veu qu'vn leger crayon par ces fidelles Relations. Nous pouuons adjouster que les derniers aduis ne diminuent point ce que nous en auons dit. Tous les animaux jettez à la voyrie sont consommez qui leur ont tenu lieu de leur pain de chaque jour, ils sont reduits aux herbes et aux racines sauuages. Si nous n'appaisons la colere de Dieu par vne puissante liberalité enuers les Pauures pour obtenir de sa bonté vne heureuse & abondante recolte, l'on n'ose arrester la pensée sur les choses que l'on peut preuoir, nous esperons que la lecture de ce liure dont nous donnõs cét abregé, nous fera connoistre quel est nostre deuoir en ce temps de calamités, & que l'Esprit Saint descendu en nos cœurs en ce saint jour auquel il remplit ceux de ses Disciples, nous rendra en quelque sorte imitateurs de ceux dans lesquels il a operé des actions si miraculeuses pour le soulagement de leurs freres.*

# ORDONNANCE DE IESVS-CHRIST, touchant l'Aumosne.

VENDEZ ce que vous possedez, & donnez l'Aumosne. Faites-vous vn tresor dans le Ciel qui ne dépérisse jamais; Car où est vostre tresor, là est vostre cœur. *S. Luc. 12. v. 33.*

Faites-vous des amis des fausses richesses, afin qu'aprés vostre mort ils vous reçoiuent dans les Tabernacles Eternels. *Luc. 16. v. 9.*

Si quelqu'vn a des biens de ce monde, & que voyant son frere en necessité il ne soit point touché de compassion pour luy, & ne l'assiste point dans ses besoins, comment est-ce que l'on peut croire qu'il a de l'amour pour Dieu. Mes freres n'aymons pas de parole ny de la langue, mais en œuure & en verité. *S. Iean. 1. v. 17.*

*Exemple de la charité des Chrestiens d'Alexandrie durant la famine & la peste, qui desola l'Empire Romain en l'an 312. rapporté par Eusebe.* Lib. 9. Hist. Eccl. c. 7.

Toutes les ruës, *dit-il*, & toutes places retentissoient du bruit des plaintes, des gemissemens & des pleurs: Et l'on ne voyoit dans toutes les Villes qu'vn triste & miserable spectacle de personnes qui fondoient en larmes. Ces deux fleaux de Dieu, comme deux dards lancez de la main Diuine, consumerent en peu de temps presque toutes les familles: Et l'on voyoit tirer en vn mesme jour deux ou trois corps morts d'vne maison.

Ce fut en ce temps & en cette occasion que tout le monde vit paroistre des marques illustres de la Charité nompareille, & de la pieté rare des Chrestiens enuers toutes sortes de personnes; car ils estoient les seuls, qui dans ce comble de maux tesmoignoient de la bonté & de la tendresse par leurs bonnes œuures, & par leur officieuse assistance. Les vns s'employoient tout le jour à enseuelir & à enterrer les morts, (y en ayant vn nombre infiny qu'on laissoit sans sepulture,) les autres assembloient en vne trouppe tous ceux de la Ville qui estoient pressez de la faim, & leur distribuoient du pain à tous. La renommée constante & certaine de ces actions si excellentes & si genereuses se respandit auec tant d'esclat & tant de celebrité dans toutes les Prouinces de l'Empire, que chacun publioit les loüanges & la gloire du Dieu des Chrestiens, & confessoit qu'ils monstroient par effect & par œuures qu'eux seuls estoient les veritables Adorateurs du Dieu Tout puissant.

*Ces desolations ne sont pas moindres maintenant en Picardie & Champagne; & ont esté pareilles en plusieurs autres Prouinces du Royaume pendant la famine en 1650.*

## Constantin premier Empereur Chrestien.

*Belle Loy de cét Empereur, pour faire assister les peres qui n'auoient pas moyen de nourrir leurs enfans.* L. 1. Cod. Theod. De alimentis.

Ie veux, *dit-il*, que l'on graue sur des tables d'Airain ou d'autre matiere par toutes les Villes d'Italie cette Loy nouuelle, qui arrestera les mains parricides des peres enuers leurs enfans, & changera en mieux leurs vœux & leurs esperances. Ayez vn soing particulier, qu'aussi-tost qu'vn pere vous apportera vn de ses enfans, peu de jours aprés qu'il sera venu au monde, lequel il ne puisse pas nourrir à cause de sa pauureté, vous fournissiez aussitost ce qui est necessaire pour la vie & le vestement de l'enfant; vne necessité si pressante ne pouuant souffrir de delay ny de lenteur. Et je veux que vous preniez, tant sur nostre domaine public & imperial que sur nostre reuenu particulier les despenses qu'il conuiendra faire pour cét Office de charité.

## Saint Basile Archeuesque de Cesarée en Capadoce en l'Homelie contre l'auarice. Tom. 1.

*Ce Saint montre que nous ne sommes proprement que les dispensateurs de nostre bien, & que c'est voler les Pauures que de ne leur pas donner ce qui nous est superflus.*

Vous me direz, *dit-il*, à qui fais-je tort si je retiens & conserue ce qui est à moy? Et moy je vous demande quelles sont les choses que vous dites estre à vous? De qui les auez vous receuës, & d'où les auez vous apportées pour passer la vie presente? Car vous faites comme vn homme, qui estant entré dans l'amphitheatre, aussi tost qu'il se seroit hasté de prendre les places que les autres pourroient prendre, les voudroient tous empescher d'entrer, appliquant à son seul vsage ce qui est exposé à l'vsage commun de tous. C'est ainsi que font les riches. S'estant mis les premiers en possession des choses qui sont communes, ils se les rendent propres en les possedans:

dans : Car si chacun ne prenoit que ce qui luy est necessaire pour sa subsistance, & qu'on donnast le superflus aux indigens, il n'y auroit ny riche ny pauure.

N'estes-vous pas sorti nud du ventre de vostre mere, & ne retournerez-vous pas nud dans la terre ? D'où vous sont donc venus ces biens presens ? Si vous dites que c'est du hazard : vous estes impie, puis que vous ne reconnoissez pas celui qui vous a creé, & n'auez que de l'ingratitude pour ses bien-faits. Que si vous confessez que vous les auez receus de Dieu, dites-moy pourquoy ils vous sont escheus plustost qu'à vn autre ? Car Dieu n'est pas injuste dans le partage inégal qu'il fait entre les hommes de ce qui est necessaire pour la vie ? Pourquoy donc estes-vous riches, & pourquoy celuy-là est-il pauure ? Certes, ce n'est pour autre sujet, sinon afin que vous qui estes riches receuiez la recompense d'vne fidelle administration, & d'vne liberale dispensation de vostre bien, & que ce pauure soit honoré des recompenses illustres de la patience. Cependant lors que vous embrassez & retenez tout auec les bras d'vne insatiable auarice, & que vous priuez tant de personnes du secours qu'elles en pourroient receuoir, vous croyez n'offenser personne.

Dites moy je vous prie qui est celuy qu'on doit estimer auare ? C'est celuy qui n'est pas content de ce qui luy doit suffire. Qui est celuy qu'on doit regarder comme vn volleur ? C'est celuy qui s'approprie à luy seul ce qui est à plusieurs particuliers. N'estes-vous donc pas vn auare & vn voleur, vous qui rendez propre à vous seul ce que vous auez receu pour le communiquer & le distribuer à plusieurs ? Si on appelle voleur celui qui dérobe vn habillement, doit-on donner vn autre nom à celuy qui pouuant, sans s'incommoder, habiller vn homme qui est tout nud, le laisse tout nud. Le pain que vous retenez chez vous, & dont vous auez trop pour vostre famille, est aux pauures qui meurent de faim : les habillements que vous gardez dans vos armoires sont à ceux qui sont tout nuds : les souliers qui moisissent chez vous, sont à ceux qui n'en ont point : l'argent que vous tenez caché dans la terre, c'est à ceux qui sont ruïnez. Comment estes-vous si dur, que de faire injures à tant de personnes, à qui vous pouuez faire tant de bien ?

Ces discours sont beaux, me respondez-vous ; mais l'or est encore plus beau. Il est certain qu'il arriue lors que nous preschons l'Aumosne à des auares, ce que l'on voit arriuer lors qu'on parle de la chasteté à des impudiques. Car comme ceux-cy entendant parler auec mespris des courtisanes qu'ils ayment, & deshonorer leur infame passion, s'irritent de ces discours, & s'embrasent d'vn nouueau feu, qui les deuore auec plus de violence qu'auparauant, de mesme ceux-là conçoiuent vn nouuel amour pour les richesses, plus ils entendent auec aigreur les reproches qu'on leur fait de leur honteuse auarice.

*Mais comme les actions sont encore plus eloquentes que les paroles, voyons en quelle maniere il a prattiqué luy-mesme, & fait prattiquer aux riches de son Diocese, ce qui leur a enseigné.*

*Vne grande & prodigieuse gresle ayant desolé vne partie de l'Orient & entr'autres la Cappadoce. Saint Gregoire de Nazienze dans l'Oraison funebre en l'honneur de ce Saint, rapporte ce qu'il fit pour le soulagement des Pauures.* Orat. 20.

Il n'y a rien, dit-il, de plus dur, ny de plus cruel que l'auarice insatiable de ceux qui ont de grandes prouisions de bled, & qui obseruent les temps & les saisons où il est le plus cher : qui trafiquent de la necessité publique, & qui font leur moison de la misere des autres, qui n'escoutent point l'Escriture, qui declare que celuy qui cache son bled attendant le temps où il sera le plus cher, est en execration aux peuples ; & qui fermant les entrailles de leur charité à leurs freres, se ferment celles de la misericorde de Dieu, ne considerant pas que leur assistance n'est pas si necessaire aux Pauures, que celles de Dieu leur est à eux-mesmes. Mais Basile fit ouurir les greniers des riches par ses prieres & ses exhortations, & par ce moyen il donna du pain aux Pauures, & les nourrit durant la famine. Il les faisoit assembler tous en vn lieu, de tout sexe & de tout âge, hommes & femmes, jeunes & vieux, & leur seruoit de toutes sortes de viures ; Il leur faisoit apporter de grandes marmites toutes plaines de potages & d'herbes cuites auec du sel : Il prenoit vn linge deuant soy, & leur lauoit les pieds, à l'imitation de IESVS-CHRIST, & les faisoit aussi lauer à ses compagnons : ayant soin d'edifier leurs ames par cét honneur qu'il leur rendoit, comme il soulageoit leurs corps par la nourriture, & adoucissant ainsi en ces deux manieres leur deplorable condition. Tel estoit ce second Ioseph, qui me sembloit en ce poinct plus admirable que le premier: parce qu'il ne tiroit pas du profit de la famine comme l'autre, & n'achetoit pas la seruitude de l'Egypte par la distribution des bleds. Mais exerçoit vne liberalité toute gratuite : Et de plus adioustoit l'Aumosne spirituelle à la corporelle: ce qui est vn don beaucoup plus parfait, & vne Charité vrayement celeste & sublime. Car la parole Sainte est le pain des Anges, dont les ames qui ont fain de Dieu sont nourries & rassasiées. Basile estoit le plus riche dispensateur que j'aye veu de cette nourriture qui n'est pas materielle & passagere, mais diuine & perpetuelle, quoy qu'il fust l'homme le plus Pauure que j'aye connu.

*Cét exemple doit donner courage à ceux qui trauaillent à imiter les actions de ce grand Saint, en soulageant les Pauures de Champagne & Picardie, & autres Prouinces affligées, mesmes les Faux-bourgs de Paris.*

## Saint Iean Chrysostome Patriarche de Constantinople.

### Chapitre. I.

*Vehemente reprehension des riches, qui par leur luxe & leur auarice manquent aux deuoirs de la Charité.* Homil. 66. Tom. 1.

Le Prophete Amos, dit-il, reproche aux Iuifs auec vehemence leurs somptuositez, & leurs delices. Ils boiuent, dit l'Escriture du vin le plus delicieux: ils se parfument de parfums les plus excellens; & dorment dans des lits d'yuoire. Si ces Iuifs estoient dignes de la reprehension du Prophete, lors que parmy eux tout estoit charnel: qu'on ne parloit point des choses celestes; & que la religion Iudaïque n'estoit qu'vne introduction à la verité Chrestienne. Que deuons nous dire aujourd'hui de la molesse & du luxe des Chrestiens mesmes? S'il y a sujet de reprendre l'vsage des lits d'yuoire, quel pardon pourront trouuer ceux qui n'ont pas seulement des lits d'yuoire, mais qui les couurent d'argent, & qui en ont mesme de pur argent, & non seulement des lits mais des sieges, des marmites, des vases, & jusques à des pots de chambre? Quelle raison peuuent-ils apporter pour leur excuse & pour leur defense?

Mais ce que je trouue encore de plus criminel, c'est qu'ils ont amassé ces richesses des miseres de leur prochain. Ce que le Prophete ne reprenoit point aux Iuifs en les reprenant de leurs delices. Lors donc que ces delices sont accompagnées d'offence & de crime, qui pourra deliurer du dernier supplice, qui est celuy des flammes eternelles ceux qui en sont coupables? Quel Noé, quel Iob, quel Daniel pourroit interceder pour eux? nul Saint ne le sçauroit faire. Il faut dire contr'eux cette parole de Dieu dans le Prophete: Ma fureur s'embrasera; & l'on verra s'esleuer en l'air la fumée de l'embrazement. Ie vous prie de me dire, si ce n'est pas auec droit & auec raison que l'on est remply & transporté d'indignation & de colere, lors qu'on voit qu'vn homme n'a pas mesme ce qui lui est necessaire pour viure, & que vous cependant sans sujet & par vn luxe vain & absolument inutile, vous auez tant de meubles & tant de vaisselle d'argent, dont vous ne vous seruez pas mesme pour l'ostentation & pour la pompe.

## CHAPITRE II.

*Discours du Saint plein de zele contre les femmes qui employent en vanitez & superfluitez le bien dont elles deuroient assister les Pauures.*

N'est-ce pas vne folie d'auoir des vases d'or, des marmites d'or, des boëtes de parfums d'or? Et ne voyons-nous pas que les femmes, (j'ay honte de le dire, mais il est necessaire de le dire) ont mesmes des pots de chambre d'argent, n'en deuriez-vous pas rougir? IESVS-CHRIST meurt de faim en la personne des Pauures, & vous cependant prenez plaisir à ces somptuositez & à ces folies. Combien en serez vous chastiez vn jour? Et puis vous me demãdez, d'où viennent tant de maux que nous voyons aujourd'huy au monde; & pourquoy Dieu souffre tant de brigandages, tant de parricides, & tant d'autres malheurs & de ruïnes apres que le demon possede nostre ame, l'agite & la déchire en tant de pieces? La sagesse & la moderation Chrestienne ne souffre pas seulement que l'on ait des tables d'argent, & des plats d'argent; & encore cela est-il de somptuosité & de luxe. Mais de vouloir que des vases deshonnestes & qui ne sont employez qu'à des vsages tres-bas & tres-vils, soient aussi d'argent; cela n'est pas tant de la vanité du luxe, que de l'egarement de l'esprit, & ce qui est pis encore, de l'aueuglement du cœur.

Ie sçay que plusieurs me raillent, & me decrient à cause que je combats cét abus: Mais je ne m'en soucie pas pourueu que mes discours fassent quelque fruict & soient vtiles à quelques-vns. Certes il faut auoüer que les richesses rendent les personnes folles & insensées. S'ils en auoient assez pour changer les elements, ils seroient capables de vouloir que la terre fust d'or, & les murailles d'or; & peut-estre que le ciel & l'air fussent encore d'or. Quelle fureur? quelle fiévre? quelle manie? vn homme qui est fait à l'image de Dieu meurt de froid, & vous voulez cependant que des vases qui sont honteux soient aussi pretieux & aussi riches que ceux qui sont honorables. O faste! ô vanité! vn fou feroit-il autre chose? Estimez-vous tant vos excrements, que vous vouliez qu'ils soient receus dans de l'argent.

Ie sçay, mes freres, qu'en escoutant cecy vous estes tout estonnez & tout honteux : Mais ce sont les femmes qui font cela qui en deuroient estre honteuses. Et leurs maris mesme qui leur complaisent, & qui les entretiennent dans leurs maladies d'esprit, en deuroient rougir de honte. Car il y a en cét excez de l'intemperance, de l'inhumanité, de la cruauté, de la barbarie & de l'insolence. Le demon feroit-il pis d'estre si somptueux en meubles & si dur enuers les Pauures ? A quoy nous sert-il d'estre instruits par IESVS-CHRIST? A quoy nous sert la foy Chrestienne, si l'on tolere des abus dignes des Payens ou plustost des diables.

Si selon la doctrine des Apostres vne femme Chrestienne ne doit pas orner sa teste auec de l'or & des pierreries, quel pardon pourront trouuer celles qui font seruir l'argent à vn vsage si bas & si abjet? Car il ne leur suffit pas d'auoir des chaises & des escabeaux qui sont tout d'argent, tant la superfluité & la vaine gloire regne parmy elles. Ie croy que si elles osoient elles pousseroient plus loin leur folie, & quelles voudroient auoir des cheueux enchassez dans de l'or, & des levres & des sourcils émaillez d'or. Et afin que vous ne croyez pas que je dise cela en riant & sans fondement, il faut que je vous rapporte ce que j'ay appris comme tres-veritable & qui se fait encore aujourd'huy. C'est que le Roy de Perse presentement a vne barbe d'or : ses barbiers ayans l'industrie d'enchasser chaque poil de sa barbe dans de l'or : mais cette folie est tout a fait monstrueuse. Gloire vous soit renduë, ô mon Sauueur IESVS-CHRIST, qui nous auez comblez de tant de biens pour nous rendre sages, qui nous auez deliuré de tant de monstres & de tant d'egarements qu'enfante l'esprit humain.

Sçachez donc que je ne vous conseille pas seulement de renoncer à cét abus : mais que je vous presche : que je vous declare; que je vous ordonne de le faire. L'entende qui voudra ; & qui ne voudra pas l'entendre n'execute pas s'il veut ce que je lui dis ; mais si vous continuez dans cét excez je ne vous souffriray plus; je vous fermeray l'entrée de l'Eglise & ne permettray pas que vous passiez le seuil de la porte. Pensez-vous que pour celebrer l'Office j'aye besoin d'vne troupe de malades d'esprit, comme vous estes, & que je puisse en vous instruisant ne vous pas deffendre des choses qui ne sont pas seulement superfluës mais illegitimes, puis que S. Paul a deffendu l'vsage de l'or & des pierreries pour les ornemens des femmes fideles ? Les Payens se mocquent de nous, & voyant la corruption de nos mœurs, ils tiennent les regles de la discipline Chrestienne pour des contes & pour des fables. Ce que je dis pour les femmes, je le dis aussi pour les hommes. Si vous venez au Sermon pour apprendre à viure selon l'Euangile, & comme à vne escole de la doctrine spirituelle, quittez ce faste & ce luxe. Si quelqu'vn ne le quitte pas je ne le souffriray plus. IESVS-CHRIST n'ayant que douze Disciples, leur dit: Ne voulez-vous pas aussi vous en aller cõme les autres? Car si nous ne faisons autre chose que vous cõplaire & vous flatter, quand vous edifierons-nous, & quand vous seruirõs-nous?

## Saint Augustin Euesque d'Hypone.

### CHAPITRE I.

*Ce grand Saint autant remply du feu du S. Esprit pour publier la necessité de l'Aumosne que pour deffendre la Grace de* IESVS-CHRIST, *décrit en la personne du mauuais riche bruslant dans les flammes de l'enfer le mal-heur des riches auares qui ne la font point aux Pauures.* C'est dans le Sermon 24. sur S. Luc, où il dit.

Ce Riche est vn superbe du siecle pendant sa vie: Mais apres sa mort est vn mendiant de l'enfer. Car le Pauure ne pouuoit trouuer vne miette de pain, & ce riche ne pouuoit trouuer vne goutte d'eau. Or dites-moy maintenant lequel de ces deux du Pauure & du riche est bien mort, ou est mal mort? N'interrogez pas vos yeux mais consultez vostre cœur. Car si vous n'interrogez que vos yeux ils vous feront vne response qui vous portera dans le faux & dans l'erreur, n'ayant rien paru que d'honorable & de pompeux dans la mort du riche. Si vous interrogez vos yeux, il est tres-bien mort: Que si vous interrogez vostre foy & vostre esprit interieur, il est tres-mal mort. Que si les superbes conseruateurs de leur bien, & qui n'en donnent rien aux Pauures, meurẽt si miserablement, comment meurent ceux qui s'enrichissent du bien d'autruy? Ie vous ay donc annoncé vne verité importante lors que je vous ay dit: viuez bien de peur que vous ne mouriez mal; Il n'y a que le temps & l'estat qui suit la mort, qui prouue si la mort a esté bonne ou mauuaise. Soyez donc Charitables, mes freres. Considerez les Pauures, soit qu'ils soient couchez par terre, soit qu'ils marchent. Que le nombre des Aumosnes croisse, puis que le nombre des fidelles croist. Vous ne voyez pas encore le bien que produit la Charité. Lorsque le laboureur seme il ne voit pas encore les bleds tous venus: mais il met sa confiance en la terre. Pourquoy donc ne mettez vous pas vostre confiance en Dieu, le temps de nostre recolte & de nostre moisson arriuera.

## Chapitre II.

*Ce mesme Saint dans vn traitté intitulé*, de decem chordis Chap. 11. Tom. 9. *Enseigne. Qu'en quittant les pechez mortels, il faut expier les veniels par des Aumosnes qui ne cessent point, comme les pechez ne cessent point.*

Dieu qui est doux & clement voyant nostre fragilité, a estably des remedes contre nos maux. Quels sont ces remedes? Les Aumosnes, les Ieusnes & les Prieres. Mais les Aumosnes ne doiuent pas estre imparfaites, & leur perfection consiste en deux poincts, l'vn à donner de ce que l'on a de trop à celuy qui n'en a pas assez: l'autre à pardonner à celuy qui nous offense. Mais ne croyez pas, mes freres, qu'il n'y ait qu'à commettre tous les jours des adulteres, & à les expier tous les jours par des Aumosnes. Les Aumosnes ordinaires & journalieres ne suffisent pas pour expier ces grands pechez. Il y a difference entre vne vie que l'on tolere, & vne vie que l'on change. Or celle-la se doit changer. Si vous estiez adultere, fornicateur, homicide, vous deuez ne l'estre plus. Croyez-vous que ces pechez puissent s'expier par les Aumosnes journallieres & ordinaires, si l'on ne cesse de les commettre? Ce sont les offenses venielles telles que sont les intemperances de la langue pour la parole, ou de la bouche pour le manger; les ris immoderez & les vsages excessifs des choses permises, qui s'expient par les Aumosnes journallieres & ordinaires. Mais ces Aumosnes ne doiuent non plus cesser que ces offenses qui ne cessent point.

## Chapitre. III.

*Et dans le mesme traitté au chap. 12. Il fait voir auec grande vtilité, que l'on ne doibt pas s'imaginer estre fort Charitable, parce qu'on l'est plus que d'autres: mais considerer combien nous sommes obligez de l'estre par la Loy de Dieu.*

Lors que vous faites l'Aumosne, ne la faites pas auec vanité comme le Pharisien de l'Euangile, & ne priez pas comme luy: cependant escoutez ses paroles. Ie jeusne, dit-il, deux fois la semaine, & je donne le dixiesme de tout ce que ie possede; & toutefois le sang du Seigneur n'auoit pas encore esté respandu. Nous auons receu vn si grand prix de nostre salut, & nous ne donnons pas seulement autant que ce Pharisien. Neantmoins Iesvs-Christ dit ouuertement en vn autre endroit: Si vostre justice ne surpasse celle des Scribes & des Pharisiens, vous n'entrerez point dans le Royaume des Cieux. Ces Iuifs donnent la dixiesme partie de leur reuenu, & vous si vous donnez seulement la centiesme vous vous en glorifiez, comme si vous auiez fait vne grande & memorable action: car vous vous reglez sur ce que les autres font, & non pas sur ce que Dieu vous a commandé de faire. Vous vous mesurez sur l'exemple des plus mauuais Chrestiens,

& non sur les ordonnances du Legislateur infiniment bon. Vous ne deuez pas juger de ce qu'vn tel & vn tel ne fait rien du tout, que vous faciez quelque chose de grand, parce que vous faites quelque peu de chose : Et cependant vous vous réjoüyssez de vos moindres œuures de vertus, vostre sterilité estant si grande qu'elle se glorifie des plus petites choses qu'elle produit. Vous entrez dans vne confiance presomptueuse, lors que vous considerez quelques grains d'Aumosnes que vous respandez, & vous oubliez les monceaux de pechez que vous amassez.

Si vous donnez en Aumosne ce qu'vn autre, ou n'a pas eu, ou n'a pas donné lors qu'il l'auoit, n'ayez point d'esgard à ce que ne fait pas celuy qui est apres vous : mais à ce que vous estes obligé de faire par la Loy de Dieu. Dans les possessions mondaines & seculieres, Vous ne vous contentez pas de ce que vous en precedez plusieurs : mais vous voulez estre riches & estre esgaux aux plus riches, sans vouloir considerer combien vous en precedez qui sont moins à leur aise que vous. Vous desirez surpasser les plus riches en richesses. Il n'y a que dans les Aumosnes, où vous voulez garder vne mediocrité d'espargne & de retenuë. C'est icy où l'on dit : Combien fais je plus d'Aumosnes que tels & tels. Et on ne dit point là : Combien suis-je plus riche que tels & tels. Pourquoy, touchant l'Aumosne ne se propose-t'on point l'exemple de Zachée, qui donna la moitié de son bien aux Pauures ? Mais nous sommes reduits à souhaitter seulement qu'on se propose l'exemple du Pharisien qui donnoit le dixiesme de ce qu'il possedoit.

## CHAPITRE IV.

*Et dans le Sermon* 49. de diuersis, *ce grand Saint ( comme Saints Cyprian, Basile, Chrisostome, & autres Peres ) a tousjours conseillé à son peuple de considerer Iesus-Christ en la personne des Pauures, comme vn de ses enfans, & luy laisser vne part dans sa succession, comme à vn de ses heritiers.*

Ie declare, dit-il, que je ne refuseray pas les offrandes & les donations qu'on fera à l'Eglise, pourueu qu'elles soient saintes. Mais receuray je vne succession qu'vn pere qui est en colere contre son fils, luy oste en mourant par vne exheredation testamentaire ? s'il estoit encore viuant ne deurois-je pas tascher de l'adoucir, ne deurois-je pas le reconcilier auec son fils ? & comment procurerois-je sa reconciliation auec son fils si ie desirois d'auoir sa succession au lieu de son fils? Mais si vn pere fait ce que ie les ay souuent exhorté de faire : si ayant vn fils, il tient IESVS CHRIST pour son autre fils : si en ayant deux il tient IESVS-CHRIST pour le troisiesme : si en ayant dix il tient IESVS-CHRIST pour l'onziesme & luy donne l'onziesme partie de sa succession en la laissant à l'Eglise, ie la receuray.

*Ceux à qui Dieu donnera vn amour veritable & effectif pour ces veritez diuines, & pour imiter ces grands hommes, dont ils admirent les actions, ne manqueront point de faire recherche de ce Liure, par la lecture duquel ils verront vne lumiere toute esclattante du feu de la Charité qui les menera dans les maisons des Pauures, de Paris & des Faux-bourgs, qui leur fera chercher les maisons de ceux qui reçoiuent les Aumosnes pour les Pauures de ces desolées Prouinces & des Libraires qui vendent ce Liure*: SÇAVOIR, de Iean le Myre au Chef S. Iean, & la veufue Durand au Roy Dauid, ruë S. Iacques. FAIT à Paris au mois de May 1651.

# INSTRVCTION POVR LE SOVLAGEMENT DES PAVVRES.

LE grand commandement du Christianisme consiste en l'amour de Dieu & du prochain, & le Chrestien fait connoistre qu'il est digne d'vn si grand nom, lors qu'il pratique la charité enuers les miserables. C'est vne obligation commune à tous selon leur pouuoir ; mais qui regarde plus particulierement ceux qui possedent les grandes terres & les grands reuenus : Car s'ils ont droit de les posseder & de les perceuoir, ils sont aussi obligez d'assister ceux qui sont dans la necessité ; mais comme la necessité est tres-grande & generale, si les Seigneurs ne peuuent ou ne veulent, tous les Chrestiens sont obligez d'y contribuer, estant veritable ce qu'a dit autrefois vn grand Pere de l'Eglise, Que celuy-là est homicide du Pauure qui ne le nourrit pas en ayant le pouuoir.

Ceux donc qui dans la tres-grande necessité presente voudront s'acquiter de ce deuoir enuers les Pauures, & principalement de leurs Villages, pourront se seruir de cette petite Instruction, laquelle a esté desja pratiquée tres-vtilement par quelques personnes autant illustres en pieté, qu'elles le sont par leur condition.

Il est à propos que les Seigneurs, ou autres personnes lesquelles veulent assister les Pauures de leurs villages (comme l'on y est obligé selon l'estenduë de son pouuoir) aillent eux-mesmes les visiter, ou s'ils ne le peuuent qu'ils y enuoyent quelque personne de pieté pour accompagner Monsieur le Curé du lieu, pour s'informer de leur veritable pauureté, & dresser vn memoire, lequel contiendra le nom & l'âge des peres & meres de famille, & le nombre & l'âge de leurs enfans.

Entre les Pauures qui seront écrits dans le memoire que l'on fera auec la plus exacte inquisition qu'il sera possible, il s'y en trouuera de plusieurs sortes, au soulagement desquels il faudra que la charité des Seigneurs du lieu agisse diuersement, dautant que les vns sont malades & les autres ne le sont pas.

## *Pour ce qui regarde les Malades.*

SI leur maladies sont violentes, la Confrairie de la charité, és lieux où il y en aura, les assistera en la maniere qui se pratique és Paroisses de Paris, où elle est establie.

(2)

Que si les maladies sont de langueur, ou de celles que l'on appelle incurables, desquelles pour l'ordinaire lesdites Confrairies ne prennent soin ; le Seigneur du lieu, ou ses preposez, y pouruoiront selon leur prudence, comme ils feront pour les Malades de leurs Paroisses, dans lesquelles lesdites Confrairies ne sont, ou ne peuuent estre establies, s'ils n'aiment mieux se seruir de la Methode suiuante.

Le Seigneur du lieu s'estant informé en la maniere cy-dessus prescripte, de la veritable pauureté des Malades, & estant asseuré qu'ils ne peuuent estre assistez d'ailleurs, donnera ordre, ou ses Preposez, que quelque Chirurgien, Apoticaire, ou Medecin, selon la commodité du lieu, aille visiter lesdits Malades, pour les penser & leur fournir les medicamens selon leur besoin.

Pour ce qui regarde leur nourriture, il aura soin de leur en faire fournir deux fois la sepmaine, à raison de demie liure de viande, & vne liure ou cinq quarterons de pain pour chaque Malade par iour : Et les iours maigres, outre le pain, il leur fera distribuer deux œufs au moins, & vn quarteron de beure.

Et pour cuire les viandes, si les Malades ne le peuuent faire chez eux, le Seigneur fera en sorte, par son soin & charité, que les Paroissiens les fassent aprester & cuire chacun à leur tour, & leur porter vne fois le iour. Et afin que le tout se face comme il faut, Monsieur le Curé allant visiter les Malades pour leur consolation spirituelle, aura soin de s'en informer, & prendra la peine d'aduertir le Seigneur, s'il y manque quelque chose.

## *Pour ce qui est de ceux qui sont en santé.*

S'Ils peuuent trauailler, il faut faire en sorte de leur donner de l'ouurage dans les saisons où ils n'en peuuent trouuer, comme seroit de remuer & porter les terres, qui est le trauail dont presque tous les Villageois sont capables depuis l'âge de dix ans iusques à la caducité, ou bien à quelque autre ouurage où l'industrie n'est pas necessaire.

## *S'ils ne peuuent trauailler.*

OV faute de trouuer de la besogne, ou bien à cause de leurs infirmitez, bas âges, vieillesse, ou surcharge d'enfans, comme il arriue aux pauures vefues, ou que par leur trauail ils ne puissent suffire à la nourriture de leur famille, ainsi que l'experience ne le fait que trop connoistre ; aprés auoir pris leurs noms, âges, & nombre de leurs enfans, & s'en estre informé, comme il a esté dit, il en faudra faire vn rolle, & l'attache cher au lieu que le Seigneur destinera pour leur fournir leur nourriture. Et pour éuiter la confusion, on donnera à ceux qui seront nourris vne marque ou cachet, afin que le representant, il soit donné autant de portions qu'il y aura de particuliers à soulager dans chaque famille, ce qui sera aussi marqué sur le rolle ou memoire qui en aura esté fait. Le nombre estant certain leur sera donné nourriture (comme par exemple, s'il estoit de cent; ce qui sera obserué à proportion du plus, ou du moins) selon la maniere suiuante.

## POVR CENT PORTIONS DE POTAGE.

Il faut prendre vne marmite ou chauderon contenant quatre bons sceaux d'eau, & que ladite eau commence à boüillir.

Il y faut mettre trois quarterons de sel.

Cinq quarterons de beurre pour les iours maigres, ou cinq quarterons de graisse pour les iours gras, ou cinq quarterons de lard.

Trois litrons de poix & de febves.

Il faut mettre vn bon panier d'herbes ou de choux, ou porreaux, ou des nauets ou oignons.

Quand le tout est bien boüilly il y faut mettre vne petite cueillerée de poivre, qui est enuiron pour deux liards.

Il y faut mettre seize liures de pain coupé par petits morceaux, & non par soupe.

Il est à remarquer, qu'en cas que l'on y mette du lard il le faut couper par tranche, & faire fondre dans la poille deuant que de le mettre dans ledit potage.

Et pour les poix ou febves, il les faut faire cuire à part dés la veille si l'on veut, en sorte qu'ils soient tout à fait cuits deuant que de les mettre dans la chaudiere; si les poix ont de la peine à cuire il les faut faire tremper long-temps deuant que de les faire cuire.

En cas que l'on mette des nauets ou des oignons, il les faut faire cuire auparauant.

Il faut que le tout ensemble boüille vne heure & demie, hors le poivre & le pain, qu'il ne faut mettre qu'vn peu deuant que l'on donne le potage.

Si c'est du pain qui s'émiete ou qui se mette en boüillie, il le faut mettre en deux ou trois fois à mesure que l'on donne les portions.

Il sera bon d'auoir vne cueillere qui tienne vne bonne chopine, qui est vne portion, & sera donné à chaque famille autant de portions qu'il y aura de testes à nourrir, & toute cette nourriture ne reuiendra pas à cent sols pour cent personnes, mesme en cette année où le bled est tres-cher.

¶. Cette methode se peut aussi obseruer en la Ville, en y gardant la mesme regle & la proportion pour la nourriture du plus grand, ou plus petit nombre : Elle se peut aussi pratiquer dans chaque pauure famille, mettant dans vn pot ce qui peut suffire pour autant de personnes qu'elle est composée, dont la dépense pourra estre d'vn sol pour chacune.

## *Instruction pour les Pauures.*

EN leur donnant la nourriture corporelle, on pourra pouruoir à la spirituelle, principalement si la distribution se peut faire en vne mesme heure, & à tous ensemble : Il faudroit, s'il se peut, que ce fût en vn lieu couuert, auquel on leur feroit lecture du *Pater, Aue, Credo*, & *Confiteor* en François, des Commandemens de Dieu & de l'Eglise, & des Sacremens, lesquels ils repeteroient tous distinctement, afin de les apprendre par cœur ; & si aprés cela se trouuoit quelqu'vn qui leur voulût expliquer quelque Article, ce seroit vn facile moyen pour destruire l'ignorance qui regne parmy les Pauures.

Que s'il se trouuoit quelque enfant orphelin & abandonné, le Seigneur prendra vn soin particulier de son éducation, instruction & nourriture.

Le mesme Esprit de Dieu qui l'aura porté à cette assistance, & spirituelle & corporelle des Pauures, ne luy fera pas negliger le soin des Eglises de ses Paroisses, lequel s'estendra à faire en sorte que les Paroissiens rendent le respect qu'ils doiuent à leur Pasteur ; que le reuenu des Fabriques soit fidelement administré, & les Eglises ornées auec decence.

Ce mesme Esprit le rendra vigilant auprés des Iuges pour reprimer les méchans, & donner courage aux bons ; terminer les procez & querelles ; faire executer les Ordonnances contre les blasphemateurs du saint Nom de Dieu ; empécher tout autant qu'il se pourra les Cabarets ; punir les yurognes, & faire au moins que les Cabarets ne reçoiuent personne pendant le Seruice diuin ; chastier les femmes débauchées, & les chasser hors de leurs Terres ; & enfin faire en sorte que Dieu soit seruy en toute pieté & tranquilité.

FIN.

[library stamp]

# ADVIS IMPORTANT.

LA Superieure des Carmelites de Blois a escrit à vne Dame à Paris. Nous sçauons certainement que la misere presente a fait vn si grand nombre de pauures que l'on en compte trois mille dans la ville & dans les faux bourgs. Toutes les ruës resonnent de leurs cris lamentables; leurs lamentations penetrent nos murailles, & leurs souffrances nos ames de pitié.

Le bled mesure de Paris a esté vendu icy deux cent escus le muid, & tous les iours il rencherit.

Les pauures des champs semblent des carcasses deterrées: La pasture des loups est auiourd'huy la nourriture des Chrestiens; car quand ils tiennent des cheuaux, des asnes, & d'autres bestes mortes & estouffées, ils se repaissent de cette chair corrompuë, qui les fait plustost mourir que viure.

Les pauures de la Ville mangent comme des pourceaux, vn peu de son destrempé dans de l'eau pure, & s'estimeroient heureux d'en auoir leur saoul. Ils ramassent dans les ruisseaux & dans la bouë des tronçons de choux à demy pourris; & pour les faire cuire auec du son, ils demandent auec instance l'eau de moruë sallée qu'on répand; mais elle leur est refusée.

Quantité d'honnestes familles souffrent la faim, & ont honte de le dire. Deux Damoiselles de qui la necessité n'estoit point connuë, ont esté trouuées mangeant du son destrempé dans du laict; la personne qui les surprit, en fut si touchée qu'elle se mit à pleurer auec elles.

Considerez ie vous prie quelques tristes effets de cette extreme pauureté qui se peut dire generalle. Vn homme apres auoir esté plusieurs iours sans manger, a trouué vn charitable laboureur qui l'a fait disner; mais comme il auoit l'estomach trop foible & les entrailles retressies, il en mourut subitement.

Vn autre homme se donna hier vn coup de cousteau, par desespoir de ce qu'il mouroit de faim.

Vn autre a esté rencontré sur le paué agonisant de faim; & luy ayant porté le S. Sacrement de l'Autel au mesme endroit, le Prestre a esté contraint de le reposer sur vne pierre pendant qu'il parloit au malade; & l'ayant fait transporter sous vn hautuent à couuert de la pluye, il luy donna le Viatique, & le pauure expira quelque temps apres, n'ayant sur soy que des habits pourris.

L'on a trouué vne femme morte de faim, ayant son enfant à la mammelle, qui la tettoit encore apres sa mort, & qui mourut aussi trois heures apres.

Vn miserable homme à qui trois de ses enfans demandoient du pain les larmes aux yeux, les tua tous trois, & ensuitte se tua luy-mesme. Il a esté jugé & traisné sur la claye.

Vn autre à qui sa femme auoit pris vn peu de pain qu'il se reseruoit, il luy donna six coups de hache, & l'a tua à ses pieds, & s'enfuit.

Bref, il n'y a point de iour où l'on ne troue des pauures morts de faim dans les maisons, dans les ruës, & dans les champs; nostre meusnier vient d'en rencontrer vn qu'on enterroit dans le chemin.

Enfin, la misere & la disette se rendent si vniuerselles, qu'on asseure que dans les lieux circonuoisins la moitié des paysans est reduitte à paistre l'herbe, & qu'il y a peu de chemins qui ne soient bordez de corps morts.

LE Missionnaire qui depuis dix ans assiste continuellement les pauures des Frontieres ruinées, en allant à Sedan a passé à Donchery, Mezieres, Charleville, Rocroy, & Maubert, d'où il escrit qu'il n'a iamais veu vne telle pauureté que celle de ces lieux là, & des Villages aux enuirons. Voicy ce qu'il mande.

I'ay trouué par tout grand nombre de pauures mesnages qui meurent de faim. Si quelques-vns mangent vne fois le iour vn peu de pain de son, d'autres sont deux & trois iours sans en manger vn seul morceau. Ils ont vendu iusqu'à leurs habits, & sont couchez sur vn peu de paille sans couuerture: ce sont les meilleures gens du monde, si honteux de leur estat pitoyable, qu'ils se couurent le visage quand on les va voir.

I'ay trouué vne famille à Charleville composée de huict personnes, qui a passé quatre iours sans manger. La pauure femme a voulu vendre la derniere chemise de son mary, & n'a iamais peu trouuer cinq sols dessus, toute la Ville le sçait. Mon Dieu quelle angoisse!

I'ay rencontré d'autres mesnages de six personnes qui ne mangent de pain par iour que pour vn sol marqué. Iugez ce que c'est d'vn si petit pain partagé en six parts, & s'il ne faut pas que ces gens là meurent.

La pluspart sont malades, secs & abatus de famine & d'affliction; ceux qui sont moins resignez à Dieu, ont l'esprit à moitié perdu, & presque au desespoir. S'ils sortent pour aller mandier, ils treuuent les autres Villages aussi pauures qu'eux. Les laboureurs n'ont pas seulement de l'auoine pour se nourrir, ny d'autre grain pour semer; & de quelque costé que les vns & les autres se tournent, ils ne voyent que langueur & que mort. Chacun peut bien dire apres nostre Seigneur: Voyez s'il y a douleur pareille à la mienne.

Bon Dieu, qui ne s'effrayera de tant de funestes malheurs, & qui ne craindra vostre colere iustement irritée contre nous ? Si les gens de bien ne s'efforcent promptement d'arrester ces estranges accidens de la famine, le pouuant faire par leurs aumosnes, ils seront coulpables de la perte inesuitable de tant de pauures qui mouront & se desespereront par faute d'assistance.

O Chrestiens: où est la charité du prochain qui doit accompagner le nom que vous portez? Riches! courage, voicy vne belle occasion de vous ouurir le Ciel. Si on doit vendre les Vases Sacrez des Eglises plustost que de laisser perir les membres fameliques de IESVS CHRIST, combien plus deuez vous vendre, pour leur conseruer la vie, l'argenterie & les meubles superflus, que vous auez destiné à la vanité. Dieu dône suffisamment les biens pour tous les hommes, & si les vns en manquent, c'est que les autres en ont trop; & ce trop appartient aux pauures dans leur extreme necessité. Et ne doutez pas Messieurs, & Mesdames, que si vous les abandonnez, Dieu ne vous chastie comme des larrons & des meurtriers, qui ont desrobé la substance de tant de pauures, & qui les ont fait cruellement mourir.

*Ceux qui tout de bon se voudront garentir de ce malheur, sont priez d'escouter Dieu, & de mettre entre les mains de Messieurs leurs Curez ce qu'il leur inspirera de donner, ou de l'enuoyer à Mesdames les Presidentes Fouquet, ruë de Richelieu, de Herse, ruë Pauée, ou Trauersé, ruë S. Martin, ou bien à Mesdamoiselles de Lamoignon, en la Court du Palais, ou Viole, en la ruë de la Harpe.* *A Paris, De l'Imp. d'Estienne Maucroy, rue du Foing.*

## *Suite de l'aduis important, de l'estat deplorable des pauures du Blaisois, & de quelques autres Prouinces.*

PVIS qu'il n'y a que Iesus Christ capable de toucher les cœurs, ie le prie qu'il vous illumine de son saint Esprit, & qu'il vous embrase de son ardente charité.

Si vous estiez reduits à la faim extréme pendant que d'autres personnes mangent à souhait, vous diriez auec iustice qu'ils sont impitoyables, de vous laisser cruellement mourir pouuant vous soulager.

Pardonnez à plus de trente mille pauures, qui mourant de necessité vous font le mesme reproche auec iustice.

Car il n'y a rien de plus veritable que dans le Blaisois, la Sologne, le Vandomois, le Perche, le Chartrain, le Maine, la Touraine, le Berry, partie de la Châpagne, & autres lieux où le bled & l'argent manquent, il y a plus de trente mille pauures dans la derniere extremité, & dont la plus grande part meurt de faim.

Hastez-vous donc, s'il vous plaist, de les secourir, car il en meurt tous les iours vn grand nombre; vous auez pû voir par la derniere Relation, la rage, le desespoir, la mortalité, & les autres accidens sinistres arriuez du costé de Blois.

L'on escrit encore de ce lieu là, & on le prouue par lettres & bonnes attestations de Messieurs les Curez & d'autres personnes dignes de foy, & dont nous auons les originaux, que seulement dans cinq ou six Parroisses il est mort deux cens soixante sept personnes de faim; qu'il y en meurt encores tous les iours, & que cela est de mesme aux autres lieux du Blesois.

On certifie qu'à Vnzain il y auoit vingt personnes prestes à rendre l'ame, ne pouuans ny marcher, ny quasi plus parler.

Que de neuf personnes mortes de faim à Coulange, vn pauure homme fut trouué dans les champs, qui portant vne partie d'vn asne à moitié pourry, pour s'en repaistre, tomba sous la charge de foiblesse, & y rendit l'esprit.

Qu'en soixante-trois familles de la Parroisse de Chambon

on n'a pas trouué vn morceau de pain, il y auoit seulement dans vne, vn peu de paste de son que l'on mit cuire sous la cendre. Et dans vn autre des morceaux de chair d'vn cheual mort depuis trois semaines, dont la senteur estoit espouuantable.

Vn homme est mort dans la court du Chasteau de Blois, qui ensanglanté, pour s'estre debattu pendant la nuict par vne faim enragée.

Les pauures sont sans licts, sans habits, sans linge, sans meubles, enfin dénuez de tout; ils sont noirs comme des Mores, la plus-part tous défigurez comme des squeletes, & les enfans sont enflez.

Plusieurs femmes & enfans ont esté trouuez morts sur les chemins & dans les bleds la bouche pleine d'herbes.

Monsieur de S. Denis, qui est Seigneur d'vne des grandes Parroisses du Blaisois, asseure que plus de huict-vingts de sa Parroisse sont morts manque de nourriture, & qu'il en reste cinq à six cens dans le mesme danger. Ils sont, dit il, reduits à pasturer l'herbe & les racines de mes prez tout ainsi que les bestes; ils deuorent les charongnes, & si Dieu n'a pitié d'eux, ils se mangeront bien-tost les vns les autres. Depuis cinq cens ans il ne s'est veu vne pareille misere à celle de ce pays; il reste encore quatre mois à souffrir pour ces pauures gens.

Monsieur le Prieur-Curé de S. Soleine de Blois, qui trauaille auec grande charité à l'assistance de ces pauures, escrit que l'on a trouué à Chiuerny dans vn lict le mary, la femme & quelques enfans morts de faim; la plus-part de ces pauures gens n'ayant pas la force de se leuer, ne se nourrissant plus que d'orties boüillies dans de l'eau, puis qu'ils ont mangé toutes les racines, & qu'il n'en reste plus de mangeable.

Messieurs les Curez de Villebarou, de Chailles, & de Maroles, attestent qu'ils ont deux ou trois cens familles, qui non seulement sont contraints à manger de l'herbe, mais d'autres choses qui font horreur.

Monsieur Roüillon, Vicaire de S. Sauueur de Blois atteste

qu'il a veu des enfans manger des ordures; mais ce qui est plus estrange, qu'il en a veu deux dans le Cimetiere succer les os des Trespassez, comme on les tiroit d'vne fosse pour y enterrer vn corps. Mr le Curé escrit aussi qu'il a oüy dire la mesme chose à plusieurs de ses Chapelains, tesmoins de ce spectacle inoüy.

Monsieur Blanchet sieur de Bonneual, Preuost de la Mareschaussée de Blois & de Vandosme, atteste que les chemins ne sont plus libres en ces quartiers là: qu'il s'y fait quantité de vols de nuict & de iour, non par des vagabonds, mais par quelques habitans des Parroisses, qui auoüent hautement leurs larcins, & disent qu'ils aiment mieux mourir à la potence que de faim en leurs maisons.

Il atteste de plus auoir trouué deuant l'Eglise de Chiuerny vn ieune garçō transi de froid, ayāt sa main gauche dās la bouche, qui mangeoit ses doigts desia ensanglantez, & l'ayant fait porter dans vne maison, & lui ayant donné du vin, du boüillon, & d'autre nourriture il ne la pût aualler, & mourut dés le soir.

Vne Dame reuenant de Bretagne par le Perche & le Maine, a passé par deux villes, qu'on n'ose nommer par respect aux Seigneurs, où les habitans sont dans vne prodigieuse necessité, ils tombent morts de faim par les rües: On en trouue le matin iusques à trois ou quatre morts dans leurs chambres. Et de pauures petits innocens poussez par la faim qui meurent dans les champs, où ils vont paistre l'herbe comme les bestes.

Vn Curé du Diocese de Bourges escrit qu'en allant porter le S. Viatique à vn malade, il a trouué cinq corps morts sur le chemin, & qu'on a trouué dans le mesme canton vne femme morte de faim, & son enfant aagé de sept ans auprés d'elle, qui luy auoit mangé vne partie du bras.

On escrit du Mans que se faisant vne aumosne publique de quatre deniers à chaque pauure pour le deceds de feu Monsieur le Lieutenant General, il s'y trouua vne si grande affluence de pauures que dix sept furent estouffez dans la presse, & portez dans vn chariot au Cimetiere, & qu'aux distributions faites par les Abbayes de S. Vincent & de la Cousture, on a compté pour l'ordinaire douze mille pauures, dont la plus-part mourront, s'ils ne sont assistez promptement.

On a trouué dans les roches qui sont proche de Tours grand nombre de personnes mortes de faim & desia mangées de vers: dans la ville les pauures courent les ruës la nuit cōme des loups affamez. Dans le reste de la Touraine les miseres sont inconceuables, les paysans ni mangent plus de pain mais des racines.

Enfin, Messieurs, enfin, Mesdames, la desolation incomparable des villes & des villages dont nous venons de parler, suffira pour vous persuader le present besoin des autres lieux de ces Prouinces dont nous ne pouuons pas vous raconter par le menu les extrémes miseres dans si peu d'espace.

Vn tres-digne Curé de Blois nommé Mr Guilly, apres vne longue narratiō des souffrances publiques, des personnes mortes de necessité, dit qu'il y a des femmes qui portent des juppes de taffetas qui passent les iournées entieres sans mãger de pain, & que les Chrestiens mangent des charognes corrompuës: & conclud par ces paroles, Il est impossible que la plus grand part des villageois ne meurēt de faim, & il faut que les terres demeurent sans semer, si le bourgeois ne cōduit luy mesme sa charruë. Ie pardonne à ceux qui ne croyent pas nos miseres, parce que nos maux sont au dessus de toutes les pensées.

Quelques bonnes ames de Paris qui sont à consolation aux hommes & aux Anges, ont enuoyé quelque secours aux pauures de Blois, & en suite vn Missionnaire y est allé; Mais ce secours n'est que pour quelques-vns & pour quelques iours; Car pour les assister tous, tant soit peu, il est necessaire que vous & moy & tous ceux qui veulent auoir Dieu pour Pere, fassent vn effort pour faire vn fonds d'aumosnes qu'on puisse estendre en tous ces lieux & pendant quelque temps, pour ne laisser perir de faim s'il est possible aucun de nos freres. Leur estrange disette nous parle d'elle mesme, sans que nous ayons besoin d'autre exhortation pour y remedier; Neantmoins Messieurs les grands Vicaires de Paris nous en ont fait vne digne, de leur vaste & paternelle charité.

*Ceux qui voudront estre des benits de Dieu enuoyeront leurs aumosnes à Messieurs des Curez, ou à mes Dames les Presidentes Fouquet ruë de Richelieu, de Herse ruë pauée, Trauersé ruë S. Martin, Mirámion ruë S. Antoine dans le cul de sac prés les filles de Sainte Marie; ou bien à mes Damoiselles de Lamoignon en la court du Palais, ou Viole en la ruë de la Harpe.*

BIBLIOTHEQUE DE

Baudouyn

# PROCEZ VERBAL
## DE MESSIEVRS
## LES COMMISSAIRES

Députez par la Cour, pour reconnoiſtre l'eſtat de l'Hoſpital General de la Ville de Paris, & ſes vrgentes neceſſitez ; Enſemble les Arreſts de ladite Cour, rendus ſur iceluy.

A PARIS.
Chez Martin Le Preſt, ruë Saint Iacques, deuant Saint Seuerin, à la Couronne de France.

M. DC. LXIII.

# EXTRAIT DES REGISTRES de Parlement.

VEV par la Cour, la Requeste presentée par les Directeurs de l'Hospital General ; Contenant que depuis l'establissement dudit Hospital, ils ont tasché par tous moyens d'en faire connoistre la conduite à la Cour, & au public, pour receuoir tous les secours & les aduis qui pourroient seruir à la perfection de ce grand ouurage aduoué de tout le monde, pour le plus bel establissement que l'on ait veu dans tous les siecles passez, & ne se contentans pas des memoires & instructions qu'ils ont baillé de temps en temps, Ils presenterent leur Requeste à la Cour, en 1659. Sur laquelle furent commis Maistre Pierre Payen, & Maistre Iean Doujat, pour se transporter audit Hospital, & en connoistre l'estat, ce qui fut executé, & sur le procez verbal desdits Commissaires, interuint Arrest le 7. de Septembre 1660. portant plusieurs Reglemens que la Cour iugea estre necessaires & lesquels les Supplians ont obserué tres-religieusement, & apporté tous les soins possibles de leur part, de telle sorte que tous ceux qui en ont eu connoissance ont conceu de l'estonnement que sur vn fond de cent cinquante mil liures d'vne part, quatre-vingts mil liures d'autre, de la liberalité du Roy, de la Reyne, & de plusieurs personnes pieuses, 3000. liures de rente sur la Ville, & de dix mil liures, par le deffunt Sieur de Believre Premier President, qui a peine pouuoient suffire pour reparer les cinq Maisons, dans lesquelles ledit Hospital a esté estably & faire les premieres fournitures, & sur soixante quatorze mil tant de liures de reuenu ordinaire, & deux cens mil liures qu'il a pleu au Roy accorder sur les entrées de la Ville de Paris ; Dieu ait suffité des moyens pour la nourriture & vestemens de plus de soixante mil pauures qui ont successiuement entré depuis cinq ans dans l'Hospital, outre les portions qui ont esté baillées aux ménages mariez, iusques à ce qu'on les ait peu loger dans les bastimens qui ont esté faits par les charitez de diuerses personnes : mais les aumosnes estans taries dans vn temps où elles estoient plus necessaires, à cause de la disette & cherté des grains, dont le prix a presque triplé, & s'estant remarqué vn refroidissement quasi general de toutes les chatitez, les diligences qu'on a faites pour les reueiller par des questes & recommandations publiques, n'ayant presques rien produit, & le secours qui auoit esté resolu sur la Requeste du Procureur General du Roy, dans l'Assemblée de Police, sans que lesdits Directeurs y ayent rien contribué, n'ayant pas eu le succés que l'on en auoit esperé, & d'ailleurs, encore qu'on se pleigne publiquement de la mendicité qui renouuelle dans Paris, le debordement des pauures qui accourent de toutes parts, la populace ne laisse pas de les tirer iournellement des mains des Archers, de telle sorte qu'il y a eu des Archers tuez & plusieurs blessez; Ainsi toutes les graces que l'on a receuës de la bonté du Roy, tous les commencements si merueilleux de ce grand ouurage, que le zele & la charité de tant de particuliers ont estably & soustenu dans ses premieres années, ne seruiront qu'à en rendre la dissipation plus funeste & plus douloureuse. L'Hospital est engagé de plus de cent cinquante mil liures, quoyqu'il ait employé en achapt de bleds, partie des deniers qu'il auoit destinez pour acheuer les bastimens commencez audit Hospital, par le Sieur Cardinal Mazarini, auec la permission du Sieur Duc Mazarini son neueu, & d'ailleurs, la permission d'emprunter iusques à la somme de cent mil liures, a esté inutile, & l'Hospital estant sans bled, sans argent, & sans credit; de sorte qu'ils se voyent tous les iours à la veille d'estre forcez de quitter l'administration, & rapporter aux pieds de la Cour les clefs de l'Hospital : ce qu'ils ne feront iamais que dans les dernieres extremitez, & demeureroient mesme plustost dans ses ruynes, puisqu'on en a chargé leur honneur & leur conscience : mais dans ces extremitez ils sont plus obligez que iamais de faire connoistre l'estat dudit Hospital, l'ordre & l'œconomie qui y ont esté obseruez pour empescher & la mendicité & la faineantise, faire toucher plus sensiblement à tout le monde les graces que la prouidence Diuine y a repanduës, le secours qui peut estre necessaire pour empescher la cheute de ce grand ouurage tout de Dieu, Les maux qu'il a fait cesser, Les biens qu'il a produits & dont la perte seroit inestimable & irreparable, & donneroit vn déplaisir perpetuel à la Ville de Paris, & à toute la France, si faute d'vne assistance mediocre on auoit laissé perir vn establissement si honorable & aduantageux, & preferé à vne Police si belle & si vtile, les importunitez, les desordres & l'ancienne licence de plus de vingt mil pauures que l'Hospital repanderoit dans Paris : car quoy que le nombre de ceux qui sont enfermez ne soit pas si grand, neantmoins l'Hospital soulage Paris, non seulement du grand nombre de pauures qu'il nourrit, mais encore d'vne multitude inconceuable qui auoit accoustumé d'y acourir de toutes parts, qui s'occupent presentement à gagner leurs vies, ou sont retenus dans le pays de leur naissance, de crainte d'estre enfermez. Et afin que la connoissance generale & particuliere qu'ils donneront au public, remette tous les esprits dans les premiers sentimens, & en de meilleures affections, & qu'on ne leur puisse imputer d'auoir rien obmis de ce qui est en leur pouuoir, & du compte qu'ils en doiuent à la Cour, pour attendre de sa Iustice, tous les secours & tous les ordres necessaires ; Requeroient qu'il pleust à la Cour ordoner que deux des Conseillers d'icelle se transporteroient aux cinq Maisons dependantes de l'Hospital General, pour dresser leur procez verbal du nombre & de la quantité des pauures, & des Officiers d'iceluy, pardeuant lesquels tous les Registres, estats & comptes, & toutes autres choses concernant l'Hospital, seront representez, pour le tout rapporté, y estre pourueu par la Cour, ainsi qu'elle verra estre a faire par raison. Oüy le rapport de Maistre Iean Doujat, Conseiller en icelle. Tout consideré, LA COVR a ordonné & ordonne que Maistres Iean Doujat, & Estienne Saintot, se transporteront incessament audit Hospital & lieux endependans, pour connoistre l'estat d'iceux, le nombre des pauures qui sont à present en chacune des Maisons dependantes dudit Hospital : comme aussi des personnes preposées au dedans desdites Maisons, pour la conduite desdits pauures, leurs qualitez & employs, tant au spirituel qu'au temporel, se feront representer tous les comptes & estats, tant generaux que particuliers de la recepte & dépense dudit Hospital, pour du tout dresser procez verbal, pour iceluy veu, rapporté & communiqué au Procureur General, estre ordonné ce que de raison. FAIT en Parlement, le seiziéme Ianuier 1663. Signé, DV TILLET.

# PROCEZ VERBAL
## DE MESSIEVRS LES COMMISSAIRES députez par la Cour, pour reconnoistre l'estat de l'Hospital General, & ses vrgentes necessitez.

*Du 22. Ianuier 1663. & autres iours ensuiuants.*

L'AN MIL SIX CENS SOIXANTE-TROIS, le vingt-deuxiéme Ianuier, Pardeuant Nous Iean Doujat, & Estienne Sainctot, Conseillers du Roy nostre Sire en sa Cour de Parlement : Sont comparus Mes Christophle Leschassier, Conseiller du Roy Maistre ordinaire en sa Chambre des Comptes, Christophle du Plessis, Sieur de Montbar, Claude Chomel, & Christophle Maillet, Tous Directeurs de l'Hospital General, assistés de Maistre Iean Ioynet, Procureur en ladite Cour, & de l'Hospital General de cette Ville & Faux-bourg de Paris, lesquels ont mis en nos mains vn Arrest du seiziéme du present mois, rendu sur la Requeste desdits Directeurs, par lequel il est ordonné que nous nous transporterons incessamment audit Hospital General & lieux en dependans, pour connoistre l'estat d'iceluy, le nombre des pauures qui sont à present en chacune des Maisons dependantes dudit Hospital, comme aussi des personnes preposées au dedans desdites Maisons, pour la conduite desdits pauures, leurs qualitez & employs, tant au spirituel qu'au temporel, nous faire representer tous les comptes & estats tant generaux que particuliers de la recepte & dépense dudit Hospital, pour du tout dresser nostre procez verbal pour iceluy veu, rapporté & communiqué au Procureur General, estre ordonné ce que de raison. Lesquels Directeurs nous ont remontré que lors de la descente qui fust faite en l'année 1659. ils firent voir à Messieurs les Commissaires le détail de toutes les Maisons, & la dépense qui se faisoit en chacune d'icelles : Mais pour nous representer en general & d'vne seule veuë, quelle est la conduite dudit Hospital, & nous faciliter la connoissance de l'estat particulier de chacune des Maisons, & si l'ordre qu'on y a estably est bon & s'il a esté obserué. Ils sont obligez de nous remontrer que le dessein dudit Hospital estant d'empescher la mendicité, la faineantise &

le libertinage, & faire en sorte que la charité qui estoit cy-deuant mal-partagée, & que les mauuais pauures arrachoient par importunité, peust subuenir aux veritable necessitez, miseres & infirmitez, & ne les point laisser manquer d'aucun secours, ou spirituel ou temporel, le soin principal des Directeurs a esté de retirer les personnes infirmes & valetudinaires qui ne peuuent gagner leur vie, & les enfans orphelins, & les plus delaissez de l'vn & de l'autre sexe, pour les esleuer en ieunesse à la crainte de Dieu, & leur aprendre à gagner leur vie. Et à l'égard des pauures valides, chercher les moyens de faire employer tous ceux qui en seroient capables, & faire punir & chastier tous ceux qui fuyans le trauail affecteroient la mendicité, & toutes ces personnes sont receuës differemment dans les Maisons de l'Hospital, duquel l'administration est sous la conduite de Monsieur le Premier President, & de Monsieur le Procureur General du Roy, & leurs successeurs, comme chefs de la direction, conformement à la Declaration du Roy, Que les Directeurs & Administrateurs perpetuels sont au nombre de vingt-six, au lieu desquels par mort ou demission, d'autres sont nommez au Bureau, puis reduits à quatre, d'entre lesquels vn est esleu par bulletins secrets. Que ces 26. Directeurs tiennent Bureau general deux fois la semaine, les Mercredys en l'Hostel de Monsieur le Premier President, & en sa presence, & les Samedys en la Maison de la Pitié, où quelques Officiers des autres Maisons se trouuent pour rendre raison de ce qu'ils ont en charge, & receuoir les ordres de ce qu'ils ont à faire: auquel Bureau ils traitent de toutes les affaires dudit Hospital, dont les deliberations sont écrites par le Secretaire, & signées par les quatre plus anciens qui se trouuent audit Bureau. Que tous lesdits Directeurs sont nommez Commissaires par les cinq Maisons, pendant deux ans tour à tour, sçauoir. Six pour la Maison de Bicestre, Six pour la Salpestriere, Six pour la Pitié, Quatre pour la Maison de Scipion, & Quatre pour la Sauonnerie, & Deux extraordinairement pour la Maison de la Teignerie. Que ces Commissaires ainsi departis s'assemblent chaque semaine en la Maison dont ils ont soin vn iour qu'ils choisissent autre que celuy du Bureau general, Qu'en ces iours ils trauaillent à tout ce qui concerne chaque Maison; où ils ont leur Bureau & vn Registre des deliberations tenu par vn d'eux & signé de tous, & font comparoir tous les Officiers, qui apportent les Registres des choses dont ils ont charge, & les arrestent par mois & par quartiers, & s'il s'y rencontre quelques affaires vn peu importantes, ils en font rapport au Bureau general, Ils visitent les Dortoirs, les Offices, les viandes, le pain, les ouurages, renuoyent auec connoissance ceux qui demandent de sortir, s'informent des pauures quels traitements ils reçoiuent, entendent leurs plaintes & font chastier ceux qui le meritent, Outre ces iours de Bureau aucuns desdits Commissaires vont en leur particulier quelques fois la semaine dans lesdites Maisons, pour s'informer & découurir s'il n'y a point quelque plainte ou quelque desordre auquel ils remedient ou le rapportent à leur Bureau; Et outre ce, deux Directeurs vont chaque iour de la semaine à la Pitié, auant & apres midy, pour examiner tous les pauures qui se presentent volontairement, ou qui ont esté pris par les Archers, & les renuoyent ou les reçoiuent. Novs ont dit qu'outre ces Commissaires distribués par les Maisons, il y a encore des Commissaires nommez pour diuers employs, sçauoir. Vn pour la drapperie & pour les couuertures qu'il faut achepter ou faire dans l'Hospital, Vn autre pour les filasses à achepter, le fil à faire filer, & les toilles qui se font en l'Hospital ou dehors, Vn autre pour les achapts de la Mercerie, Trois pour le Magazin en general, dont vn tient tous les Registres dudit Magazin, Quatre pour les achapts des beures, des fromages, du sel, des huilles, de la chandelle, Deux pour les prouisions de vin, de bois & de charbon, Vn autre qui tient Registre des conuoys & de la retribution que l'on donne aux enfans qui y assistent, & du profit des cires qui en prouiennent, Vn autre tient le controolle des ordonnances pour les payements à faire, apres qu'elles sont signées au Bureau general, par six desdits Directeurs au moins, dont deux sont de la Maison ou la dépense a esté faite, Vn autre tient les controolles de la recepte & des deniers casuels, Quatre ont le soin de veiller à la conduite du Bailly des pauures, ses Brigadiers & Archers, entendent & pouruoyent aux plaintes qui leur sont faites, & s'assemblent vne fois la semaine ou les Archers se presentent, & reçoiuent leur paye, & lesdits Commissaires cassent ceux qui ont failly. Trois ont soin des affaires & des procez de l'Hospital dans toutes les Iustices, & s'assemblent vne fois en huict ou quinze iours, selon le besoin, où comparoissent les deux Procureurs de la Cour & du Chastelet, & les deux soliciteurs qui representent leurs Registres, disent ce qui a esté fait selon les ordres écrits en marge en l'assemblée precedente & l'on écrit en la mesme marge, ce qui est à faire ensuite, Six autres ſont commis pour prendre ſoin des baſtimens & des entretenemens, & ne peuuent reſoudre ny des baſtimens à faire, ny des reparations que iuſques a la ſomme de cent liures, ſans reſultat du Bureau general, Deux autres ont ſoin de l'achapt des bleds, & de la conduite de toute la Boulangerie generale pour les quatre Maiſons, celle de la Sauonnerie eſtant fournie d'ailleurs, D'autres ſont nommez pour auoir correſpondance auec les Eccleſiaſtiques de toutes les Maiſons, pour entendre les demandes ou les plaintes qu'ils peuuent faire, & pour leur donner aduis de ce que l'on peut deſirer de leur part. A tous leſquels employs, chacun deſdits Directeurs eſt nommé ſelon la connoiſſance & l'intelligence des choſes qu'il a veuës & traitées ou ſelon ſon inclination, deſquels il peut demander décharge au bout de l'an, ou prier vn autre de prendre ſa place, ou eſtre continué pendant pluſieurs années ſelon ſa bonne volonté, & la facilité qu'il s'eſt acquiſe pour tels employs. Le tout ſe faiſant auec grande ciuilité & ſans contrainte, & comme vn peut auoir pluſieurs emplois differends ſelon la force de ſon aage & ſon affection, auſſi aucun ne ſe diſpenſe du ſeruice qu'il doit a la Maiſon dont il eſt Commiſſaire, ny de ſe rendre deux fois la ſemaine au Bureau general, ſans aucune contrainte neantmoins, mais par l'affection de ſeruir les pauures, ſelon le ſerment preſté au Parlement. Et pour ce qui eſt des Maiſons particulieres.

La Maiſon de la Pitié qui eſt la principale, eſt celle où les pauures ſont receus, ſoit qu'ils y viennent volontairement, ou qu'ils y ſoient amenez, & y a pour cét effet proche de ladite Maiſon deux lieux de depoſt, l'vn pour les hommes, l'autre pour les femmes, où ils ſont retenus iuſques à ce que les Directeurs qui ſont commis, voyent chaque iour s'ils doiuent eſtre renuoyez ou menez en quelqu'vne des Maiſons.

Dans la meſme Maiſon, & au lieu appellé la petite Pitié, ſont les Eccleſiaſtiques au nombre de dix, outre le Recteur qui a veuë ſur les autres Maiſons, qui y enuoye des Preſtres, comme il iuge à propos. Qu'encor que ce nombre de Preſtres ſoit notable il n'eſt point exceſſif, parce qu'il y en a deux qui ſont pour la conduite de la Maiſon de Scipion, où il n'y à que des femmes, & point de logement pour des Preſtres, Deux autres pour conduire les petits garçons aux conuoys, auſquels bien ſouuent ils ne peuuent ſuffire, & il faut que les Maiſtres d'Eſcolle conduiſent leſdits enfans. Deux autres qui font l'Office Canonial, qui eſt de fondation, & qu'il y a plusieurs Messes à chanter, tant de fondation, que pour des bien-faicteurs ; & qu'ainsi le nombre de quatre qui restent suffit à peine pour cathechiser, instruire, confesser & consoler toutes les personnes saines & malades qui sont dans ladite Maison. Aux Festes principales, aux Confirmations & aux premieres Communions, le Recteur prie ces iours-là des Ecclesiastiques du dehors pour ayder à ces fonctions, afin de ne surcharger pas l'Hospital d'vn plus grand nombre d'Ecclesiastiques.

Que le reuenu des fondations des Messes & Seruices fait presque la moitié de la retribution desdits Ecclesiastiques, desquels l'establissement & le nombre a esté approuuée par Messieurs les grands Vicaires ; Et le Roy par sa Declaration ayant destiné d'y appeller les Prestres de la Mission ; le sieur Vincent qui en estoit Superieur, apres auoir demandé du temps pour déliberer & en conferer à sa Communauté, fit sa demission entre les mains desdits sieurs grands Vicaires, le 11. Decembre 1657. signée de luy & de dix-neuf Prestres de sa Communauté, declarant qu'il ny pouuoit entendre ; Que le faix estoit trop grand pour luy, n'ayant pas assez de sujets pour y employer, à moins que d'abandonner les Missions. Et en consequence de sa demission, les Directeurs s'estans retirez vers lesdits sieurs grands Vicaires, ils prirent connoissance entiere dudit establissement, y firent auec loisir toutes les reflections, mesme sur la qualité de l'administration qui estoit Laïque, comme celle des autres Hospitaux & charitez de la Ville de Paris ; Et le sieur Doyen de Nostre-Dame, l'vn desdits grands Vicaires, ayant témoigné que l'establissement en general & en particulier auoit receu toute l'approbation au Conseil de Monsieur le Cardinal de Retz, a lors Archeuesque de Paris. Le sieur Abely à present Euesque de Rhodez, fut commis pour Recteur par lesdits grands Vicaires, sur la nomination des Directeurs ; Lequel ayant esté obligé de se retirer apres six mois, à cause des maladies qui luy suruinrent, le sieur Regnoust, Docteur de Sorbonne, qui auoit ensuite esté commis sur la mesme nomination, s'est pareillement retiré, Monseigneur de Rhodez l'ayant fait son grand Vicaire à Rhodez.

Et quand à la grande Pitié, consistant en quatre cours, elle est occupée par des filles depuis sept ans iusques à seize & dix-huit, & par de vieilles femmes, dont la pluspart sont infirmes, & ne laissent pas de trauailler & filer pendant leur infirmitez.

Dans la Maison de Scipion, sont les femmes grosses qui attendent l'heure de leur accouchement, qui y demeurent iusqu'à ce qu'on les puisse enuoyer à l'Hostel-Dieu, ou qu'elles en retournent auec leurs enfans dont elles ont accouché audit Hostel-Dieu.

Dans la Maison de Saint Denis, dite de la Salpestriere, sont plusieurs femmes infirmes, & les plus jeunes enfans depuis qu'ils sont sevrez iusques à sept ans, & depuis l'esté dernier, les mesnages mariez qui ont esté receus dans les bastimens faits des aumosnes de Monsieur le Cardinal Mazarini, & d'autres personnes de condition & de pieté, qui les ont voulu en la façon qu'ils sont.

Dans la Maison de Saint Iean Baptiste ou de Bicestre, sont les vieillards, les malades de maladies incurables, imbecilles & estropiez, & les plus grands garçons : & d'autres qui y sont retenus pour estre instruits des principes de la Foy (dont ils sont absolument ignorans) pendant huict ou quinze iours, puis employez, renuoyez ou chastiez, suiuant la Declaration, quand ils sont trouuez par plusieurs fois retournans à la mendicité.

Et dans la Maison de la Sauonnerie, estoient iusqu'à ce iour les ieunes enfans depuis l'aage de sept ans iusqu'à l'aage de quinze ans, ausquels on apprenoit à lire & à escrire pour les mettre en condition, ou aux ouurages dont ils pouuoient estre capables, lesquels sont à present transferez en la Maison de Bicestre, pour laisser ladite Maison de la Sauonnerie libre pour employer aux manufactures que le Roy y fait establir.

Et apres auoir pris aduis de toutes sortes de personnes, & du plus grand mesnage qu'on pourroit faire pour la nourriture des pauures : on auoit cy-deuant baillé à chaque pauure vne liure & demye de pain bis blanc, ou vne liure de pain blanc, qui reuient au mesme prix, pour les vieillards & infirmes, & ladite portion de liure & demye a esté depuis reduite à vingt deux onces, tant pour la cherté du bled, qu'à cause que l'on a reconnu que ladite quantité pourroit suffire ; Et pour la viande, on donne à chaque pauure six onces de viande cruë auec les os, qui reuient à trois onces cuite, sans os ; Et pour le vin, on n'en donne qu'aux vieillards qui ont passé soixante ans, & aux conualescents, selon l'aduis des Medecins ; & parce qu'aucuns d'eux mangent peu & ont besoin de vin pour les soustenir, au lieu de demy septier de vin à leur instante priere on donne demy septier d'augmentation, que l'on diminuë sur la quantité de pain : &

aux petits enfans on leur couppe le pain par quartiers, & on leur donne moins de vingt onces ; Et outre le nombre des pauures qui sont à cette portion, il y a quantité d'Officiers & sous Officiers qui ont double portion auec leurs gages, les autres sans gages, & sont seulement nourris & entretenus aux despens de la Maison ; Et pendant plusieurs années il a esté fourny deux & trois mille portions aux mesnages mariez, & n'y ayant point eu dans les dernieres années moins de sept à huict mil pauures dans les Maisons, l'on peut assez juger quelle en a esté la despense, parce que quand on ne compteroit chaque pauure qu'à cinq sols par iour, pour nourriture, vestement & meubles, & pour les reparations des Maisons, gages des Officiers, & despense des infirmeries, cela doit reuenir à sept ou huict cens mille liures, & de fait il n'y a eu que la premiere année dans laquelle a commencé l'establissement, pour lequel il a fallu de grandes sommes de deniers pour les ameublemens, restablissemens des bastimens, où la despense n'ait esté que de 586966. liures, toutes les autres années ont de beaucoup augmenté, Sçauoir. Celle de 1658. iusques à 745943. liures, Celle de 1659. à 834617. liures, Celle de 1660. à 765088. liures, Celle de 1661. à 702958. liures. Celle de 1662. à 895922. liures. Et bien qu'ils y ayent apporté tout le soin & l'œconomie possible ; Ils ont aussi bien que le reste du monde admiré la prouidence Diuine qui a conduit ce grand œuure, veu que son premier fond a esté de 150000. liures donné par les Dames Charitables, & depuis de 800000. liures baillez par le Roy, la Reyne Mere, & plusieurs personnes de pieté, du reuenu des Hospitaux, qui montoit à 75000. liures ou enuiron, de 3000. liures de rente sur la Ville, 10000. liures donnez par feu Monsieur le Premier President de Believre, & de 200000. liures qu'il a pleu au Roy accorder sur les Entrées du vin de cette Ville de Paris. Le ménage qu'on a peu faire sur les ouurages n'ayant pas esté iusqu'à present de grande consequence, le reste a esté d'aumosnes & de charitez : mais dans les deux dernieres années le fond leur a manqué notablement, en sorte que s'estans trouuez en necessité, ils ont esté obligez de supplier Monsieur le Duc Mazarini qui auoit destiné la somme de cent mil liures, pour acheuer les bastimens commencez par Monsieur le Cardinal Mazarini, de trouuer bon qu'il en fut pris 50000. liures, pour employer en achapt de bleds, à la charge de remplacer : Et outre cela l'Hospital se trouue engagé de 150000. liures, dont il y a

95000. liures qui sont deubs pour achapts de bleds · Ce qui est prouenu de plusieurs causes, sçauoir, de la grande disette & cherté des bleds & du grand nombre de pauures, tant des artisans de Paris qui ont manqué d'ouurages, & de plusieurs personnes de la Campagne qui y sont abordez, qu'ils ont esté obligez d'en receuoir, mesmes de les garder extraordinairement, suiuant l'Arrest du 29. Iuin dernier qui l'a ainsi ordonné, iusqu'à ce que la moisson fust ouuerte, parce qu'autrement ils estoient en peril de mourir de faim, & faute de lieux, lesdits Directeurs furent contraints de les loger sous des tentes dans les courts. Que les aumosnes ont esté notablement diminuées, comme ils nous feront voir par les comptes dudit Hospital, tant des charitez particulieres que des Troncs & questes qui ont esté faites ; Et enfin que depuis six mois il semble que toutes les charitez se soient retirées, & qu'au lieu que l'assemblée generale de la Police, & l'Arrest interuenu en consequence, deuoit exciter la pieté de tout le monde, il n'a esté receu des secours ordonnez par ledit Arrest, que quatorze cens quatre-vingts liures, qui ont esté employez aux frais de l'establissement du Bureau ; Toutes les mains charitables & tous les cœurs se sont insensiblement retirez ; Et parce que les choses continuans ainsi, il seroit impossible d'euiter la ruyne de l'Hospital : c'est ce qui les a obligez de supplier la Cour d'en prendre connoissance, pour y apporter tous les ordres & les secours qu'elle iugera necessaires. Et parce qu'il est ordonné par l'Arrest que tous les comptes & estats de la Maison nous seront representez ; Ils nous supplient tres humblement de les voir, & de faire foy de ce que nous reconnoistrons par iceux, pour ensuite nous transporter en toutes les Maisons, & voir si la conduite en est bonne, & si la despense particuliere respond à la recepte & despense generale & à l'ordre qui a deu estre obserué en chacune d'icelles, & voir s'il est possible d'y apporter plus d'œconomie, comme lesdits Directeurs l'ont tousiours desiré, pouuans dire auec verité qu'ils n'ont negligé aucuns moyens pour la subsistance & accroissement, & mesme pour la décharge dudit Hospital, ayant plusieurs fois supplié en particulier les plus notables Marchands de cette Ville de Paris, tant verballement que par des imprimez qui leur ont esté donnez & publiez, d'aduiser s'il se pourroit point entreprendre quelques manufactures importantes tant pour le profit dudit Hospital, que pour donner de l'occupation aux valides & aux inualides. Inuité les Iurez de tous les meſtiers de ſe ſeruir de tous les ſujets de l'Hoſpital, ſoit pour y venir trauailler & les employer, ſoit pour en prendre des apprentifs, comme ils ont fait les années precedentes, iuſqu'à quatre-vingts & cent par an, & à Biceſtre ils n'en ont pris que treize l'année derniere : mais dans la preſente année, ſoit par neceſſité, ſoit par d'autres motifs, ils ont ceſſé d'en prendre, & quoy que dans les aſſemblées qui ont eſté faites en la maiſon de Monſieur le Premier Preſident, tant des ſix corps des Marchands que des Iurez de tous les Meſtiers, on ait trouué de grandes difficultez à l'eſtabliſſement des manufactures, parce que les grandes deſirans des aduances notables, auſquelles aucun d'eux n'a voulu s'engager, quoy qu'on leur ait offert de ſe ſeruir, meſme gratuitement de toutes les perſonnes qui leur ſeroient neceſſaires ; & pour les manufactures communes, on apprehende que l'eſtabliſſement qui en ſeroit fait dans l'Hoſpital ne faſſe de nouueaux pauures & ne porte preiudice aux artiſans qui ſont dans Paris eſtant tres certain par la connoiſſance tres exacte qu'on a pris, qu'il ny a preſentement aſſez d'ouurages dans Paris pour le grand nombre d'ouuriers qui y ſont : de telle ſorte que la pluſpart des Maiſtres de Meſtier, bien loin de tenir eux-meſmes Boutique, ne trouuent pas ſeulement d'employ en qualité de compagnons, & viennent ſe ranger dans l'Hoſpital & augmenter le nombre des pauures au lieu de les ſoulager ; Et neantmoins par quelques propoſitions qui ont eſté faites, leſdits Directeurs ont deſia des perſonnes qui s'obligent d'employer iuſques à trois cens pauures dans des manufactures, & eſperent trouuer encor d'autres moyens qui pourront procurer quelque aduantage à l'Hoſpital & au bien public, pour l'honneur & le ſoulagement de la Ville de Paris, qui a le ſeul intereſt dans la ſubſiſtance de ce grand œuure, duquel ayant donné l'exemple aux autres Villes, y en ayant deſia trente-trois qui l'ont eſtably, & toutes les autres obligées d'en faire l'eſtabliſſement, par vne Declaration que leſdits Directeurs ont obtenuë du Roy, dn 21. Aouſt 1662 pour la deſcharge & commodité de la Ville de Paris, rien ne luy pourroit eſtre plus faſcheux ny plus preiudiciable que la rupture dudit Hoſpital General : & l'on en peut aſſez iuger la conſequence par la mendicité qui a renouuellée dans le temps où elle deuoit ceſſer entierement, parce que cy-deuant l'vne des principales cauſes pour leſquelles il eſtoit mal-aiſé d'empeſcher la mendicité, eſtoit que les ménages mariez n'eſtans point enfermez, il eſtoit difficile de leur empeſcher la liberté de mendier: & neantmoins les portions qui estoient distribuées auoient tellement diminué la mendicité, que pendant deux ou trois ans on a veu peu de pauures dans Paris. A present que les ménages mariez sont logez, cette charité na pas eu le succés qu'elle deuoit auoir : Car outre le manque de fonds & de lieux, les rebellions frequentes qui sont faites aux Archers, ont attiré vn si grand nombre de pauures, qu'à moins qu'il plaise à la Cour d'interposer son authorité, tant pour la subsistance de l'Hospital & nourriture de ceux qui y doiuent estre receus, que pour empescher la mendicité de ceux qui doiuent estre renuoyez, il est impossible d'y satisfaire.

C'est pourquoy, & afin que la Cour leur puisse ordonner tout ce qu'elle iugera raisonnable, ils ont creu estre obligez de nous representer la conduite generale dudit Hospital & l'estat d'iceluy, pour ensuite la prendre plus particuliere par la visite des Maisons; Et à cette fin, ils ont fait comparoistre pardeuant Nous Maistres Mathieu Arondeau, & Iean Rousseau, Receueurs dudit Hospital, qui nous ont representé leurs comptes & estats, par lesquels il paroist qu'en l'année 1657. qui est la premiere année de l'establissement, la recepte a esté de 589336. li. 8. s. 1. d. La despense de 586966. l. 13. s. 1. d. Et que le premier fond pour l'establissement dudit Hospital a esté de 150000. l. données par les Dames charitables, & depuis vne autre somme de 800000. liu. baillée par le Roy, la Reyne Mere, & autres personnes de pieté, & les 75000. l. des Hospitaux vnis, & les 200000. l. sur les entrées du vin La recepte de 1658. a esté de 765919 l. 3. s. La despense de 745943. l. 14. s. 2. d. La recepte de 1659. de 720958. l. La despense de 834617. l. 13. s. 11. d. La recepte de 1660. de 765917. l. & la despense de 895922. l. 17. s. 2. d. La recepte de 1661. de 734999. l 8. s. & la despense de 702958. l. La recepte de 1662. de 776869. l. 6. s. & la despense de 895922. l. 17. s. 11. d. & que dans ladite despense il n'y a eu que 90000. l. en tout employez aux bastimens de la Salpestriere, & qui ont esté payez sur des legs des sieurs de Saint Firmin, & de la Place Directeurs, qui decederent dans la premiere année de l'establissement. Le surplus des bastimens faits par le deffunt sieur Cardinal, & autres personnes de condition & de pieté. Ce que lesdits Administrateurs nous ont prié de considerer, d'autant plus que l'on a fait courir des bruits bien contraires, que l'on faisoit des despenses inutiles aux bastimens qui consommoient le fond de la nourriture des pauures. Et nous auons aussi reconnu que dans la recepte est comprise la somme de 50000. l. prise sur les deniers destinez aux bastimens dudit sieur de Mazarini, & la somme de 150000. l. qui est deuë, suiuant l'estat qui nous a esté representé. Et dans les comptes des années 1661. & 1662. nous auons reconnu que les Troncs n'ont produit en l'année 1661. que 104402. l. Les boüettes 3564. l. Les questes aux maisons 26637. l. 17. s. 6. d. & les questes des Eglises 6542. 17. s. 4. d. Et en l'année 1662. les Troncs n'ont rendu que 73477. l. 14. s. Les boüettes aux boutiques 2616. l. 1. s. Les questes aux maisons 40330. l. 12. s. 6. d. & les questes dans les Eglises 5741. l. 4. s. 4. d.

Et la despense faite dans l'Hospital General durant l'année 1662. pour la nourriture, vestement des pauures, & autres necessitez, gages des Officiers du dedans & du dehors, nous a esté representée par vn Extrait du registre du Controolle des Ordonnances signées au Bureau.

---

## PREMIEREMENT.

EN bleds, farines & pain, 350300. li.

Viandes de boucherie 114811. l.

Sel outre le priuilege 8249. l.

Vin, verjus, vinaigre, bois & voitures, charbon, port & mesurage, paille, foin & avoine, le tout 67961. l. 2. s.

Draps de laine, estoffes, filaces, toilles, cuirs, sabots, & autres Merceries, 60583. liu. 18. s. 10. deniers.

Pois. 3724. l. 10. s.

Oeufs. 26285. l. 17. s.

Fromages, 19357. l. 3. s. 6. d.

Beures, 25432. l.

Salines, 5447. l.

Lait pour les enfans de Scipion, 2108. l. 17. s. 9. d.

Pruneaux, 2519. l. 15. s.

Huilles, sauon, épiceries & drogues pour les infirmeries, 12499. l. 14. s. 5. d.

Cendres, soulde, & natron pour les lexiues, 5729. l. 10. s. 10. d.

Cires pour l'Eglise, & chandelles de suif, 1696. l. 7. s.

Pour la despense des portions distribuées aux pauures mesnages des cantons de Paris, 82658. l. 16. s. 3. d.

Pour le trauail fait par les pauures, aux ouurages, dans les Maisons de l'Hospital, 835. l. 17. s. 2. d.

Pour la menuë despense faite par les Oeconomes des Maisons de mois en mois, 18720. l. 17. s.

Pour la retribution des Ecclesiastiques, 4300. l.

*Gages des Officiers & Officieres du dedans & du dehors des Maisons.*

De la Pitié, 2172. l. 11. s. 10. d.
De la petite Pitié, 810 l.
De Biceſtre, 1835. l. 10 ſ.
De la Salpeſtriere, 2251 l. 10. ſ.
De Scipion, 594. l.
De la Sauonnerie. 993. l 5. ſ.
A deux Medecins ordinaires, 500. l. chacun, 1000. l.
A vn Chirurgien pour les Maiſons de la Pitié & de Scipion, 500. l.
Au Controlleur des baſtimens de Monſieur le Cardinal, 600. l.
Au Commis des Receueurs 1000. l.
A l'Huiſſier du Bureau, pour reſte de gages, 204. l. 5. ſ.
A celuy qui informe de la qualité des pauures, pour partie de ſes gages, 150. l.
Aux Bailly des pauures, ſes Brigadiers & Archers, 20832. l.
Debtes paſſiues, frais de procez & rentes deuës par l'Hoſpital, 8029. l. 10. ſ.
Reparations & accommodemens neceſſaires & preſſans dans les maiſons, 14097 l. 10. ſ. 8. d.
Pour partie de la dépenſe des baſtimens faits des deniers de Monſieur le Cardinal Mazarin, pendant ladite année, 32350. l.
Autres baſtimens de perſonnes charitables, 16153. l. 4. d.

*Somme de ladite deſpenſe,* 884445. *l.* 8 *ſ.* 3. *d.*

Sans l'article des baſtimens dudit ſieur Cardinal, & des autres perſonnes charitables.

Leſquels eſtats & extraits des comptes, & du regiſtre du controolle, demeureront attachez à la minutte de noſtre procez verbal.

Et enſuite nous ayans leſdits Directeurs, & ledit Ioynet priez de prendre iour pour nous tranſporter dans les autres Maiſons, nous les auons aſſignez au vingt-neufieſme du preſent mois, pour nous tranſporter en la Maiſon de Biceſtre.

ET ledit iour 29. Ianuier, nous ſerions partis de Paris, enuiron vne heure de releuée, aſſiſtez de Maiſtre Iacques Regnart, Sieur de la Noüe, Subſtitut du Procureur General, & de Maiſtre Eſtienne Martin, Commis au Greffe de la Cour, ſuiuis dudit Leſchaſſier Maiſtre des Comptes, & Claude Chomel, Directeurs dudit Hoſpital, & tranſportez en la Maiſon de Biceſtre à preſent nommée de S. Iean Baptiſte, diſtante de ladite Ville d'enuiron trois quarts de lieuë, & y estans arriuez, auons esté receus par les Sieurs Barbier, de Mauroy, & Maillet, Commissaires de ladite Maison, & apres auoir esté faire nos prieres dans la Chappelle, que nous auons reconnuë estre faite de poteaux de charpente, & d'aix de batteaux, laquelle ensemble la Sacristie nous auons trouuée tres-modestement, mais proprement ornée. Lesdits Directeurs nous ont conduits dans vn Pauillon appellé de S. Mathieu, où nous auons fait compter 50. conualescens. Vn autre Pauillon appellé de S. Marc, où il a esté compté 49. malades du Scorbut; Et retournans vers le principal corps de logis, lesdits Directeurs nous ont fait voir le puits, duquel il nous ont representé les incommoditez, & que ce n'est pas vn puits, mais vn trou de carriere, percé par les entrepreneurs qui ont basty le Chasteau, qui tarit pour la pluspart du temps, & qui n'est pas suffisant pour fournir l'eauë necessaire pour tous les vsages differens de la Maison, qui est de plus de douze muids d'eauë par iour, & qu'il faut bien souuent en aller querir à la riuiere de Gentilly, & qu'il faut tousiours trois pauures a relayer pour tirer l'eau dudit puits; Et estans aduancez vers le corps de logis, auons veu vn appenty où sont les fileurs & cardeurs de laine, & au Pauillon qui est ensuite vers Gentilly, sont logez les enfans seruans à l'Eglise & les Ecclesiastiques, composé d'vne salle basse, d'vne chambre au dessus destinée pour des Ecclesiastiques qui viennent quelques fois charitablement faire des Cathechismes, & entendre les Confessions aux festes solemnelles, & au dessus est le logement des Prestres de ladite Maison, qui sont quatre en nombre, qui ont vn pauure pour les seruir. Et delà nous ont fait voir plusieurs appentis, l'Escurie, la boutique du Coustelier, les Tonneliers, les Serruriers, les Menuisiers, puis les Dortoirs des Tailleurs, les Drapiers, les Sauetiers, les Cordonniers, les Tricoteurs, puis la Panneterie, & ensuite le Magazin où sont resserez les habits, linges, souliers, sabots, & autres prouisions pour les besoins ordinaires de la Maison, dont le sous-Oeconome nous a representé l'estat, par lequel il se void qu'il faut tous les iours aux pauures qui sont receus grand nombre d'habits & de chemises, parce qu'ils viennent la plusspart tous nuds. De là nous sommes entrez en la cuisine & despense, où nous auons veu six cens liures de beuf, & six-vingts liures de mouton, qui est ce qui se consomme par iour dans ladite Maison, tant pour les pauures qui sont en santé que pour les malades, les Ecclesiastiques & Officiers. De là au refectoir pour lesdits Ecclesiastiques & Officiers, proche duquel est vne Chappelle où se dit la Messe dans le temps du grand froid & neige, ausquelles la grande Chappelle est exposée. Et ensuite nous auons esté conduits en 26. Dortoirs, qui sont depuis le rés de chaussée iusques dans les combles de ladite Maison, L'vn où sont les gardes, D'autres où sont les Aueugles. Ceux qui sont attaints du mal caduc, Les jmbeciles, Les vlcerez, Les chancreux, Les vieillards caducs qui ne sortent point de leurs lits, Les paralitiques, Les mal taillez, Les malades en deux Infirmeries, auant que d'estre portez à l'Hostel-Dieu; Et les conualescents tous placez selon leurs incommoditez; Et en vne court separée sont trois chambres ou sont les valides qui ne veulent trauailler, ausquels on ne donne que du pain & de l'eauë. Et vne autre court & quelques logis appellez les petites prisons, dans lesquels sont mis ceux qui ont esté pris plusieurs fois mandians, pour estre chastiez suiuant la Declaration du Roy, dans lesquelles prisons sont vingt-deux personnes, que nous auons enquis du sujet de leur detention, & tant par leur confession que par les billets de renuoy, & procez verbaux qui nous ont esté representez, nous auons reconnu que ce sont personnes qui ont esté plusieurs fois repris mandiants apres auoir esté chastiez, pourquoy nous auons reserué aux Directeurs à en vser aux termes de la Declaration. De là nous auons esté conduits dans les caues, où nous auons veu les Tissererands & faiseurs de Tiretaine, trauaillans de leurs mestiers. Et estans montez dans les premier, second & troisiéme estage, nous auons veu & visité tous les Dortoirs, les Infirmeries & l'Apoticairerie, & le lieu où les Directeurs tiennent leur Bureau : & auons troué que tout y estoit fort proprement tenu, & sans aucune superfluité; & ayant interrogé quelques vieillards & infirmes, ils nous ont assurez qu'ils estoient fort humainement traitez, & ayans fait compter dans tous lesdits Dortoirs toutes les personnes, ils se sont trouuez au nombre de 1885. Et nous estans ensuite fait representer les Registres par l'Oeconome de ladite Maison, nous auons trouué qu'ils sont fort bien tenus & en tres bel ordre. Que l'Oeconome tient le Registre de la recepte & despense qui se fait iournellement pour la Maison. Le Registre ou inuentaire de tous les meubles de la Maison. Registre des Ordonnances signées par les Directeurs. Registre des prisonniers. Registre des pauures mis en mestier, par lequel auons veu qu'en l'année derniere 1662. il n'en a esté pris par les artisans que treize seulement, & aux autres années iuſques à quatre-vingts dix & cent par an. Le Regiſtre des gages des Officiers ; Et le Regiſtre des pauures morts dans la Maiſon. Que le premier ſous-Oeconome tient Regiſtre de tout ce qui eſt apporté au Magazin de la Maiſon. Regiſtre des ſouliers, habits & toilles qu'il enuoye au Magazin de la Pitié. Regiſtre des eſtoffes qu'il donne au maiſtre Tailleur, de la quantité d'habits qu'il luy rend. Regiſtre du cuir donné au Maiſtre Cordonnier, & des ſouliers qu'il rend. Regiſtre du linge qu'il deliure aux pauures. Regiſtre du fil qu'il donne au Maiſtre Tiſſerand, & de la quantité de toille qu'il rend ; Et les Regiſtres des beſoins de la Maiſon, que l'on demande, qui ſont enuoyés du Magazin general. Que le ſecond ſous-Oeconome tient Regiſtre du bœuf & du mouton, & comment il eſt diſpenſé. Le Regiſtre du nombre des pauures qui ont du vin, & de la quantité qui leur eſt donnée par iour, & le Regiſtre de la recepte du bois & charbon. Et le Sommelier tient la recepte du pain & du vin qu'il reçoit iournellement, & auons veu vne table faite par ledit Oeconome en pluſieurs colomnes ſi exacte, qu'en vn moment on peut voir par chacun iour le nombre des perſonnes qui ſont entrées & ſorties, & qui reſident dans ledit Hoſpital. Le nombre & quantité de pain, viande, ſel, vin, & autres choſes qui ſe conſomment. Le nombre & qualité, tant des Officiers que des pauures, par laquelle table & par le memoire qui a eſté fait allant par les Dortoirs. Et par les eſtats & Regiſtres qui nous ont eſté repreſentez, nous auons trouué eſtre de 1885. pauures, ſçauoir, 336. qui trauaillent, ſoit aux ouurages, ſoit aux beſognes de la Maiſon, de vieillards malades de maladies incurables 655. de valides tant hommes que garçons, les vns qui ſont retenus iuſqu'à ce qu'ils ſoient inſtruits aux principes de la Religion, les autres pour eſtre renuoyez ou chaſtiez, & 540 enfans aux eſcolles, y compris ceux qui ſont nouuellement venus de la Maiſon de la Sauonnerie, qui a eſté delaiſſée pour les manufactures que le Roy y a ordonnées, & le ſurplus des perſonnes qui ſont en ladite Maiſon, ſont les quatre Eccleſiaſtiques, qui ſont aux gages de 200. liures. L'Oeconome qui a 300. liures de gages. Le premier ſous-Oeconome 250. liures. Le ſecond ſous-Oeconome 150. l. Le Sommelier & Pannetier 150. l. Le Portier 120. l. Le Sacriſtain 75. l. Le Chirurgien 150. l. L'Appoticaire 150. l. Les deux Maiſtres d'Eſcolle chacun 60. l. Le Chartier 120 l. Le Maiſtre Buandier 60. l. Le Menuiſier, Tonnelier & Serrurier pareilles sommes, Les Maistres des Dortoirs qui sont vingt-six en nombre. Le Maistre Cuisinier, Le Brigadier, L'Infirmier, Le Drapier, Le sous-Portier, Le Portier de la Cuisine, Le Concierge des prisons, Le Iardinier, L'ayde de Chirurgien, L'ayde d'Apoticaire, Le garçon des Ecclesiastiques, Le garçon de la Sacristie, Les deux garçons seruans au Magazin, le garçon du Pannetier, Les sous-Maistres, tant des Dortoirs que des ouuriers, Le Brigadier & les Archers qui sont au nombre de sept, Les gardes de iour & de nuict qui sont au nombre de douze, Le Correcteur, Les Compagnons des mestiers qui conduisent les ouurages, qui sont au nombre de 52. Les 12. Buandiers, Deux trauaillans au iardin, Le Rauaudeur, Le Conducteur du pain, Le Masson, & celuy qui distribuë les portions à la Cuisine. Tous lesquels sont sans gages ; mais les ballayeurs, les tireurs d'eauë ont double portion pour leur donner courage, & le moyen de subsister dans le seruice qu'ils rendent à la Maison, & se monte toute la despense des gages d'icelle à 1835. liures. Et en visitant ladite Maison, ayant senty vne fort grande infection, tant à l'endroit de la salle, où mangent les Officiers, qu'au Bureau qui est au dessus. Novs nous sommes enquis du sujet de ladite infection ; Et nous a esté dit qu'elle prouenoit de deux causes, l'vne de l'esgoust de la Cuisine qui n'a pas son écoulement au loin, l'autre des lieux secrets, à cause du grand nombre de personnes, & qu'il seroit necessaire de faire écouler les eauës dudit esgoust dans des carieres assez esloignées appartenantes à diuers particuliers, dont l'achapt des terres pour y arriuer, cousteroit beaucoup, & mesme de transporter lesdits lieux secrets : mais que lesdits Directeurs ne l'ont peu faire iusqu'à present, à cause de la cherté des bleds, & des grandes despenses dont ils ont esté surchargez. Ce fait, auons remis à continuer nostre visite au premier iour de Fevrier prochain.

ET le Ieudy premier iour de Fevrier, vigile de la Chandeleur audit an 1662. assistez comme dessus, & suiuis dudit Maistre Christophle Leschassier, & de Christophle du Plessis Sieur de Montbar, Directeurs dudit Hospital. Novs nous sommes transportez en la Maison de la Pitié, Dans laquelle nous auons troué Maistre Charles Loiseau, Conseiller du Roy en sa Cour des Aydes, lesdits sieurs Chomel, & Ticquet, aussi Directeurs dudit Hospital, Commissaires de ladite Maison, auec lesquels nous ſommes entrés dans la Chappelle, que nous auons trouuée deüement & proprement ornée, & neuf Preſtres, auec quelques petits garçons qui chantoient les Veſpres, & apres y auoir fait nos prieres, Novs auons remarqué que ladite Chapelle eſt fort petite pour le nombre des pauures, & que pour gagner de la place on a fait deux Tribunes l'vne ſur l'autre, où ſe mettent ſeparément les vieilles femmes & les petits garçons. Leſdits Directeurs nous ont conduits aux appartements de la premiere court, dans laquelle eſt le Bureau dudit Hoſpital. Le logement de la Dame Bauart, ancienne Oeconome de la Maiſon de la Pitié, qui a de gages la ſomme de 200. l. La Dame de la Grange 60. l. Et Ieanne de Gand ſeruante 40. l. Laquelle Bauart nous a fait voir vn Magazin dans lequel ſont les ſalines pour toutes les Maiſons, & autres prouiſions. Et eſtans montez plus hault, Nous auons veu vne grande ſalle, que leſdits Directeurs nous ont dit eſtre le lieu du Bureau general, dans lequel ils nous ont fait voir par neuf Regiſtres des Receptions, qu'il eſt entré dans l'Hoſpital depuis ſon eſtabliſſement 63171. perſonnes qui y ont eſté nourries ou renuoyées, ou y ſont mortes; au bout de laquelle ſalle eſt vn lieu où l'on examine les pauures, & à coſté de ladite ſalle, vne Chambre où ſont gardez & enfermez les tiltres, papiers, Regiſtres & comptes, tant de l'ancienne adminiſtration de la Pitié, que de l'Hoſpital General. Et paſſans à coſté de ladite Chambre, auons veu vne Chambre qui ſert à receuoir les perſonnes de condition qui ont à faire en ladite Maiſon, & à receuoir auſſi les Predicateurs, & encore aux Commiſſaires particuliers de ladite Maiſon pour y trauailler. Et eſtans montez au troiſieſme eſtage, auons veu trois Magazins, l'vn remply de toilles, de draps, & Tiretaine, de ſouliers, de ſabots, de bonnets, de bas de chauſſe. L'autre de couuertures, matelats, paillaſſes, fil, filaſſes, & autres beſoins pour les pauures, ou pour les ouurages. Et le troiſieſme plain de pois pour la nourriture des pauures. Et nous ont eſté repreſentez trois Regiſtres deſdits Magazins generaux. Le premier, contenant tout ce qui eſt receu indifferemment. Le ſecond, ce qui eſt enuoyé en chaque Maiſon. Et le troiſiéme contient les diſtinctions de chaque marchandiſe, ſelon ſon eſpece, par ordre alphabetique. D'où eſtans deſcendus, nous auons eſté conduits dans la grande court de la Pitié, à l'entour de laquelle, & au rés de chauſſée ſont quatre eſcolles, l'Infirmerie, l'Apoticairerie, la Cuiſine, la Deſpenſe, la Panneterie, le Refectoir des Officieres, les Magazins du Sel , & du Vinaigre pour toutes les Maiſons. Le Dortoir des nouuelles venües. Le Dortoir des Gantieres. Et au deſſus ſont dix-neuf Dortoirs, dans leſquels ſont toutes filles qui trauaillent aux ouurages, & auons fait compter les perſonnes eſtants eſdits Dortoirs & eſcolles : comme pareillement dans la troiſieſme court, dans laquelle ſont de vieilles femmes infirmes, & quelques filles incorrigibles, où auons veu la buanderie, le fourneau à ſecher le linge, le lieu pour le ſerrer & ployer. Et nous eſtans fait repreſenter par Monique Auboüin, ayde de Senault, Superieure de ladite Maiſon, que leſdits Directeurs nous ont dit eſtre à preſent malade, & retirée chez les filles de la Croix, l'eſtat & nombre deſdites filles & femmes, & leurs qualitez & emplois. Novs auons trouué tant par ledit Eſtat que par le compte qui en auoit eſté fait en noſtre preſence, qu'il y a 1234. perſonnes, ſçauoir 236. femmes & filles, tant infirmes que conualeſcentes, & 687. filles trauaillantes à faire de la dentelle, & à la couſture & à la lingerie, à faire des bas d'eſtames, de la tapiſſerie & des gands, ou ſeruans aux ouurages de la Maiſon & à la Buanderie, y compris meſme de vieilles femmes infirmes qui tricottent & trauaillent en linge, ou filent, & enuiron 351. petites filles depuis ſept ans iuſqu'à dix, qui ſont encore à l'eſcolle, qui ne ſont point encore capables d'autres ouurages que de tricotter, & des nouuelles venuës que l'on inſtruit & cathechiſe tous les iours, auant que de les départir dedans les Dortoirs.

Et nous a ladite Auboüin repreſenté les Regiſtres que tient la Superieure, qui ſont, Le Regiſtre des ouurages de paſſements blanc & noir, de la tapiſſerie & lingerie, & des gands, lequel eſt arreſté par mois par les Commiſſaires de la Maiſon Le Regiſtre des toilles priſes au Magazin , qui ſont employées en la Maiſon, à l'vſage des pauures. Le Regiſtre des toilles que les Tiſſerands de dehors font pour l'Hoſpital, du fil qui eſt filé par les pauures, arreſté par le Commiſſaire qui a ſoin des toilles. Regiſtre des draps, tiretaines, eſtoffes, bonnets, peignes, broſſes, laſſets, fil, ſauon, eſguillettes, ſouliers, ſabots, bacquets, fontaines, ſceaux, papier, plumes, lanternes, ſoufflets, manes, liures, chapelets, &c. qui ſont donnez du Magazin à la Superieure. Regiſtre de la liuraiſon des choſes cy-deſſus par la Superieure aux Maiſtreſſes des Dortoirs ; Et les Regiſtres des laines & eſtames données par les gardes de la Bonneterie, & la liuraiſon des bas, bonnets & gands rendus aux Marchands : lequel eſt tenu par vn des Directeurs. Par lesquels Registres, il paroist qu'il a esté tiré des Magazins de la Pitié en 1660. 1661. & 1662. Trois mil six cens soixante dix aulnes de toille employée à faire des draps, mouchoirs de col, calçons, paillasses, mesme les suaires pour ensevelir les morts, & tres grande quantité de chemises, parce qu'on en donne à tous ceux qui entrent dans les Maisons, quand ils n'en ont point ; encore qu'ils n'y fassent que peu de sejour. Que pendant les mesmes années, il a esté tiré du Magasin 4660. aulnes d'Estoffes pour les habits des filles, & 1163. aulnes de crezé pour les bas de chausse, & les chemisettes des petites filles.

Est comparüe aussi pardevant Nous Louyse Barbaut, despensiere de ladite Maison, qui nous a representé les Registres qu'elle tient. Sçavoir, le Registre du nombre des pauvres, pour connoistre combien il faut de pain, de vin & viande par iour. Registre de la chair de boucherie, qui est double, l'vn pour le Boucher où la Despensiere escrit, & l'autre pour la Despensiere, sur lequel le Boucher escrit. Registre de la menuë despense iournaliere, des herbes, des fruits, du laict, &c. Registre de la reception du pain. Registre de la chandelle, du savon, du sablon. Registre de l'huille à brusler, des balais, du bois, du charbon. Registre de la reception du vin, & de la distribution.

Comme aussi est comparüe l'Infirmiere, qui nous a representé le Registre de l'Infirmerie, sur lequel les Medecins escrivent leurs Ordonnances, & marquent les iours de leurs visites & les signent. Le Registre de l'Apoticairerie, où sont escrites toutes les drogues simples que les Directeurs acheptent de la premiere main, & les medicaments qu'ils font composer dans la Maison de la Pitié, pour estre envoyez en toutes les autres de l'Hospital. Par lequel Registre on voit à combien reviennent les sirops, medicaments & vnguents composez ; & la difference du prix de ceux que l'on vend aux boutiques. Et ayans interogé ladite Aubouin si lesdites filles & femmes estoient obeissantes, & si elles s'addonnoient de bonne sorte ausdits ouvrages & aux autres exercices de la Maison. Elle nous a dit qu'il estoit impossible qu'en vn si grand nombre de personnes d'aages differents, il n'y en eust quelques vnes de negligentes : mais que depuis que lesdits Directeurs avoient ordonné que celles qui ne voudroient pas travailler, tant aux ouvrages qu'aux autres necessitez de la Maison : comme de la Cuisine, Infirmerie, Buanderie, où elles sont employées tour à tour, seroient reduites au pain & à l'eauë,

& mesme que celles qui estans mises en seruice seroient ramenées par leurs maistresses pour estre faineantes & desobeissantes, seroient mises en vn Dortoir à part, & nourries de pain & d'eauë, elles se sont renduës plus diligentes. En sorte qu'elle espere que le public & ceux qui s'en voudront seruir, en auront toute satisfaction.

Et ayans interrogé plusieurs des plus petites filles sur leur creance, nous auons esté entierement satisfaits de leurs responses, qui nous ont fait voir qu'elles y sont tres-bien instruites, mesme dés l'aage de six ans. Et nous a esté representé l'estat des Officiers de la Maison, qui est de la Superieure à 200. l. de gages, de dix-neuf Maistresses des Dortoirs, qui montrent à trauailler, à 60. l. de gages, Dix sous-Maistresses à 25. l. de gages. La Cuisiniere à 120. l. Le portier de la Maison à 150. l. La portiere de la court des filles, & le sous-Portier de la Maison sans gages, & ainsi les gages de ladite grande Pitié peuuent monter à la somme de 2172. l. 11. s. 10. deniers.

Delà nous auons esté conduits en la court où sont logés les Ecclesiastiques; où nous auons veu vn corps de logis appliqué au rés de chaussée à vne salle seruant de Refectoir aux Ecclesiastiques, & les deux estages au dessus à de petites chambres pour leurs logemens, & celuy du Recteur; Et nous a esté dit qu'il n'y a point à present de Recteur, & que le sieur Regnoust qui a esté le dernier auoit 400. l. de gages, les autres Ecclesiastiques chacun 200. l. & nourris comme sont nourris les Ecclesiastiques des autres Communautez de Paris.

Delà nous auons esté conduits en la petite Pitié, où sont les jeunes enfans qui sont à l'escolle, & qui vont aux Enterremens. Et nous auons trouué que leur logement est composé d'vne cuisine, de deux escolles en deux corps de logis, de la Chambre de l'Oeconome, & de cinq Dortoirs qui sont assez proprement tenus, & que lesdits enfans sont au nombre de 120. Et dans ladite Maison est vn Oeconome qui à 200. l. de gages. Le portier & sa femme 90. l. Le Tailleur 100. l Le Sacristain 75. l. Trois Maistres d'Escolle, à chacun 100. l. & le Scribe qui est à present ne prend point de gages non plus que le Cuisinier. Et de ladite Maison, nous auons esté conduits en deux lieux où les pauures sont amenez par les Archers chaque iour deux fois, l'vn dit le Ieu de Paulme, qui est pour les hommes & garçons, l'autre proche le Cimetiere de la Pitié, qui est pour les femmes; & parce qu'on ne peut pas les examiner aussi tost qu'ils sont amenez, la plus part y couchent vne nuit, & sont nourris de pain & de potage, & il s'en rencontre la pluspart des nuits en hyuer 60. hommes, & quarante femmes. Et à vn Menuisier qui a soin du depost des femmes, est baillé 150. l. de gages pour luy & sa femme, & à celuy qui tient le depost des hommes 60. l. Et il y a sept Archers pour la garde du depost, ausquels on ne donne point de gages : mais sont nourris aux despens de la Maison.

Et outre les gages particuliers desdites Maisons, lesdits Directeurs nous ont remontré que les deux Medecins ont 500. li. de gages chacun, Le Bailly des Pauures 800. l. Cinquante Archers à vingt sols par iour, 18300. l. Deux personnes qui prennent soin des affaires, dont l'vn à 600. l. l'autre 200. l. Le Commis des sieurs Receueurs 1000. l. Et le Commis pour examiner la qualité des pauures qui entrent dans la Maison, 600. l.

Et d'autant que la Maison de la Sauonnerie est à present occupée par les manufactures que le Roy y a ordonnées, & que les enfans qui y estoient sont tous transferez en la Maison de Bicestre, comme il a esté declaré, lesdits Directeurs nous ont fait representer les Registres de ladite Maison, par lesquels il paroist que lors que les pauures en sont sortis, ils estoient 412. & douze Officiers, six Seruiteurs & vn Chartier, & six Seruantes pour esplucher les enfans & seruir à la Cuisine, & d'autant qu'il y a trop de distance de ladite Maison à celle de la Salpestriere, pour fournir le pain en icelle, sa despense s'est faite par l'Oeconome qui en a tenu vn estat, par lequel il paroist que la despense en pain, viande, blanchissage, & gages a monté pour 1662. à 34443. l. & pour 1012. l. de bois, 92. l. de paille, & 1120. l. de pain, faisant en tout 36669. l. déduction faite des gages & despense des Officiers, qui estoient l'Oeconome 200. l. de gages, Le Maistre d'Escriture & trois Maistres d'Escolle à chacun 100. l. Le Portier & sa femme 100. l. Le Chartier, & l'ancien Seruiteur 30. l. chacun. L'Infirmier 60. l. & les trois femmes qui espluchoient les enfans chacune 60. l. Tous lesquels gages sont comptez dans la despense cy-dessus, auec la nourriture des Ecclesiastiques, & non point leurs gages qui sont de 200. l. chacun : ce qu'ils nous declarent à present afin de clore ladite visite. Et auons donné iour au 3. de ce mois.

ET le Samedy troisiéme iour de Fevrier audit an. Nous Commissaires susdits, assistez comme dessus, & suiuis dudit sieur

Chomel ; Nous sommes transportez en la Maison de S. Denis dite de la Salpestriere, sise au bout du Faux-bourg S. Victor, à demy quart de lieuë de Paris, & entrans par la porte du costé du Faux-bourg S. Marcel, se sont presentez à nous les sieurs du Plessis, Pichon, Marchant, Cramoisy, Vitré, Maillet & Rainssant sieur de Vieux-Maisons. Tous Directeurs dudit Hospital General, & Commissaires particuliers de ladite Maison, auec lesquels nous sommes entrez dans la Chappelle de S. Denis, qui est partie de massonnerie, & partie d'aix de batteaux, couuerte moitié d'ardoise, & moitié de tuilles, dans laquelle ayant fait nos prieres, & trouué icelle Chappelle decemment ornée: Nous a esté dit qu'il s'y dit tous les iours deux Messes, & ensuite nous auons esté conduits dans le Dortoir des petits enfans, où sont 56. lits, dans lesquels sont 306. enfans de l'vn & de l'autre sexe, aagés depuis deux ans iusques à sept, separez d'vne cloison, & gouuernez par 28. femmes, fort blanchement & proprement tenus, au bas duquel est l'escolle, au dessus dudit Dortoir est le Magazin à bled, & le grenier à farine, pour la Boulangerie des quatre Maisons qui se fait en ladite Maison : & auons reconnu qu'il y a en ce iour quatre-vingts douze muids, & neuf septiers de bled dans les greniers, & trente-vn muid six septiers que l'on nous a dit estre dans les moulins, & soixante-trois muids six septiers de farine, qui ne peuuent durer que peu de temps, pource qu'il faut plus de quatre muids de bled par iour ; Et le sieur Maillet qui a le soin de ladite Boulangerie, nous ayant fait representer les Registres des bleds qui se consomment pour lesdites Maisons, auons trouué lesdits Registres fort exactement tenus pour la quantité de bled & farine qu'il faut par chacun iour, & du son & des recouppes, & de la braise que l'on vend où que l'on consomme dans la Maison. Novs a dit que cy-deuant les pains dudit Hospital se fournissoient par des Boulangers : mais que depuis pour vn meilleur ménage, on a aduisé de faire la Boulangerie dans ladite Maison, qui est de grande charge pour ceux qui en prennent le soin, mais de grande vtilité pour l'Hospital : comme il nous a fait voir par l'estat general de la recepte & despense de la Boulangerie commencée au premier Fevrier 1659. iusqu'au dernier Decembre 1662. par lequel nous auons veu que pendant lesdites années il y a eu espargne de cent seize mil six cens soixante vne liure cinq sols, sur le pied que le pain de pareille qualité estoit vendu par les Boulangers en diuers temps, & comme les Directeurs le payoient aufdits Boulangers pour les pauures qui receuoient les portions par les cantons de la Ville. Lequel Estat nous auons trouué si exact, que nous auons ordonné qu'il seroit attaché à nostre procez verbal ; Et estans prests d'entrer dans la court de ladite Maison, lesdits Directeurs nous ont priez de trouuer bon qu'ils nous representassent de quelle façon auoient esté faits tous les bastimens que nous voyons, & que nous allons visiter, Que lors que la Maison de la Salpestriere fut donnée audit Hospital, il y auoit quelques bastimens logeables pour les ouuriers qui trauailloient au salpestre, & des Escuries pour faire secher ledit salpestre, & des grands couuerts où estoient les fourneaux ; qu'apres s'estre seruy de tout ce qui y estoit, & l'auoir reparé & accommodé aux vsages de l'Hospital, & n'y ayans point de logemens pour les pauures, il fut resolu de bastir vn corps de logis de soixante toises de long, dans lequel il y a presentement 1600. pauures logez : mais qui n'a esté d'aucune charge à l'Hospital, parce que les 9000. l. qu'il a cousté ont esté payez par les legs des sieurs de S. Firmin, & de la Place, Directeurs dudit Hospital, qui decederent comme on le bastissoit. Que quelque temps apres les Dames Charitables proposerent de faire bastir vne Infirmerie, pour laquelle elles ont fourny la somme de 37000. li. dont il y a Contract, Qu'en mesme temps des personnes de pieté qui n'ont voulu estre nommez, baillerent vne somme de 48000 l. pour faire vn bastiment pour retirer les ménages mariez, & pendant qu'on trauailloit audit bastiment, Monsieur le Cardinal Mazarini ayant pris la peine de venir audit Hospital, il approuua tous les desseins desdits bastimens, & n'y trouua rien a dire, sinon que le premier bastiment estoit trop legerement fait pour vn ouurage public, & de cette importance, & voulant y prendre part, il ordonna les derniers bastimens, qui sont presques acheuez, pour lesquels il a fait fournir 100000. l. pendant sa vie, & ordonné par son testament soixante mil liures, & ont esté tous lesdits bastimens faits suiuant l'ordre dudit Sieur Cardinal, & sur les plans qui luy furent montrez apres auoir esté approuuez par Monsieur Colbert, Et apres le deceds dudit Sieur Cardinal, Monsieur le Duc Mazarini ayant fait entendre qu'il vouloit employer 100000. liu. pour acheuer les bastimens dudit Sieur Cardinal, les Directeurs se trouuans pressez, & l'Hospital n'ayant plus de pain, furent obligez de le prier de permettre qu'il en fut pris 50000. li. à la charge de remplacer, comme il a esté cy-deuant declaré ; Et ensuite nous ayans lesdits Directeurs conduits par la court de S. Denis, Nous a esté montré vn bastiment faisant moitié d'vne face de ladite court. Que l'on nous a dit auoir esté fait des deniers de personnes de Condition qui n'ont voulu estre nommés, & qui ont baillé ladite somme de 48000. l. Lesdits bastimens estans de trois estages, au premier desquels il y a vingt-six petites Chambres, au deuxiéme & troisiéme à chacun vingt-cinq, faisant en tout soixante & seize Chambrettes, dans lesquelles sont logez vn mary & vne femme en chacune.

Ensuite nous auons esté conduits en la court de S. Ioseph, où l'on nous a fait voir vn bastiment de trente-six toises de long, & de cinq toises de large, construit des deniers de Monsieur le Cardinal Mazarini, dans lequel au premier estage il y à cinquante-sept Chambrettes, au deuxiesme cinquante-six, & au troisiesme cinquante-sept, faisant en tout cent soixante-dix, où sont aussi logez en celles qui sont acheuées, des ménages mariez : auquel lieu estans, se sont presentez a nous les Ecclesiastiques qui deseruent ladite Maison, au nombre de quatre, qui nous ont representé que leur trauail est fort augmenté, par le nouuel establissement desdits mandians mariez : mais qu'ils esperoient que l'on tireroit quelques Prestres de la Sauonnerie pour les venir ayder. Et à costé de ladite court de S. Ioseph, est la Boulangerie composée de quatre fours, la Bluterie, du logement du Boulanger & de sa femme, & de vingt-six garçons Boulangers, la gallerie ou l'on met le pain cuit, la Court du bois flotté, le Hangard, deux Escuries où sont cinq Cheuaux seruans à mener le pain aux autres Maisons, & les lexiues à la riuiere, & a tourner la roüe du puits, & porter les Malades à l'Hostel-Dieu, & le logement du Chartier, En laquelle Boulangerie auons veu le pain en grande quantité, assez blanc & de bonne grace, dont ledit sieur Maillet nous a donné à entendre la distribution, ainsi que porte ledit Estat de la Boulangerie ; Et à main gauche est le bastiment de l'Infirmerie, basty des deniers de la charité des Dames, pour y traiter les Officieres malades, & y tenir quelque temps les pauures qui ont de legeres maladies, & iusqu'à ce qu'elles soient portées à l'Hostel-Dieu, & à costé d'icelle vne petite Apoticairerie, vn Iardin, & au second estage vne Chambre remplie de bled. Sortans de ladite Infirmerie, nous sommes entrez dans la court de S. Louis, & auons esté conduits dans la Chappelle qui est de vingt-deux toises de long, & trois toises de large, & apres nos prieres l'on nous a fait regarder le peu de lieu qu'auoient les pauures pour assister au Seruice Diuin ; Et encore qu'on ait fait faire vne tribune pour placer les enfans, neantmoins il faloit aux Dimanches faire deux fois le Prosne & l'eau benite, & celebrer quatre Messes, à cause de la petitesse, tant de ladite Chappelle que de celle de S. Denis.

Et dans ladite court de S. Louis, & au coin d'icelle, lesdits Directeurs nous ont montré vn puits de sept pieds de diametre auec vne roüe qui est tournée par vn cheual, & vne pompe qui esleue quantité d'eau dans vn reseruoir, qui se distribuë par des canaux dans tous les Offices de la Maison, auec vn soulagement notable pour toutes les commoditez d'icelle ; & proche ledit puits, vn Iardin de dix toises. Puis nous nous sommes transportez au grand corps de logis de ladite court, où auons veu au rés de chaussée deux longs Dortoirs pour les pauures Aueugles, Paralitiques, & autres Infirmes, & vne Chambre pour les Officieres, vn autre pour les Conualescentes. Dans le premier estage aussi deux longs Dortoirs pour les pauures, l'vn de quarante-deux lits, & 117. pauures femmes qui s'occupent à filer, l'autre de 44. lits, & 109. pauures femmes qui filent & tricottent, & au milieu d'iceux vne Chambre pour vne Maistresse. Dans le deuxiesme estage deux Dortoirs, l'vn de 45. lits, & de 165. femmes, dont les vnes filent, les autres sont occupées a la Buanderie, & au milieu vne Chambre pour vne Maistresse, deux Chambres de Cousturieres. Dans le troisiesme estage deux Dortoirs, l'vn où il y á 47. lits & 116. femmes & filles occupées à la cousture & à la tapisserie, l'autre où il y á 49. lits & 160. femmes & filles occupées partie à tricoter, partie à faire des gands, & deux Chambres, l'vne pour la Maistresse, l'autre pour les filles enuoyées par les Dames charitables.

Et estans descendus dans la court de Sainte Monique. Nous auons troué au rés de chaussée trois Dortoirs, l'vn pour les femmes alienées d'esprit, où il y à 34. lits & 93. femmes, l'autre de 38. lits & 108. femmes occupées à filer, l'autre de 36. lits & 104. femmes occupées à filer & à tricotter.

Et dans la court de Sainte Catherine, trois Dortoirs dans lesquels sont les filles occupées à filer, à la cousture & à la lingerie, au nombre de 208. & 69. lits, dont les celules seruoient cy-deuant de prisons pour contenir les incorrigibles, & qu'il a falu remplir de lits a cause du nombre excessif des pauures. Vn autre Dortoir où sont 29. lits, & 86. femmes affligées de mal caduc, &

G

au-dessus vn autre Dortoir de vingt-trois lits, & soixante & seize femmes ou filles, où l'on met les nouuellement venuës iusqu'à ce qu'elles soient cathechisées & examinées. Ensuite nous auons esté conduits dans cinq Dortoirs où sont les femmes & filles Escroüellées, autres couuertes de vilaine galle, autres incommodées & inutiles au trauail. Et finallement nous ont esté montrez les Offices de ladite Maison, sçauoir, la Cuisine, Le lieu de la distribution des portions, La Despense, Le Garde-manger, Le Refectoir, La Buanderie, Le lieu à secher le linge, Et la Chambre des Cuisinieres, La Chambre des enfans conualescents, Le parloir, La Chambre de la Portiere, & Sous-Portiere. Et sortis de ladite court auons veu la Cuisine des mesnages mariez, La court & descharge de ladite Cuisine, La Chambre des Seruantes. En vn autre corps de logis, La Chambre des Ecclesiastiques charitables qui viennent extraordinairement instruire les pauures de la Maison, Celle de l'Oeconome, Le lieu pour receuoir les pauures, Le Bureau des Directeurs, Les chambres des Ecclesiastiques de la Maison, & leur Refectoir, & du Sacristain, Chirurgien, Sous-Oeconome, Le Magazin des draps de lits, sabots, habits d'hommes & femmes, & autres, & vn galetas où nous auons veu des souliers, pantoufles, chausses, bonnets, & autres necessitez que nous auons veu fort proprement rangez. Et ensuite nous estans fait representer par            Aubry Oeconome tous les Registres de la Maison, qui sont au nombre de 15. sçauoir, De la reception des pauures & de leur sortie, Celuy des malades portez à l'Hostel-Dieu, celuy des Morts dans la Maison, Celuy du Boucher, Celuy des aumosnes: Le Registre des prouisions, Celuy de ce qui se reçoit du Magazin general de la Pitié, Celuy des hardes delaissées par les pauures à leur mort. Registre & inuentaire des meubles de la Maison. Registre des entrées des pauures ménages mariez. Registre de la Cordonnerie, Celuy de la Sommelerie. Celuy de la despense journaliere. Celuy de l'estat des gages, & de l'employ des Officiers; Et auec lesdits Estats, nous estans fait apporter le compte qui a esté fait de nostre ordre de tous les pauures qui sont dans les Dortoirs, Chambres & cellules cy-deuant designées, & l'estat qui nous en a esté presenté par ledit Oeconome, nous auons trouué que le nombre de tous les pauures estans dans ladite Maison est de 2579. sçauoir, 306. petits enfans, les ménages mariez 260., 281. Aueugles, Escroüellées, Imbecilles où malades de mal caduc; & autres maladies incurables; & tout le surplus au nombre de 1752. femmes

& filles qui trauaillent aux ouurages, où aux necessitez de la Maison. Auons aussi veu les Officiers & Officieres, & l'estat de leurs gages & employs, L'Oeconome à 300. l. Les deux sous-Oeconomes, & le Chirurgien 150. l. La Sommeliere & Pannetiere 70. l. Deux Chartiers, l'vn 100. l. l'autre 75. l. Le Portier 75. La Damoiselle de Mouchy Superieure sans gages, Deux Portieres, Deux Cuisinieres, Vne Cousturiere, Deux Infirmieres, Quatre Maistresses d'escolle, Vne Maistresse des enfans, Vne Officiere des ménages, vne autre Sommeliere, Deux Maistresses Lauandieres chacune 60. l. de gages, Et six Lauandieres à 25. l. Vne Seruante de Cuisine à 36. liu. Trois à 18. & sept a 12. montant le tout à 2072. liu.

Et delà nous nous sommes transportez en ladite Maison dite de Sainte Marthe, scize au Faux-bourg S. Marceau, dans laquelle on nous a fait voir douze Dortoirs, dans lesquels ayans fait compter tous les pauures, & nous estans fait representer les Registres de ladite Maison au nombre de 10. sçauoir, Des entrées & des sorties des pauures, leurs aages, conditions, pays, &c. Registre des gands à faire, enuoyés par les Marchands. Registre de l'argent receu pour la façon d'iceux, & la Recepte du reuenu d'autres menus ouurages : comme tricotage, filage, cousture, remplissage. Registre de la menuë despense journaliere. Recepte de la filasse, huille, soulde, cendres, sauon, sel, toilles, habits, vin, bois, charbon, souliers, sabots, chandelles, paille à paillasse, &c. receus du Magazin de la Pitié, La distribution des habits, bas & souliers faite aux pauures. Registre de la recepte des œufs, beures & fromages. Registre de la chair de Boucherie. Registre du lait pour la boulie des petits enfans. Registre du pain receu chaque iour ; Et le Registre des enfans morts dans ladite Maison. Novs auons troué 34. femmes sans enfans, dont la pluspart seruent à la Cuisine ou à la Buanderie, où autres offices de la Maison, & 16. filles, les vnes qui trauaillent à la cousture, les autres à filer ou à faire des gands, & 50. femmes grosses, 147. nourrisses, 100. enfans à la boulie, & 87. enfans au pain, & les Officiers & Officieres sont l'Oeconome & sa femme, à 200. l. de gages, Le Portier 150. l. La Maistresse 90. l. l'Infirmiere 50. l. La Distributrice des portions, Deux Lauandieres, chacune 26. l. Trois sous-Lauandieres 12. l. La Ballieuse 6. l. le tout ensemble montant à 610. liures.

Et nous a esté dit par lesdits Directeurs qu'outre lesdites Maisons, il y a encore vne Maison proche l'Hospital de S. Germain des Prez, où sont les malades de la Teigne, ausquels lesdits Directeurs fournissent la nourriture & les meubles, & sont lesdits malades au nombre de 116. pour la nourriture desquels, le pain est forny par vn Boulanger du Faux-bourg S. Germain des-Prez, & la viande est apportée de la Maison de la Pitié tous les iours.

Et ensuite nous ont lesdits Directeurs remonstré que ce qui les a obligé de bailler leur Requeste à la Cour, a esté la douleur de voir que ledit Hospital estant endebté de plus de 150000. l. dont plus de 88000. l. pour du bled seulement; Et s'engageant de 25. a 30000. l. par mois, & n'estant point soulagé, la ruyne en estoit inéuitable, que la mendicité recommençoit dans Paris, & qu'outre la necessité dans laquelle estoit l'Hospiral qui ne permettoit pas de receuoir dauantage de pauures; il y auoit des personnes mal-affectionnées qui publioient la rupture dudit Hospital, & attiroient par ce moyen les pauures de la Campagne, qui venoient en telle affluence, que mesme les Messagers & Voituriers par eau & par terre amenoient de petits enfans huict & dix à la fois, desquels on ne pouuoit seulement apprendre le nom, ny d'où ils estoient venus, & quand les Archers veulent empescher la mendicité, ils sont empeschez & outragez par le menu peuple, comme ils nous ont fait voir par plusieurs procez verbaux & decrets interuenus sur les informations qui en ont esté faites. Qu'il n'est pas de l'Hospital General comme des autres, qui peuuent auoir leur despense reglée par le nombre des personnes qui y sont receuës, lesquelles mesme on pourroit retrancher dans le manque de fond: mais que ledit Hospital General estant le refuge commun de tous les pauures vieillards, malades, incurables, estropiez, artisans qui ne peuuent plus gagner leur vie, gens de main quand ils n'ont point à trauailler, jeunes enfans qu'il faut instruire, & qui sont la pluspart des familles de Paris. Si l'Hospital tomboit pour partie, tout le fruit & l'aduantage en seroit perdu; Et que nonobstant toutes ces grandes charges ayant subsisté pendant six ans, & pendant la pluspart du temps la mendicité a esté empeschée; Et par la suitte des receptes & despenses nous pouuions connoistre que si les charitez auoient continué comme elles auoient commencé, cét œuure qui au commencement auoit esté consideré comme impossible, auroit esté non seulement rendu possible, mais facile; & qu'encor à present il peut estre soûtenu par des secours tres mediocres, & beaucoup moindres que la surcharge qui arriueroit par la rupture dudit Hospital, qui attireroit la mendicité; Et pour empescher ces mal-heurs si grands & si proches, Ils ont creu ne pouuoir mieux faire que d'imiter ce qui a esté fait par les Administrateurs de l'Hostel-Dieu, en de semblables rencontres, en donnant au public l'Estat par le menu de toute l'administration, des reuenus, despenses, besoins & necessitez; Et comme ils n'ont point d'autre interest que celuy du public, ils croyent s'estre acquittez de leur deuoir, de nous auoir fait connoistre la conduite dudit Hospital, l'estat d'iceluy, ses fonds & ses despenses, ses besoins & ses necessitez, & n'ont rien à requerir, sinon qu'il plaise à la Cour d'y pouruoir par sa prudence accoustumée: & en sorte qu'on ne leur puisse imputer d'auoir obmis aucune chose de ce qu'ils doiuent, par les serments qu'ils ont faits pour le seruice dudit Hospital.

Signé, DOVIAT, SAINCTOT, REGNARD.

MARTIN, Greffier.

---

## *EXTRAIT DES REGISTRES DE PARLEMENT.*

VEV par la Cour, la Requeste a elle presentée par les Directeurs de l'Hospital General de cette Ville & Faux-bourgs de Paris; Contenant que sur la Requeste par eux presentée à la Cour, auroit esté ordonné que deux des Conseillers de ladite Cour, se transporteroient audit Hospital & lieux en dependans, pour connoistre l'estat d'iceluy, le nombre des pauures qui estoient à present en chacune des Maisons dependantes dudit Hospital: comme aussi des personnes preposées au dedans desdites Maisons, pour la conduite desdits pauures, leurs qualitez & employs, tant au spirituel qu'au temporel, & faire representer tous les comptes & estats tant generaux que particuliers de la recepte & despense dudit Hospital, & en dresser procez verbal: Ce qui auroit esté fait ainsi qu'il paroissoit par le procez verbal du vingt-deuxiéme Ianuier. A CES CAVSES, requeroient qu'il pleust à ladite Cour pouruoir aux necessitez vrgentes & subsistance dudit Hospital. VEV aussi ledit procez verbal fait en execution dudit Arreſt attaché à ladite Requeſte ; Concluſions dudit Procureur General du Roy : Oüy le rapport de Maiſtre Iean Doujat, Conſeiller en ladite Cour ; Et tout conſideré, LA COVR a ordonné & ordonne qu'Aſſemblée ſera faite en l'Hoſtel de cette Ville de Paris, des perſonnes notables de tous les corps de ladite Ville, pour donner aduis ſur les vrgentes neceſſitez & ſubſiſtance dudit Hoſpital General : pour ce fait, rapporté & communiqué audit Procureur General du Roy, eſtre ordonné ce qu'il appartiendra. FAIT en Parlement, le cinquiéme Mars mil ſix cens ſoixante-trois.

Signé, DV TILLET.

# EXTRAIT
# DV PROCEZ VERBAL
## DE MESSIEVRS DOVIAT ET SAINTOT, Commissaires députez par la Cour, pour reconnoistre l'estat de l'Hospital General, & ses vrgentes necessitez, du 22. Ianuier 1663. & autres iours.

PAR la representation des comptes de l'Hospital General, il paroist que le premier fonds sur lequel l'Hospital General a esté entrepris, estoit de 150000. l.

Que le Roy, la Reyne, & plusieurs personnes de condition y donnerent encor comme ils auoient promis, 80000. l.

Que le reuenu reglé est le fond des Hospitaux vnis, montant à 75000. l. & à present augmenté iusques à 25000. l. 100000. l.

Le droit que le Roy a accordé sur l'entrée du vin 200000 l.

Que depuis l'establissement de l'Hospital, il y est entré 63177. pauures.

Que la pluspart estans tous nuds, à ceux mesmes qui n'y ont demeuré qu'vn iour, on leur a baillé des chemises, & des habits à ceux qui y ont sejourné.

Que dans les moindres années il y a eu 6. à 7000. pauures & plus.

Que dans le commancement on bailloit vne liure & demie de pain, qu'on a depuis reduit à vne liure & vn quart, & trois onces de viande cuite, Qu'on ne donne du vin qu'aux vieillards qui passent 60. ans; à quoy adioustant les linges, vestements, gages & nourritures des Officiers, & autres dépenses ordinaires & extraordinaires pour vn si grand nombre de Maisons, de personnes & d'Officiers, quand on ne compteroit que 60. ou 80. l. pour pauure, cela monte à plus de 600000. liures.

Qu'en 1657. qui fut la premiere année. La recepte a esté de 589536. l

| | | |
|---|---|---|
| En 1658. | La recepte de | 719236. liu. |
| En 1659. | La recepte de | 819419. liu. |
| En 1660. | La recepte de | 722917. liu. 3. s. 1. d. |
| En 1661. | La recepte de | 724999 liu. 8. s. |
| En 1662. | La recepte de | 776869. liu. 6. s. 5. d. |

BIBLIOTHÈQUE [stamp]

| | | | |
|---|---|---|---|
| En 1657. | La despense de | 586966. liu. | 13. s. 1. d. |
| En 1658. | La despense de | 745943. liu. | 14. s. 6. d. |
| En 1659. | La despense de | 834617. liu. | 13. s. 11. d. |
| En 1660. | La despense de | 765088. liu. | 2. s. 2. d. |
| En 1661. | La despense de | 754531. liu. | |
| En 1662. | La despense de | 895922. liu. | 17. s. 11. d. |

Que dans ladite dépense est comprise celle des bastimens, desquels il n'a esté pris sur les fonds de l'Hospital & charitez, que 90000. liures, qui ont esté payez de deux legs faits par les feus sieurs de S. Firmin, & de la Place Directeurs, & ces bastimens seruent à loger 1600. pauures.

Que les autres bastimens ont esté faits des deniers de Monsieur le Cardinal Mazarin, qui a donné 160000. liu.

Vn autre bastiment des deniers de la charité des Dames, pour seruir d'Infirmerie. 37000. liu.

Vn autre des deniers de personnes de condition, qui ne veulent estre nommées. 48000. liu.

Et tant s'en faut que ces bastimens soient superflus, qu'au contraire dans la pluspart d'iceux, les pauures sont couché trois & quatre dans vn lit.

Et les Chappelles fermées seulement d'aix de batteau pour la meilleure partie.

Que l'Hospital a esté obligé dans sa necessité de prier Monsieur le Duc Mazarin, qui auoit destiné 100000. l. pour acheuer les bastimens de Monsieur le Cardinal, de trouuer bon qu'on en prist 50000. li. pour auoir du pain, à la charge de remplacer.

Qu'outre cela l'Hospital est redeuable de 150000. liu. dont il y à 88000. l. seulement pour les bleds.

Qu'il s'en dépense dans l'Hospital quatre muids par chacun iour.

Qu'encore qu'il ny ait ny lieu pour retirer les pauures, ny du pain pour les nourrir, on ne laisse pas de faire ce que l'on peut pour empescher la mendicité.

Mais ce qui la cause, est qu'il y a des personnes mal-affectionnées qui publient dedans & hors Paris, que l'Hospital General sera bien-tost ouuert, & les pauures en liberté de mandier, ce qui attire les pauures des Prouinces.

Que le menu peuple en arrache tous les iours des mains des Archers, ce qui rend les pauures plus insolents, comme il a esté iustifié par plusieurs procez verbaux.

Que les questes, les Troncs, & toutes les autres charitez sont diminuées de plus de deux tiers.

Que dans ces extremitez on n'a rien obmis & de soin & de moderation pour rechauffer les charitez, comme le public en est tesmoin.

Que l'on a fait ce que l'on a peu pour establir des manufactures & des mestiers dans l'Hospital, & que la principale raison qui en a empesché, a esté la crainte de faire de nouueaux pauures, & de faire preiudice aux artisans de Paris.

Qu'on a offert aux Marchands & aux artisans toutes les mains de l'Hospital, pour s'en seruir, mesme gratuitement.

Qu'on ne laisse pas d'occuper en de menus ouurages tout ce qui peut trauailler, mesme les inualides.

Que les autres Hospitaux peuuent auoir leur dépense reglée par le nombre & la qualité des personnes qui y sont receuës.

Mais que l'Hospital General est le refuge commun de tous les pauures, vieillards, malades, incurables, estropiez, artisans qui ne peuuent plus gagner leur vie, gens de main quand ils n'ont point à trauailler, ieunes enfans qu'il faut instruire, & qui sont tous ou la pluspart de familles de Paris.

Et par la visite particuliere de toutes les maisons dont l'Hospital est composé, il paroist que. Dans la Maison de la Pitié qui est la principale, Il y a 10. Ecclesiastiques, & l'on est obligé d'en tenir ce nombre, à cause qu'il y a des fondations à acquiter, qu'il en faut quatre, tant pour les heures canoniales fondées, que pour gouuerner les enfans, & les mener aux Enterrements, deux pour la Maison de Scipion, ou il ny à point de logement pour les Prestres, en sorte qu'il ny à presques que 4. Prestres qui puissent vacquer à la Maison, dont le trauail est trop grand, & la conduite de toutes les Maisons si penibles que M. Abely à present Euesque de Rodés en estant Recteur y tomba malade au bout de six mois, à cause de la grandeur du trauail. Les Prestres de la Mission, & le Pere Vincent ne le voulurent point entreprendre, comme ils y auoient esté inuitez, tesmoignans qu'ils ny pourroient suffire, & qu'ils seroient obligez d'abandonner les Missions.

Dans la grande Pitié, sont 1274. personnes.

Sçauoir, 236. Infirmes, dont la pluspart trauaillent.

687. Trauaillans à toutes sortes d'ouurages.

351. Petites filles qui vont à l'Escole.

Et 34. Maiſtreſſes, ſous-Maiſtreſſes, & autres Officieres.
Le tout en 19. Dortoirs.
Dans la Petite Pitié 120, enfans.
& 8. Officiers, le tout en 5. Dortoirs.

Deux depoſts, l'vn pour les hommes, & l'autre pour les femmes, ou ſe reçoiuent les pauures iuſques à ce que l'on ait iugé ſi on les doit retenir, & en quelle maiſon ils doiuent eſtre enuoyez, ce qui ſe fait par chacun iour.

Dans la Maiſon de Scipion 34. femmes ſans enfans, & 16. filles qui trauaillent, 50. femmes groſſes, 147. nourrices, 200. enfans au pain, 11. Officiers.

Dans Biceſtre, que la Chappelle n'eſt baſtie que d'aix de bateaux.
Qu'il y à 26. Dortoirs.

336. qui trauaillent à differends ouurages, Couſteliers, Tonneliers, Serruriers, Menuiſiers, Tailleurs, Drapiers, Sauetiers, Cordonniers, faiſeurs de Tieretaine pour les habits des pauures.

540. Enfans qui ſont encor incapables du trauail.

655. Vieillards & malades de maladies incurables.

177. Valides qui n'ont point d'induſtrie, occupez, comme maneuures, que l'on renuoye de iour à iour apres les auoir retenu 8. ou 15. iours, les vns pour le chaſtiment, ou pour les inſtruire dans les principes de la Foy dont ils ſont abſolument ignorants.

10. Officiers qui tirent gages de la Maiſon. 4. Eccleſiaſtiques.
Et 127. Pauures qui ſeruent pour leur pain aux ouurages & au ſeruice de la Maiſon, & ont double portion.

Que dans la Salpeſtriere, ſont quatre Eccleſiaſtiques.
2. Chappelles, l'vne fermée pour la pluſpart d'aix de batteau.
Qu'en 3. courts differentes il y à 306. petits enfans.
260. Ménages mariez.
281. Imbecilles, malades de mal caduc, & autres maladies incurables.
1732. Filles & femmes qui trauaillent à toutes ſortes d'ouurages
Outre la Boulangerie qui s'y fait pour toutes les Maiſons.

Que dans vne autre Maiſon où ſont les enfans malades de la Teigne, il y en à 116. pauures, auſquels l'Hoſpital fournit toutes les neceſſitez.

Que dans chacune des Maiſons, il y à 8. 10. & iuſques à 15. regiſtres par leſquels on peut reconnoiſtre iour par iour la proportion de la deſpenſe au nombre des pauures, & vn compte tres exact de tout ce qui se fait en la Maison, tant pour la nourriture & vestement des pauures, que pour tous les ouurages.

Par lesquels registres, il se reconnoist qu'il y a à present à la charge de l'Hospital 6262. pauures, sans les Officiers.

Et outre les gages de ceux qui sont dans les Maisons, montans seulement à 17000. qui est vne somme fort modique.

Il y a les gages du Bailly des pauures & ses Archers, & des personnes qui prennent soin des affaires, & commis des Receueurs, 22500 liu. qui est la meilleure condition qu'on en puisse auoir, les seuls Archers estans à 20 sols par iour, qui n'est presque que leur despense, pour vn trauail continuel & fort penible, & le plus necessaire pour empescher la mendicité.

Qu'il si consomme tous les ans plus de 1400. muids de bled, qui en l'année 1662. ont cousté, 350300. liures.

De la viande pour 217791. l. sans compter les portions baillées par les quartiers, 82658 liures.

Du Sel, outre le franc salé 8249. liures.

En bois, vin, charbon, paille & autres choses, 68344 liures.

En habits, estoffes & vstancilles, outre qui se manufacture. 60583. liures.

Sans compter les reparations, gages des Ecclesiastiques, & toutes les despenses extraordinaires.

**LE TOVT EXTRAIT COMME DESSVS** *du procez verbal de Messieurs les Commissaires. Signé, Martin.*

ET bien que par cét extrait tres fidel, on puisse connoistre tout l'estat de l'Hospital, si pendant ces iours de deuotion, de grace & de salut on en vouloit estre plus particulierement informé, on supplie toutes les personnes de visiter les lieux pour s'en éclaircir. Il n'y a personne qui ne doiue estre en particulier Directeur de l'Hospital, ceux qui le sont par serment, n'ont iamais rien plus desiré, sinon que chacun entrast en part de ce bon œuure, pour y donner tous les aduis qui sont bien souuent aussi vtiles que les aumosnes mesmes, on en a fait des supplications tres instantes par plusieurs Imprimez qui ont esté distribuez: mais à present on le demande auec plus de zele pour desabuser le public des impressions qu'on a données, lesquelles seules ont esté capables de diminuer cette sainte ferueur, que Paris a témoigné dabord pour vn establissement qui luy est si honorable & si vtile, dont plusieurs Villes ont receu l'exemple, & les autres sont prestes à le receuoir, & dans Paris qui est la Cité sainte, qui à plus de fonds, de richesse & de vertu que tout le reste de la France. L'Hospital General est prest à tomber, & l'on sera contraint de le rompre si on n'est promprement secouru.

Paris a trop de cœur & de bonté, d'honneur & de charité pour souffrir que les autres Villes luy reprochent qu'il ait manqué de puissance ou de pieté dont il a donné l'exemple, qu'apres auoir assisté toutes les Prouinces affligées, & jusques aux terres les plus inconnuës, par des liberalitez pieuses, qui ont esté admirées par tout le monde, il ait voulu deffaillir à ses pauures domestiques, & à ses propres entrailles. Qu'il ait mieux aymé nourrir les méchans pauures, qui dérobent les aumosnes pour se charger de tous les crimes qui suiuent la faineantise & la mendicité, & qui peuuent attirer la colere de Dieu, que de receuoir les benedictions qui peuuent meriter, le partage égal des charitez, le soulagement asseuré des veritables necessitez, & des prieres innocentes.

Mais comme il n'y a pas d'apparance que le Roy souffre la ruine d'vne fondation si illustre pour la reputation de son estat & de sa Ville principalle. Tout ce qui reste, est de sçauoir si on conseruera volontairement & auec merite, & par vn secours facile qui ne peut incommoder aucun des particuliers, ce qu'il faudroit reparer auec pudeur & vne plus grande dépense, si l'on en auoit souffert la ruine; Et si vn peuple dont la deuotion est si tendre & si exemplaire veut souffrir que ses pauures soient nourris sans y contribuer, & prendre part à vn œuure dont la pratique ou l'obmission doit estre le prix de la benediction ou de la reprobation derniere. C'est Dieu qui demande pour des pauures qui n'ont plus de voix. C'est à luy à qui il faut accorder ou refuser; c'est luy qui dira au dernier iour, *Venez les bien aimez de mon pere, Vous m'auez soulagé dans la soif & dans la faim, Vous m'auez logé, Vous m'auez vestu, prenez possession du Royaume que ie vous ay preparé.* S. Mathieu Chap. 25.

On fera des questes des Assemblées, Les Troncs & les Bouettes sont par tout. Messieurs les Curez, & Messieurs les Predicateurs auront la bonté dans leurs Prosnes & Predications, d'exciter la charité qui ne peut jamais estre plus necessaire & plus vtile.

*De l'Imprimerie de Martin Le Prest, ruë Sainct Iacques, deuant S. Seuerin, à la Couronne de France.*

BIBL...

# ESTAT GENERAL

## DE TOVT LE BLED QVI A ESTE' achepté pour faire le pain des pauures de l'Hospital General, & qui a esté fourny depuis le premier Féurier 1659. iusqu'au dernier Decembre 1662. qui sont quatre années.

*Ledit Estat fait voir ce qui a esté consommé de Bled par chacune desdites années, & la quantité de pain qu'il a rendu pendant ledit temps, Auec ce que chaque muid de Bled a cousté, ce qu'il a rendu de pain, & à quel prix le pain est reuenu audit Hospital, tous frais faits, & qu'il y a eu 116661. liures 5. sols, de bon mesnage pendant lesdites quatre années.*

PREMIEREMENT a esté consommé en l'année 1659. à commencer le 3. Feurier, & finir le dernier Decembre ensuiuant, la quantité de cinq cens soixante & seize muids vn septier de bled froment, qui reuient au prix de l'achapt, l'vn portant l'autre, à 158. li. 12. s. le muid, montant le tout ensemble à la somme de 91366. l. 1. s. 6. d.

Plus a esté consommé depuis le premier Ianuier 1660. iusqu'au premier Iuillet ensuiuant, qui sont six mois consecutifs, la quantité de quatre cens trente cinq muids trois septiers de bled, à raison de 154. li. le muid, le fort portant le foible, qui monte ensemble à la somme de 67048. li. 10. s.

Plus a esté consommé depuis le premier Iuillet 1660. iusqu'au premier Octobre ensuiuant, qui sont trois mois, la quantité de deux cens cinq muids cinq septiers de bled froment, reuenant à 163. l. 3. s. le muid, qui monte ensemble à la somme de 33568. li.

Et a esté fourny durant ledit temps, à commencer le 3. Feurier, & finir le dernier Decembre 1659. la quantité de neuf cens dix-neuf mil cinq cens douze pains bis & blancs, pesant vne liure & demye, qui reuient à 2. s. chaque pain, montant ensemble à la somme de 91951. l. 4. s.

Et a esté fourny durant ledit temps du premier de Ianuier 1660. iusqu'au premier Iuillet ensuiuant, la quantité de sept cens quatre vingt vn mil quatre cens quarante-trois pains bis & blancs, reuenant à vn sol neuf deniers la piece, montant le tout ensemble à la somme de 68376. l.

Et a esté fourny depuis le premier Iuillet 1660. iusqu'au premier Octobre ensuiuant, la quantité de trois cens quarante six mil quatre cens soixante & quatorze pains bis & blancs reuenant à vingt-trois deniers & maille chaque pain, montant le tout ensemble à la somme de 33970. l. 12. s.

(7)

Plus a esté consommé depuis le premier Octobre 1660. iusqu'au dernier Decembre ensuiuant, la quantité de deux cens soixante & neuf muids vn septier de bled, qui reuient le fort portant le foible à 174. l. 2. s. le muid, montant le tout ensemble à la somme de 44809. liu. 12. s.

Et a esté fourny depuis le premier Octobre 1660. iusqu'au dernier Decembre ensuiuant, la quantité de trois cens quatre-vingts seize mil deux cens quarante pains bis & blancs, qui reuiennent à 2. s. 3. d. chaque pain, qui monte ensemble à la somme de 44577. liu.

Plus a esté consommé depuis le premier Ianuier 1661. iusqu'au dernier Mars ensuiuant, la quantité de deux cens quatre-vingts dix muids huict septiers de bledfroment, de plusieurs prix, qui reuiennent le fort portant le foible à 172. li. 4. s. 8. d. le muid, reuenant le tout ensemble à la somme de 50063. l. 15. s.

Et a esté fourny depuis le premier Ianuier 1661. iusqu'au dernier Mars ensuiuant, la quantité de quatre cens trente cinq mil deux cens quinze pains bis & blancs, qui reuiennent à 2. s. 3. d. chaque pain, qui monte ensemble à la somme de 50170. l. 12. s.

Plus a esté consommé depuis le dernier Mars 1661. iusqu'au premier Iuillet ensuiuant, la quantité de deux scens quatre-vingts quatre muids sept septiers de bled froment, reuenant le fort au foible à 171. l. 8. s. 9. d. le muid, montant ensemble à la somme de 48795. l. 11. s. 7. d.

Et a esté fourny depuis le dernier Mars 1661. iusqu'au premier Iuillet ensuiuant, la quantité de quatre cens dix mil soixante & dix-huict pains bis & blancs, reuenant à 2. s. 4. d. chaque pain, montant le tout ensemble à la somme de 48799. l. 8. s. 6. d.

Plus a esté consommé depuis le premier Iuillet 1661. iusqu'au premier Octobre ensuiuant, la quantité de deux cens vingt six muids onze septiers de bled froment, qui couste le fort portant le foible 192. l. 12. s. 6. d. le muid, valant le tout ensemble la somme de 43708. l. 7 s.

Et a esté fourny depuis le premier Iuillet 1661. iusque au premier Octobre ensuiuant, la quantité de trois cens soixante & trois mil deux cens cinq pains bis & blancs, qui est reuenu à cause de la cherté du bled à 29. d. chaque pain, montant le tout ensemble à la somme de 43887. 15. s.

Plus a esté consommé depuis le premier Octobre iusqu'au dernier Decembre ensuiuant, qui sont trois mois, deux cens soixante & vn muid neuf septiers trois minots & demy de bled froment, qui couste & reuient le fort portant le foible à la somme de deux cens cinquante-huict liures treize sols quatre deniers le muid, valant le tout ensemble la somme de 67718. l. 1. s.

Et a esté fourny depuis le premier Octobre 1661. iusqu'au dernier Decembre ensuiuant, la quantité de quatre cens trente quatre mil neuf cens quarante trois pains bis & blancs qui reuient à cause de l'excessiue cherté du bled, à trois sols vn denier & vn tiers de denier chaque pain, qui monte ensemble à la somme de 67723. l. 11. s. 7. d.

Plus a esté consommé durant le quartier des mois de Ianuier, Fevrier & Mars de l'année 1662. la quantité de trois cens dix muids huict septiers & demy de bled froment, qui couste le fort portant le foible 283. l. 18. s. 6. d. le muid, montant le tout ensemble à la somme de 88218. l. 17. s. 3. d.

Et lesdits trois cens dix muids huict septiers & demy de bled ont fourny durant ledit quartier de Ianuier, Fevrier & Mars 1662. la quantité de cinq cens vingt-quatre mil quatre cens trente-neuf pains bis & blancs, qui reuient à 3. s. 4. d. chaque pain, montant le tout ensemble à la somme de 88497. l. 10. s.

Plus a esté consommé durant le quartier d'Auril, May & Iuin 1662. deux cens soixante & dix-sept muids deux septiers deux minots de bled froment, qui reuient à cause de l'excessiue cherté à 346. l. 8. s. 6. d. le muid, montant le tout ensemble à la somme de 96031. l. 18. s. 4. d.

Et lesdits deux cens soixante & dix-sept muids deux septiers deux minots ont fourny durant ledit quartier d'Auril, May & Iuin 1662. la quantité de cinq cens cinquante mil deux cens trente-huict pains, qui reuiennent au prix de l'achapt dudit bled, à raison de 3. s. 6. d. chaque pain, montant à la somme de 96291. l. 13. s. 6. d

Plus a esté consommé durant le quartier de Iuillet, Aoust & Septembre 1662. la quantité de deux cens quarante sept muids dix septiers deux minots de bled, qui coute le fort portant le foible la somme de 339. li. 15. s. 3 d. le muid, montant le tout ensemble à la somme de 84204. liu. 9. s. 6. d.

Et lesdits deux cens quarante sept muids dix septiers deux minots ont fourny durant ledit quartier, la quantité de quatre cens soixante huict mil huict pains bis & blancs, qui reuiennent au prix de l'achapt dudit bled à 3. s. 7. d. la piece, montant le tout ensemble à la somme de 84338. l. 18. s. 8. d.

Plus a esté consommé durant le quartier d'Octobre, Nouembre & Decembre 1661. la quantité de deux cens soixante & onze muids vn septier de bled & farine, qui reuiennent au prix de l'achapt à 294. liu. le muid, montant à la somme de 79732. l. 7. f. 8 d.

Et lesdits deux cens soixante & onze muids vn septier de bled ont rendu quatre cens soixante & neuf mil huict cens quatre-vingts huict pains, reuenant chaque pain à 3. s. 4. d. sans compter 138. boisseaux de farine pour faire la boullie des enfans de Saincte Marthe, montant à la somme de 79783. l. 1. s. 4. d.

Somme totalle à quoy monte tout le bled consommé dans les Maisons de la Pitié, de la Salpestriere, de Bicestre, de Sainte Marthe, & à present aux ménages qui sont logez dans la Maison de la Salpestriere, depuis le troisiéme Feurier 1659. iusqu'au dernier Decembre 1662. qui font quatre années consecutiues que la Boulangerie a esté establie audit Hospital General, montant chaque année en particulier, sçauoir l'année 1659. à 576. muids vn septier de bled à raison de cent cinquante huict liures douze sols le muid l'vn portant l'autre, montant à la somme de 91366. l. 1. s. 6. d.

L'année 1660. a consommé 909. muids neuf septiers à 163. l. 10 s. le muid, montant à la somme de 145426. l. 2. s.

L'année 1661. a consommé 1063. muids onze septiers à 198. l. 15. s. le muid l'vn portant l'autre, le fort portant le foible, montant à la somme de 210285. l. 14. s. 7. d.

L'année 1662. a consommé 1106. muids dix septiers à 316. l. le muid le fort portant le foible, montant à la somme de 348187. l. 12. s. 9. d.

*Nombre total du bled achepté & consommé pendant lesdites quatre années 1659. 1660. 1661. & 1662. Trois mil six cens cinquante-six muids sept septiers, qui ont cousté, la somme de sept cens quatre-vingts quinze mil deux cens soixante six liures.*

---

EN l'année mil six cens cinquante-neuf, a esté consommé la quantité de cinq cens soixante & seize muids vn septier de bled, qui a cousté cent cinquante huict l. 12. s. le muid, le tout montant à quatre-vingts onze mil trois cens soixante & six liures vn sol six deniers, & ledit bled a rendu neuf cens dix-neuf mil cinq cens douze pains d'vne liure & demye piece, qui est reuenu à deux sols chaque pain, sur le pied d'enuiron seize cens pains que chaque muid de bled a rendu, ledit pain reuenant à la somme de 91951. l. 4. s. 6. d.

En l'année mil six cens soixante, il a esté consommé la quantité de neuf cens neuf muids neuf septiers de bled, qui a cousté cent soixante & trois liures le muid, & le tout a monté à cent quarante cinq mil quatre cens vingt-six liures deux sols, & ledit bled a rendu vn milion cinq cens vingt quatre mil cent cinquante pains, sur le pied de seize cens soixante seize pains pour muid, qui est reuenu selon les prix du bled, partie à vn sol neuf deniers, autre partie à vingt trois deniers, & l'autre partie à deux sols trois deniers chaque pain, montant tout ledit pain à la somme de 146923. l. 12. s.

En l'année mil six cens soixante & vn, il a esté consommé la quantité de mil soixante & trois muids deux septiers de bled froment, qui a cousté partie à 172. l. le muid, autre partie 191. l. & l'autre 258. l. le muid, & le tout a monté à deux cens dix mil deux cens quatre-vingts cinq liures quatorze sols sept deniers, & a rendu vn million six cens quarante-trois mil quatre cens quarante & vn pain, qui ont esté fournis ausdits Hospitaux, suiuant les memoires des Oeconomes des maisons, & ledit bled a rendu sur le pied de seize cens soixante & quatorze pains pour muid, qui est reuenu partie à deux sols trois deniers, partie à deux sols cinq deniers, & partie a trois sols vn denier chacun pain, montant tout ledit pain ensemble à la somme de 210580. liu.

En l'année mil six cens soixante & deux, a esté consommé onze cens six muids dix septiers deux minots de bled qui a cousté partie à trois cens quarante huict liures huict sols le muid, l'autre partie trois cens trente-neuf liures quinze sols & trois deniers, le tout montant à trois cens quarante huict mil cent quatre-vingts sept liures douze sols & neuf deniers, & ledit bled a rendu deux millions douze mil cinq cens soixante & treize pains, fournis durant ladite année aux Maisons, suiuant les memoires des Oeconomes, lequel bled a rendu sur le pied de dix-huict cens dix neuf pains chaque muid, qui est enuiron cent cinquante pains que le muid de bled a rendu de plus cette année que les autres années, à cause que Messieurs les Directeurs ordonnerent au commencement de ladite année qu'à l'aduenir le pain d'vne liure huict onces, seroit reduit à vne liure six onces, le tout montant à la somme de 348911. l. 3. s. 6. d.

---

## SOMMAIRE DE CE QVE L'HOSPITAL *a achepté de Bled, du prix d'iceluy, & de la quantité du pain qui en est prouenu, & du profit que ledit l'Hospital en a receu és années 1659. 1660. 1661. & 1662.*

### PREMIEREMENT.

LEdit Hospital a achepté la quantité de trois mil six cens cinquante-six muids trois septiers deux minots de bled, ainsi qu'il appert par les achapts faits durant les quartiers escrits cy-deuant, cy 3655. m. 10. sep. 2. min.

Le payement desdits trois mil six cens cinquante cinq muids dix septiers deux minots de bled, monte à la somme de sept cens quatre-vingts quinze mil deux cens soixante & cinq liures dix sols dix deniers, cy tiré pour 795265. l. 10. s. 10. d.

Et lesdits trois mil six cens cinquante-cinq muids dix septiers deux minots de bled, ont rendu six millions quatre-vingts dix-neuf mil six cens soixante & seize pains qui reuiennent au prix cy-deuant par lesdits quartiers, montant le tout ensemble à la somme de sept cens quatre-vingts dix-huict mil trois cens soixante & six liures dix-sept sols vn denier, sans comprendre quatorze cens cinquante boisseaux de farine, fournis durant lesdites quatre années, pour faire la boüillie des enfans de Sainte Marthe, & aussi deux cens vingt septiers de son que les cheuaux des Massons ont mangé durant ledit temps, montant tout ledit pain fourny durant lesdites quatre années, à la somme de 798366. l. 17. s. 1. d.

Et si lesdits six millions quatre-vingts dix-neuf mil six cens soixante & seize pains auoient esté fournis par les Boulangers de Paris qui fournissent les cantons des pauures mesnages, à quatre, cinq & six deniers de plus pour chaque pain, qu'il ne reuient à l'Hospital par l'œconomie de la Boulangerie establie à la Salpestriere, il se trouueroit que ledit Hospital auroit souffert de perte, à seulement compter le pain à quatre deniers de moins sur ladite quantité, de la somme de 116661. l. 15. s.

Et sera a remarquer que iusqu'à present tout le son prouenu de ladite Boulangerie a esté vendu aux paysans, & ce qui s'en est receu a seruy à payer tous les Meusniers qui ont fait la mousture dudit bled, à raison de 7. liu. le muid, Les chartiers qui ont fait le chariage du port de l'Escole, à la Salpestriere, à raison de trois liures le muid, Les Iurez porteurs de bled, à raison de quarante deux sols, Les porteurs de bled, de la charrette au grenier, à raison d'vn sol par septier, Les garçons meusniers qui déchargent les mulets & qui portent la farine aux greniers, a raison d'vn sol par septier, Le leueur de minot, apres que le bled est mesuré, a raison de cinq sols pour muid, Tout le bois flotté pour cuire le pain, Les gages du Maistre Boulanger, & de vingt quatre garçons qui seruent à faire le pain & a remuer le bled & la farine, Pour faire les fours & les entretenir, Pour trois blusteaux & les entretenir, Pour des pelles & pellerons a four, Pour des seaux, Pour des corbeilles & balais, & pour beaucoup de petites despences qu'il conuient faire iournellement à l'entretien des fours, & l'argent dû son suruient à toutes ces despences necessaires.

Et à l'égard de ladite quantité des onze cens six muids dix septiers deux minots de bled froment, acheptez durant toute l'année 1662. de plusieurs Marchands, & a plusieurs prix, reuenant le tout ensemble, le fort portant le foible, a cause de son excessiue cherté, a la somme de 348911. l. 3. s. 6. d. en est deub encore a presentde reste ausdits Marchands la somme de 97218 l. iusques au 8. Ianuier 1663.

Sçauoir.

Aux sieurs Simon & le Fevre, 40. muids de bled, qu'ils ont vendu le 27. Iuillet 1662. à raison de vingt-huict liures le septier, qui montent a 13440. liu. surquoy a esté payé 3360. l. reste a payer la somme de 10080. l.

Aux sieurs Audigier 47. muids 4. septiers de bled froment, qu'il ont vendu le dernier Nouembre 1662. à raison de vingt-trois liures le septier, montant à la somme de 13064. l.

Acheptè de Monsieur Roger, le quatorziesme Aoust 1662. trente-deux muids de bled froment à vingt-quatre liures le septier, montant à 9216. l. sur laquelle somme luy a esté payé la moitié de 4608 liu. & reste a payer l'autre moitié de 4608. l.

Achepté du sieur Simon Collinet, le douziesme Aoust 1662 30. muids de bled, montant à la somme de 10080. l. à raison de 336. l. le muid, sur laquelle luy en a esté payé la moitié de 5040. l. reste a payer l'autre moitié de 5040. l.

Achepté desdits sieurs Simon & Collinet, le dix-neuf Aoust 1662 encore 37. muids de bled froment à vingt-deux liu le septier, montant a 9768. liu. surquoy leur en a esté payé la moitié de 4884 l. il leur reste a payer la somme de 4884. l.

Achepté du sieur Robert Simon, le treize Iuillet 1662. 36. muids de bled froment, à 36. liures le septier, montant à la somme de 15552. l. surquoy luy en a esté payé la moitié de 7776. l. reste a payer l'autre moitié de 7776. l.

A esté achepté du sieur Pasquier, le treize Iuillet 1662. 40. muids de bled froment, a trente-six li. le septier, montant a 17280. l surquoy luy en a esté payé la moitié de 8640. l. reste encore a payer la somme de 8640. l.

Achepté du sieur Meniolle, le quinze Decembre 1662. vingt-six muids de bled froment a vingt liures cinq sols le septier, montant a 6318. l. & en a esté payé 3159. l. pour la moitié de ladite somme, reste a payer la somme de 3159. l.

Achepté du sieur Vaudiquet, le neuf Nouembre 1662. 24 muids de bled froment, a 20. l. 10. s. le septier, valant 5904. l. & seize autres muids de bled froment, a 18. l. 10 s. valant 3552. l. montent les deux sommes a 9456. l. sur laquelle en a esté payé la somme de 4728. l. dont la moitié reste encore a payer. cy 4728. l.

Achepté du sieur Robert du Fresne, le vingt cinq Octobre 1662. sept muids neuf septiers de bled, a vingt liures, & quatorze muids trois septiers a 23. l. 10. sols, montant ensemble a la somme de 5878 l. 10. s.

Achepté du sieur Robert Simon, le trente Octobre 1662. onze muids de bled froment, à vingt li. le septier, montant a la somme de 2622. l.

Achepté du sieur de Beynie, le 2. Decembre 1662. 27. muids 3. septiers de bled froment, a 19. l. le septier, montant a la somme de 6213. l. de laquelle somme en a esté payé la moitié de 3106. l. 10. s. reste a payer la somme de 3106. l. 10. s.

Achepté du sieur Archin, le seize Decembre 1662. 18. muids 6. septiers de bled froment, a 22. l. le septier, montant à 4884. l. sur laquelle somme a esté payé 1093. l. 10. s. reste a payer la somme de 3790. l. 10. s.

Achepté du sieur Louis Vaudiquet, le 4. Ianuier 1663. 17. muids de bled froment, à 20. l. 10. s. le septier, montant à 4182. l. & onze muids de mestail a 16. l. 10. s. le septier, montant a 2172. l. valent les deux sommes ensemble 6354. l.

Achepté du sieur Meniolle, le 4. Ianuier 1663. 35. muids 10. septiers de bled froment, a 20. l. 10. s. le septier, montant à la somme de 8815. l.

Achepté du sieur Archin, le 8. Ianuier 1663. 19. muids de bled froment à 20. l. 10. s. le septier, montant à la somme de 4674. l.

# ESTAT DE LA DESPENCE QVE L'ON FAIT *pour la nourriture du Maistre Boulanger de l'Hospital, & de dix-huict Compagnons, sçauoir. quatorze qui trauaillent aux fours, quatre qui trauaillent continuellement à mettre le pain dans les charettes, & qui remuent & criblent le bled & la farine dans les greniers auparauant que de le peser & le mettre au moulin, & pour six autres garçons de Bicestre, qui sont apprentifs, à qui l'on monstre le mestier de Boulanger.*

## PREMIEREMENT.

EST baillé audit Maistre Boulanger, tant pour luy que pour ses compagnons & apprentifs, par chacun iour, vingt-quatre liures de viande, sçauoir, douze liures pour boüillir, & douze liures pour rotir pour le souper, à trois sols le bœuf, & quatre sols le mouton, reuenant le tout à 4. l. 4. s. cy 4. l. 4. s.

Plus leur est baillé trente-quatre pintes de vin par iour, à raison de trois sols la pinte, montant à 5. l. 2. s. cy 5. l. 2. s.

Plus pour le pain, il est estimé que chaque personne l'vn portant l'autre en mange bien pour quatre sols par iour, cy 5. l.

Plus il leur est baillé vne liure & demye de sel par semaine, qui est trois sols par iour, cy 3. s.

Plus pour le blanchissage de leurs chemises, à raison d'vn sol piece par semaine, montant à 25. sols, & par iour enuiron 4. s. cy 4. s.

*Somme totalle quinze liures quinze sols, à quoy monte par iour la dépense de bouche de tous lesdits Boulangers, laquelle a tousjours esté prise sur le fond de l'Hospital, & non sur la vente du son, comme ont esté prises toutes les autres dépenses, concernant ladite Boulangerie.*

---

# ESTAT DE LA RECEPTE DU PAIN QVE L'HOSPITAL *General reçoit par semaine des Communautez de Paris.*

## PREMIEREMENT.

MEssieurs de S. Victor, donnent quatorze pains de deux li. piece, & deux pains pesant 4. l. & demye, faisant en tout 37. l. de pain. 37. l.

Les PP. Chartreux, donnent cent pains d'vne liure & demye piece, faisant 150. l. cy 150. l.

Messieurs de Ste Geneuieue, 9. pains pesant 5. l. piece. 45. l.

Les PP. de S. Germain des-Prez, cinquante pains d'vne liure & demye piece, 75. l.

Les PP. Feüillants, quatre grands pains bis pesant 31. l. piece, faisant 124. l.

*Somme totalle du pain, donné par les Communautez, 494. l. qui à sept iournées, montent à soixante-dix liures & demye de pain par iour.*

De l'Imprimerie de Martin Le Prest, ruë S. Iacques, deuant S. Seuerin, à la Couronne de France.

BIBLIOTHEQUE DE L'ARSENAL

# HOSPITAL GENERAL
## CHARITABLE.

CE dessein de l'Hospital General, tant desiré & attendu des gens de bien, estimé si difficile, & moralement impossible, s'auance & se perfectionne tous les jours par la benediction de Dieu, & la confiance que l'on a en sa Bonté.

Le Roy l'a autorisé de l'honneur de sa protection, ayant donné, comme Fondateur, les Maisons de Bicestre, la Salpestriere, & la maison & Hospital de la Pitié auec ses membres, pour faire le corps de l'Hospital General, & accordé comme Bien-faicteur, plusieurs droits, graces & exemptions pour l'establissement de l'œuure, & subsistance des pauures.

Les Compagnies Souueraines, & premiers Magistrats le soustiennent de leur appuy; les Officiers de Police de leurs soins, les bonnes Ames de leur zele, & les personnes de condition de leurs charitables assistances.

L'Edit d'establissement a esté verifié, les Directeurs nommez, en fonction, & qui s'estiment bien-heureux de consommer toute leur vie à vn si charitable employ.

Ce concours de tant de causes secondes, & absolument necessaires à la conduite & à la perfection de l'œuure, fait voir que les choses sont autrement disposées que lors du premier enfermement de 1612. Que la Grace s'accommode à la Nature, & qu'elle agit selon les dispositions du sujet.

Il seroit inutil à present d'en remarquer les differences, puis qu'il est question d'agir, & que dans l'ordre de la charité il faut tousiours faire le bien qui se presente, & suiure pour le faire, les ouuertures de sa Prouidence.

La fin du dessein est, suiuant ce beau modelle de l'Hospital de Lyon, d'oster la mandicité & l'oisiueté, & d'empescher tous les desordres qui viennent de ces deux sources, establir des manufactures; porter les pauures à la crainte de Dieu, & à vne vie plus reglée, faire de bons artisans, de bons citoyens, & de bons Chrestiens, & donner vne ample moisson à toutes les personnes de pieté, pour exercer les œuures de misericorde dans ces lieux charitables, & trauailler à leur propre sanctification, en procurant le salut des autres.

Les essais en ont esté faits auec succés en plusieurs Villes du Royaume, comme à Rennes, Nantes, Tours, Toulouse, Roüen, Caën, Chartres, Beauuais, Senlis, Pontoise, & les dispositions sont toutes entieres pour d'autres, soit pour les Lettres obtenuës & enregistrées, ou pour les fonds preparez, comme à Bordeaux, Pau, Poitiers, S. Flour, Angers, Orleans, Amiens, Soissons & autres.

De sorte que c'est vn air general qui se répand par tout le Royaume, pour exercer la charité vniuerselle dans l'extremité des besoins & des miseres; & quand le motif de la charité manqueroit, il y auroit necessité de s'appliquer à cét ouurage par celuy de la Police.

Iusques à present l'on n'a pas creu la chose possible par le defaut d'application aux moyens necessaires & conuenables pour le succez que l'on en espere; mais apres tant de marques de la Bonté diuine, & de si fauorables dispositions, l'œuure va au de-là du probable, & passe dans la conuiction toute entiere, non seulement à l'esgard de ceux qui agissent par foy & s'abandonnent à la Prouidence; mais des Sages du Siecle qui donnent tout aux lumieres de la nature, & à la Prouidence humaine.

Ce n'est pas assez de le dire, il est juste d'en faire la demonstration pour les incredules, & de rendre la chose sensible à ceux qui ont tant soit peu d'experience.

Pour oster la mandicité, il faut pouruoir aux besoins spirituels & temporels de tous les mandians valides & inualides de l'vn & l'autre sexe qui se trouueront dans la Ville & Fauxbourgs, de quelque aage, pays & condition qu'ils soient, pere, mere, mary, femme, veuues, garçons, filles, & enfans.

Tous les vagabonds, gens sans adueu & autres qui commettront tant de desordres en sont exclus, & ils commencent à mediter leur retraite depuis la publication de l'Edit.

Les pauures Ecclesiastiques mendians seront renuoyez dans leurs Dioceses, & jusques à ce, il sera pourueu à leur subsistance. Le nombre n'en n'est pas grand, & fait plus de scandale que d'incommodité.

Les ſoldats eſtropiez doiuent eſtre par l'ordonnance du Roy du 4. Nouembre dernier renuoyez en leur garniſon, & le roolle en ayant eſté fait par l'ordre de ſa Majeſté, ils ne ſe ſont trouuez monter qu'à trois cens ſoixante, & ont eſté diſtribuez dans les places frontieres, à raiſon de huit ſols par jour, & pourueu à leur voyage, les autres eſtans dans les places d'oblats, ou ayans des retraites ſuffiſantes.

Les pauures honteux n'y ſont point compris, eſtans laiſſez aux aumoſnes des Parroiſſes.

Les paſſans auront l'aumoſne de paſſade, & la charité ſpirituelle. Il y a methode pour cette conduite.

Les mandians mariez ne ſont point renfermez par le reſpect qui eſt deu au Sacrement, & pour les inconueniens qui en ont eſtez reconnus; mais l'on prendra leurs enfans, & ſera pourueu à ce qui manque à leur ſubſiſtance apres leur trauail, auec deffenſes de mandier; & auſſi à leurs beſoins ſpirituels, ce qui s'appelle l'aumoſne à l'Hoſpital de Lyon, & qui eſt fort bien pratiqué à Roüen.

Il ne reſtera que les domiciliez dans la Ville & faux-bourgs depuis trois mois, ſix ſemaines, vn mois, huit jours qui ne ſe trouuent monter par les perquiſitions qui en ont eſté faites depuis peu, par ordre de Police à plus de trois mil cinq cens perſonnes, dont il y en a pluſieurs que l'on rapporte eſtre capables de gagner leur vie, & quelques quinze ou ſeize cens dans l'Hoſpital de la pitié & maiſons en deſpendantes, le tout par eſtime concertée & ſur le calcul de perſonnes tres-intelligentes, ne peut monter à plus de cinq à ſix mil perſonnes, qui ſe reduiront fort ayſement à cinq mil, apres le triage & diſcernement qui en aura eſté fait

De ce nombre l'on ne croit pas qu'il y ait cent hommes valides qui vueillent ſe renfermer, aymans mieux prendre la fuite ou ſe reduire au trauail, que de ſouffrir la cloſture.

D'inualides & d'eſtropiez il ne s'en trouue pas plus de quatre ou cinq cens par l'examen des roolles.

Il y a bien trois ou quatre cens meſnages de pauures mandians; c'eſt à dire, mary, femme, & enfans.

Des veuues ou femmes abandonnées des maris, quatre ou cinq cens au plus.

Des filles grandes deux ou trois cens.

Tout le ſurplus qui monte à quelques trois mil, plus ou moins, ſont petits garçons & filles de quinze ou ſeize ans, & au deſſous, qui ſera la benediction de l'Hoſpital, pour les eſleuer en la crainte de Dieu, leur apprendre à gagner leur vie, & couper la racine de la mandicité.

Les malades de maladies formées ſeront renuoyez à l'Hoſtel-Dieu, à la reſerue des Officiers & domeſtiques de la maiſon, & du ſexe qui n'a point eſté dans le deſordre, pour lequel il y aura Infirmerie, & pour les infirmes valetudinaires ou conualeſcens.

Les Peres Miſſionnaires de ſaint Lazare dont l'on ſçait aſſez la grace, ont eſté eſtablis pour auoir ſoin du ſpirituel, ſous l'autorité de Monſeigneur l'Archeueſque de Paris, & les filles de la Communauté de Madamoiſelle le Gras, dont la bonne conduite eſt auſſi connuë, ont eſté acceptées pour le ſeruice du ſexe.

Les lieux qui ont eſté donnez par le Roy, ſont ſuffiſans pour accueillir juſques à cinq mil pauures, & plus, s'il eſtoit neceſſaire, & les employer dans les ouurages & manufactures, ſuiuant les deuis qui en ont eſté faits.

Toutes les conduites de la Police & de l'œconomie du dehors & du dedans ont eſté preueuës par ceux qui s'appliquent à cét œuure, & l'on peut dire qu'ils en font tous les jours les experiences, par le gouuernement de la maiſon de la Pitié, qui ſert d'eſſay à l'accompliſſement de l'Hoſpital General, lequel paroiſtra pluſtoſt l'extention du premier deſſein, qu'vn nouuel œuure.

Voila en ſommaire, le precis & la diſcuſſion de ce grand deſſein qui tient tout le monde en attente, & que les prudens du ſiecle, tiennent encores à preſent pluſtoſt vn plan de l'imagination, qu'vne ſolidité de conduite, par ce deffaut d'application & de perſeuerance qui eſt ſi neceſſaire aux œuures de Grace & aux employs de Police.

Il ne reſte que d'eſtablir les fonds du premier eſtabliſſement & de la ſubſiſtance, & de les rendre probables; c'eſt à dire, vne partie ſur la prudence humaine, & l'autre ſur la Prouidence.

Celuy de l'eſtabliſſement ſe ſubdiuiſe en cinq chefs eſgalement neceſſaires, ſçauoir,

1. Les Refectoirs.
2. Meubles & Vstancils.
3. Fabriques & manufactures.
4. Frais de l'actuel renfermement.
5. Et premieres prouisions de toute subsistance, de sains & de malades, du moins pendant six mois, à compter du jour de l'enfermement, qui seruent de regle à la subsistance ordinaire, successiue, & perpetuelle, de tous les pauures mandians.

Il faut examiner l'vn & l'autre de tous ces Chefs, pour en connoistre la despense certaine, & apres en establir les fonds asseurez ou probables, afin que chacun soit satisfait, & que le public soit aussi bien persuadé comme les Directeurs, & plusieurs bonnes ames & personnes d'intelligence, de la probabilité de l'œuure.

1. Les refections, apres plusieurs descentes, procez verbaux & deuis ont esté arrestées pour les maisons & emplacement de Bicestre & la Salpestriere, à la somme de quarante-huit mil liures, à condition expresse de mettre les lieux en estat d'accueillir les pauures dans le quinze Auril, à peine de six mil liures en pure perte, qui sera jugé par les Directeurs, sans comprendre la construction de deux Chapelles, qui reuiendront pour le simple necessaire à dix mil liures, & en conduites des eaux pour restablir la fontaine de Bicestre, & les puits & reseruoirs de la Salpestriere du moins six mil liures. Et des à present il y a deux cens ouuriers que l'on peut voir trauaillans, si l'on se veut donner la peine d'aller sur les lieux. Le tout soixante-quatre mil liures. 64000. l.

2. Les meubles & vstancils sont de plus grande consequence : Il faut commencer par les lits, pour lesquels l'on se reduit par estime à quinze cens, qui à deux personnes en chacun, suffisent pour trois mil pauures. La maison de la Pitié & ses annexes en estans fournis pour quinze cens, quoy qu'assez defectueux. Outre les bois de lit & paillasses donnez par les Dames, & ceux que l'on espere de la charité publique, & que l'on suppléera d'ailleurs, pour le nombre total & indefiny de tous les pauures mandians qui se trouueront de la qualité. Tous les marchez sont faits, pour ce qui est des bois de lit & couuertures, & doiuent estre fournis dans le quinze Auril.

Chacun lit de bois de chesne auec la paillasse, paille, trauersin, draps & couuerture, reuient à pres de quarante liures; le tout estant du meilleur & mieux choisi, comme l'on doit pour le bon seruice & la durée dans les Hospitaux, ce qui reuiendra à soixante mil liures, cy 60000. l.

Et encore cinq cens paires de draps pour supplément des quinze cens lits, pendant que les autres seront à la lessiue, à raison de dix francs la paire, cinq mil liures, cy 5000. l.

De la toile du moins pour six mil chemises à deux pour chacun pauure, à raison de quarante sols chacune, par estime des grands & des petits, douze mil liures, cy 12000. l.

Pour le linge des deux Sacristies du moins quatre mil liures. 4000. l.

Celuy du commun des Officiers domestiques, pour la bienseance du sexe & des infirmeries par estime, dix mil liures.

De sorte aussi que par estime il faudra pour cinquante mil liures de toile, dont l'on a desja fait achapt de plus de moitié, qui se respandent dans les Assemblées des Paroisses, & charitez des Dames & familles de pieté, & se rendent auec vsure, chacun par vne sainte emulation, doublant & triplant le nombre des paquets qui luy ont esté donnez. Les Communautez Religieuses mesmes demandent part à ce charitable employ, le besoin du prochain n'estant pas moins leur objet que celuy des personnes de pieté, puisque la loy de l'Euangile est esgale & commune à tous.

Les ornemens & vaisseaux pour les Sacristies reuiendront du moins à quatre mil liures, si la charité ne les supplée par ailleurs, cy 4000. l.

Les draps gris pour vestir trois mil pauures à dix liures chacun, reuiennent à trente mil liures, & pour le suppléement de ceux qui sont desja dans la Pitié & ses annexes, afin de rendre la charité égale, dix mil liures, le tout quarante mil liures, cy 40000. l.

L'achapt des souliers, sabots, bonnets, chappeaux, chaussures & autres menuës hardes, dont la despense ne peut estre moindre que d'vn escu pour chacun, & le suppléement de ceux de la Pitié & de ses membres, son reuenu n'estant pas suffisant pour y satisfaire, douze mil liures, cy 12000. l.

L'achapt des lits des Ecclesiastiques, Officiers & Domestiques, auec leur tour de lit & matelats & toute la menuiserie, pour les tables, armoires, chaires, bancs, coffres, cloisonnages dans les Refectoirs, Dortoirs, Cellules & Appartemens, par estime huit mil liures, cy 8000. l.

Et celuy des marmites, chaudieres, jalles, escuelles, bassins, plats, assiettes, pots, & tous vstancils du seruice de table & de cuisine, par estime six mil liures. 6000. l.

L'Apotiquairerie pour les Infirmeries, s'il n'y est pourueu par la charité, tant en vaisseaux & vstancils que drogues & remedes, du moins quatre mil liures. 4000. l.

Total deux cens vingt neuf mil liures, & quand l'on voudroit faire des reductions dans la derniere exactitude, il se trouueroit encores deux cens mil liures à la juste mesure. Et le tout seulement sur le pied de trois mil pauures, ausquels adjoustant cinq cens de plus, par estime il faudroit du moins deux cens cinquante mil liures, pour satisfaire à leurs besoins presens. Neantmoins par estime ne sera cy tiré que deux cens mil liures, cy 200000. l.

Pour les fabriques des manufactures ceux qui en sçauent la despense seront aisément persuadez que l'on ne sçauroit moins mettre de quinze ou vingt mil liures, parce qu'il faut fournir les estoffes pour les mettre en œuure, & que dés le premier jour de l'enfermement tout doit estre preparé, afin que les pauures ne soient pas dans l'oisiueté, qui ruineroit toute l'œconomie de l'œuure, cy 20000 l.

Et parce que d'abord l'on ne peut pas les former à des fortes manufactures, l'on a eu en pensée de leur en donner de faciles qui conuiennent à tous aages, sexes & conditions, mesmes aux estropiez de quelque incommodité qu'ils soient accueillis; comme,

Carder.
Filler.
Tordre.
Retordre
Tricoter.
Faire des cordons de chapeau.
Des sangles.
Des bonnets.
Des camizoles.
Des bas.
Des gands de laine.
Des bouttons.
Des espingles.
Des lacets.
Piquer des corps.
Corder.

Et toutes manufactures de Tirtaines, Droguets, Futeines, qui par le temps contribuëront beaucoup au soustien des pauures. Les plus forts de l'vn & l'autre sexe seront employez à porter la terre, battre le ciment, à la buanderie, lessiue, cuisson, & gros ouurages, chacun selon son estat & sa portée. Il y a desja plusieurs propositions pour les employer, que l'on examine tous les jours.

4. L'actuel renfermement sera de despense, à cause du nombre d'Archers qu'il faudra tous les jours au Bailly des Pauures, du moins pendant six mois, & aux Officiers de Police pour l'autoriser & concourir eux-mesmes.

1. Aux captures des mandians.
2. Conduites aux prisons & lieux de depost.
3. Enfermement dans les maisons de l'Hospital.
4. Visites des maisons de ceux qui les accueillent, & qui y trouuent leur compte, & fomentent eux-mesmes la mandicité.
5. Saisies & enleuemens des lits.
6. Gardes aux auenuës des portes, & aux retraites des villages prochains.
7. Conduite des passans.
8. Démeslez auec ceux qui par vne fausse compassion contreuiendront à l'Edit.
9. Rebellions des pauures, vagabonds, soldats, & gens mal intentionnez.
10. Et generalement tous autres accidens fortuits qui n'ont pû estre preueus en cette execution.

Cette despense, par le calcul qui en a esté fait auec les premiers Officiers de la Police, pendant le courant de cinq ou ou six mois, ne peut estre moindre que de trente mil liures, cy, 30000. l.

5. La subsistance pour trois mil pauures pendant six mois, qu'il faut auoir deuant soy dés le premier jour, ne peut estre moindre que sur le pied de cent francs par an pour chacun d'eux, leur nourriture estant fort raisonnable, le pain de bled metail bis blanc, d'vne liure & demie par jour, & de la viande suffisamment auec vn potage; le vin pour les valetudinaires, & de la biere s'il est possible, pour ceux qui s'appliqueront au trauail & donneront bon exemple, ce qui reuient à cent cinquante mil liures pour les six mois; le reuenu de la Pitié qui est de cent mil liures, estant entierement consommé par

par les pauures qui sont dans la maison & ses membres, au nombre de douze ou quinze cens, cy 150000. l.

Despense totale de ce premier establissement, quatre cens mil liures. L'on ne risquera pas trop de la mettre à quatre cens cinquante mil liures, sur le pied de cinq mil pauures, compris celuy de la Pitié & de ses membres, & de supposer que pour la subsistance ordinaire & continuelle de l'œuure, il faut du moins quatre cens cinquante mil liures par an, y compris les cent mil liures du reuenu de la Pitié. Puis qu'il y faut encore joindre les gages des Officiers, Oeconomes, ayde d'Oeconome, Concierges, Portiers, Portieres, Cuisiniers, Maistres & Maistresses d'Escole, Compagnons de mestier, Maistres de manufactures, Archers, Huissiers & Seruiteurs, refections courantes, perte & vsage de meubles & de linge, & despense qui ne peuuent monter du moins par estime qu'aux cinquante mil liures excedans au de-là des quatre cent mil liures.

Pour satisfaire à toutes ces despenses si immenses & si surprenantes dans la misere & l'indigence des temps.

Voicy les fonds de reserue que la Prouidence a preparé, dont l'on rend compte de bonne foy au public, & à la plus grande gloire de Dieu, pour exciter les cœurs à augmenter ces fonds, & rendre la mesure comble dans vne si juste dispensation.

1. Les Dames qui ont eu tant de benediction dans les besoins de Picardie & de Champagne, & qui sont les premieres Promotrices de cét œuure y ont donné cinquante mil escus, sçauoir cent mil liures pour la subsistance, en bons contracts de constitution faits sous le nom d'vne personne de pieté, dont elles se sont seruies, pour ne point paroistre: seize mil liures pour les refections de la Salpestriere; douze mil liures pour des bois de lit, douze mil liures pour de la toile, le tout comptant, & dix mil liures en bois de lit, linge couuertures & vstancils.

2. Trente mil liures donnez par le Roy, dont le zele & la generosité des Puissances qui ont la dispensation de ses Finances, en a desja fait toucher vne partie, & asseurer l'autre.

3. Dix mil liures de la Reyne, que l'on attend de jour à autre, par le mesme zele de ceux qui ont la direction de ses fonds.

4. Dix à douze mil liures de rente, & trente mil liures d'ar-

gent comptant, donnez par des personnes de condition, la modestie desquels empesche de dire les noms, assez satisfaits qu'ils soient écrits au Liure de vie.

5. Le legs vniuersel de l'vn des Directeurs, dont la memoire est vne benediction, qui s'estant épuisé dans les soins de ce magazin charitable & illustre, que les miseres des derniers temps ont produit, a heureusement consommé sa vie dans le seruice des pauures, pour les rendre heritiers d'vn bien, duquel il ne s'estoit reserué que la simple dispensation. Ce legs peut monter à trente mil liures.

6. Et la liste charitable, desja celebre dans Paris, & signée de plus de quatre-vingts personnes de condition pour mil liures chacun de contribution à cét œuure, & qui est vn fonds comptant.

Le tout ensemble peut aller à deux cens mil liures de fonds certain.

Reste les autres deux cens mil liures à trouuer dans les magazins de la Prouidence, & qui ne manque jamais à ceux qui agissent en son nom, & cherchent ces fonds de reserue pour le soustien des membres de IESVS-CHRIST.

Ils viennent de jour à autre, & de seance en seance : les Directeurs ont la joye de voir que leur foy s'augmente par l'experience, & qu'elle semble estre moindre, parce qu'elle deuient sensible.

Dieu les vnit contre l'enuie & la jalousie du demon & des prudens du siecle. Ils n'ont qu'vne mesme veuë pour l'honorer, & vne fin commune pour le soulagement de tant d'ames, que l'on peut dire auoir esté plustost considerées comme membres inutiles de l'Estat, que comme vrays membres de IESVS-CHRIST.

L'on a desja trauaillé pour leur sanctification, les Peres Missionnaires de saint Lazare, destinez pour leur seruice, & plusieurs Ecclesiastiques au nombre de quarante, s'y estant épuisez depuis vn mois, & y ayant fait des fruits qui sont au delà de toute pensée.

Desja les cœurs commencent à estre docils, les esprits se forment à la discipline, & ce Refuge celebre par son desordre, commence à souffrir la regle, & à receuoir les bonnes impressions.

L'on y forme par anticipation les premiers crayons du grand ouurage. Là se fait le discernement des personnes, des diferens estats & des conditions; & dans les autres departemens joignans, de bonnes filles qui ont esté esleuées dans l'innocence: l'on voit ce que la grace fait aux vns par le mouuement d'amour, & aux autres par celuy de penitence.

Quelles conduites & application d'esprit il faut pour ceux qui sont preposez à ces employs? Qu'elle grace preuenante pour y reüssir, & quelle fidelité pour s'en aquiter dignement? Combien de differens Dortoirs, departemens, chambres & cellules pour des femmes!

Abandonnées de leurs maris.
Veuues.
Nourrices de leurs enfans, ou de ceux des autres.
Grosses dans l'estat du mariage, *ou* dans le desordre.
Publiques, coureuses & malheureuses.
Inualides.

Infirmes.
Incurables.
Estropiées.
Blessées.
Malades de sain.
Escroüellées.
Idiotes.
Folles.
Incorrigibles.
Aueugles.

Grandes & petites filles de bonnes mœurs & à la mammelle.

Autres qui ont esté dans le desordre, par habitude ou par malheur.

Les forcées & les volontaires.

Le soin des Superieurs, Maistresses de Dortoir, d'Escole, Ouurieres, Portieres du dedans & du dehors, & autres necessaires à cette conduite.

Quelle moisson à la charité des Dames pour trauailler à la sanctification de tant d'ames?

Quelle autre encore plus ample à toutes les personnes de vertu pour le soin des hommes & des enfans, pour lesquels il ne faut gueres moins de departemens, & bien plus de force & d'application, à cause de la repugnance, de la petulance & de l'insolence; les vns & les autres des deux sexes, en qualité de mandians, estans les objets de la charité de l'Hospital General, & des soins des Directeurs?

Ce racourcy de tant d'emplois, fera sans difficulté quelque effet sensible dans les bonnes ames, pour les engager de soustenir vn si loüable dessein, autant par leur zele, que par leurs charitables assistances, & de concourir à faire ce fonds qui reste de deux cens mil liures, pour le premier establissement & commencement de subsistance.

QVant à la subsistance ordinaire, elle est purement fondée sur la Prouidence pour les premieres années, les dons du Roy, & les manufactures ne pouuans pas soustenir l'Hospital, auparauant cinq ou six années, ny aller au plus du tiers de la despense.

Toute l'esperance est aux soins charitables & au zele de Messieurs les Curez, qui sont les premiers Peres des pauures, & par qui, non seulement le spirituel, mais aussi le temporel leur doit estre respandu.

C'est par eux que l'on attend les contributions charitables des Parroisses, dont l'on ne desire auoir connoissance que par leur conduite, & ne les receuoir que par leurs mains.

L'on ne demande que les deux tiers de ce que chacun par estime a coustume de donner aux pauures pendant le courant de l'année, c'est plus qu'il n'en faut pour le soustien de l'Hospital; l'autre tiers sera de reserue pour les pauures honteux, ou en bonnes œuures.

Que les vns & les autres marquent à Monsieur leur Curé ce qu'ils veulent donner par mois, qui plus, qui moins, à volonté, selon les mouuemens que Dieu leur en inspirera, & jusques aux deux deniers de la vefue de l'Euangile, tout en est bon, & y en aura plus que suffisamment pour la subsistance de l'œuure, auec le casuel; comme donations, testamens, troncs, questes, bien-faits, droits & exemptions portées par l'Edit. Vn seul de Messieurs les Curez, qui a desia tesmoigné son zele en public, asseure vingt mil liures par an de sa Parroisse; Que ne doit-on point attendre des autres à proportion, du plus ou du moins de leur estenduë?

Quelle joye de pouuoir contribuer à cét œuure, & de voir sa charité si judicieusement dispensée, qu'vn escu, qu'vn seul sol, mais qu'vn denier se respande comme le sang dans les veines, à la subsistance de cinq ou six mil personnes.

Mais que ce mesme denier empesche des millions de pechez mortels en toutes les especes imaginables, & procure des biens au delà de toute eſtime, puis que c'eſt pour l'eternité.

L'on ne ſçait que trop ces deſordres : ils ſont à nos portes & à nos yeux & juſques à preſent ſans remedes, par nos indifferences & nos langueurs.

Peut-on, mais doit-on ſouffrir, des gens qui viuent en payens dans le Chriſtianiſme, qui ſont touſjours en adultere, en concubinage, ou en meſlange & communauté de ſexe?

Qui n'ont point de Bapteſme ny aucune participation des Sacremens, qui puiſent l'abomination auec le laict, ont le larcin par habitude & l'impieté par nature?

Qui font commerce des pauures enfans, & font ſur ces ames innocentes des violances & des contorſions pour exciter la compaſſion des plus foibles, & flechir la dureté des autres?

Tous ces crimes ſe commettent aux portes des Egliſes, où ils ne paroiſſent que pour proferer des blaſphemes, & n'y entrent jamais que pour y faire des ſcandals. Les vns ne ſe ſont point confeſſez depuis les douze & quinze années, d'autres en ont perdu le ſouuenir, & preſque tous ne s'y peuuent reſoudre tant ils ſont obſcurcis de tenebres & conſommez de deſordres.

Les Magiſtrats de Police ont meſmes appris depuis peu que parmy eux il n'y a plus d'integrité du ſexe, apres l'aage de cinq à ſix ans, penſée qui donne de l'horreur, & qui ſeule peut porter les ames qui ont la crainte de Dieu à ſouſtenir cét œuure, pour arreſter vn ſi grand deſordre, puiſque le premier deuoir du Chreſtien eſt d'empeſcher que Dieu ne ſoit offenſé, & que le premier bien eſt de preuenir le mal, & le mal preſſant qui eſt à nos yeux, & dont la connoiſſance ou la conniuence nous rend criminels deuant Dieu, pour n'auoir pas fait ce qui dependoit de nos ſoins, le ſoulagement du prochain eſtant ordonné eſgalement à tous, & le veritable prochain celuy qui eſt le plus proche & que la Prouidence nous adreſſe.

L'on pourroit attribuer le retardement de l'execution de ce deſſein à pluſieurs cauſes, ſoit de la langueur de la Police, ou de l'impuiſſance des Adminiſtrateurs, ou des manquemens de fonds, ou que par le mal-heur des temps le mal ſe ſoit rendu plus grand & les remedes plus difficils, mais la veritable cause de tous ces desordres ( s'il est permis de penetrer plus auant ) est le deffaut de cooperation de chacun en particulier, & de ce que l'on n'a eu des veuës de ce bon œuure que pour se liberer des importunitez des pauures, & que l'on n'y a agy que par interest de Police, & sentiment de compassion, qui sont tous mouuemens de nature communs aux Payens & aux Infidels, au lieu qu'il falloit en estre touché par les vrays sentimens de la Religion, & l'amour de IESVS-CHRIST, les considerer comme ses membres & comme nos freres, & comme oüailles esgarées du troupeau, par le déreglement de leur conduite, & qu'il faut ramener dans le bercail & leur donner la pasture spirituelle & temporelle, par vne Police charitable & chrestienne, sans autre competence de rang & pretention d'interest, que celuy de l'obligation de son estat & de son deuoir, & du mouuement de la charité.

TOus ces sentimens qui sont du plus pur Christianisme ont esté respandus peu à peu dans les derniers temps, l'on commence d'en estre conuaincu, & c'est sur ces principes que l'on a fait les premiers essays des Hospitaux & enfermemens des pauures qui ont si bien reüssi.

Paris n'est pas de plus grande portée à l'esgard de la Prouidence, si bien l'on le croit hors de tout modelle selon la prudence humaine, puisque l'on le dit sans pair & subsister par ses desordres, mais c'est parler en pure nature, & non pas en fond du Christianisme.

L'experience de nos dernieres miseres a bien fait voir le contraire, puis que dans l'excez de l'indigence publique s'est trouuée l'abondance raisonnable pour les pauures, & que ce fameux magazin que la charité ingenieuse auoit inuenté pour le soulagement des miserables, a tousjours esté remply d'autant de fonds de reserue qu'il en a esté necessaire pour satisfaire à leurs besoins.

Sur ce beau plan l'on en peut esperer vn nouueau de la charité publique, puisque la necessité n'est pas moindre, & la grace aussi abondante.

L'air s'en est desja respandu, ils se sont desja formez par eux-mesmes en quelques-vnes des Parroisses: L'on ne sçait comment cela ſe fait, ce ſont des mouuemens de cœur, des concours imperceptibles, & des attraits ſuaues & amoureux, pour conſommer ce grand œuure.

Desja les bourſes ſe deſlient, l'on ouure les garde-meubles, l'on foüille dans les comptoirs, l'on deſcharge les magazins, chacun commence à regarder le ſuperflu qui eſt ſi mal diſpenſé : Les juſtes ſcrupules viennent deuant les yeux du mauuais vſage des biens, l'on penſe à l'obligation des reſtitutions generales qui s'acquittent enuers les pauures.

Et de toutes ces ſaintes & charitables preuentions que la Bonté diuine excite dans les cœurs, ſe preparent les fonds de ſubſiſtance de l'Hoſpital General, & ſe forme imperceptiblement vn magazin general de toutes les choſes neceſſaires à ſon eſtabliſſement.

Et comme chacun peut & veut y contribuer ſelon l'eſtenduë de ſon zele & de ſon pouuoir, & que l'on eſt en peine de ce que l'Hoſpital General demande, il a eſté trouué à propos de marquer icy tous les meubles & vſtancils dont les pauures ont beſoin, & inuiter toutes les bonnes ames dans cette ſainte ſaiſon, de les porter chez Meſſieurs les Curez dans les magazins particuliers, deſquels ils aggréeront de donner auis en leurs Proſnes, les Predicateurs en leurs chaires, les Superieurs dans leurs Communautez, les Confeſſeurs en leurs Tribunaux, & les Directeurs dans leurs conduites, pour de là eſtre portez en la maiſon & Hoſpital de la Pitié prés ſaint Victor, où eſt le Magazin general, ou aux autres magazins particuliers des Directeurs.

*POVR L'EGLISE.*

Paremens d'Autel ;
Chaſubles, Eſtoles, Manipules.
Aubes, Amicts, Ceintures ;
Corporaux, Voiles, Bourſes ;
Calices & Burettes ;
Soleil, ſaint Cyboire, & Bourſes ;
Seruiettes d'Autel ;
Nappes de Communion ;
Surplis pour les Preſtres, & pour les enfans qui aſſiſtent au Chœur ;
Encenſoirs, Benoiſtiers & Goupillons ;
Petits Benoiſtiers pour mettre dans les Dortoirs, Refectoirs, Infirmeries & Cellules ;
Luminaires, cierges, bougies ;
Liures d'Egliſe, Antiphoniers, Graduels, Pſautiers,

Processionnaux, Missels, Breuiaires, Diurnaux, Rituels, & Canons;
Pierres d'Autel, Reliques;
Croix, chandeliers;
Poiles pour les morts;
Lampes;
Tabernacles;
Tableaux de pieté, grands & petits, pour les Autels, Credences, Oratoires.
Torches & fanaux pour conduire le saint Sacrement;
Sonettes, cloches & cordes;
Crucifix de relief & en papier;
Toutes sortes d'Images.
Placarts ou feüilles volantes des instructions Chrestiennes, & conduite de la journée;
Toutes sortes de Catechismes;
Liures de pieté;
Plusieurs vies des Saints necessaires pour la lecture en tous les Dortoirs & dans le trauail;
Petites croix pour les mourans & agonisans.

*POVR LES PERES Missionnaires, Ecclesiastiques & Maistres d'Escoles.*

BOugies, chandelles, fuzils,
Papiers, plumes, ancre, escritoires;
Cizeaux, canifs, cire d'Espagne, estuys.
Bonnets carrez, chappeaux, habits, sotanes, long manteaux justes au corps, robes de chambre chaussures;
Linge de toutes sortes.
Liures pour l'estude des Ecclesiastiques & instructions des pauures;

*POVR LES MALADES.*

TOutes sortes de drogues;
Comme sené, rhubarbe, casse, syrop, reglise, conserues, vnguens, poudres;
Pruneaux, raisins;
Vieilles confitures;
Miel lenitif;
Pallettes, lancettes, rasoirs;
Seringues, estuys;
Balances, mortiers, pilons;
Boëttes, papiers broüillard;
Sucre, oranges, citrons;
Et generalement tout ce qui est necessaire à vne Infirmerie & Apotiquairerie;
Draps, aileses, seruiettes;
Chemises pour hommes, pour femmes, & enfans;
Matelas;
Bandages pour les estropiez, & blessez;
Et autres besoins des malades, infirmes, & conualescens;
Linge & suaires pour enseuelir les morts.

*LINGERIE.*

DRaps, paillasses, trauersins, Chemises

Chemises pour hommes, femmes, & enfans de l'vn & l'autre sexe.
Collets clos, & mouchoirs pour femmes & filles;
Couure-chefs;
Bandes pour les enfans à la mammelle;

*ROBERIE.*

Tours de lits;
Vieux linges pour malades & blessez;
Couuertures;
Bonnets, chaussures;
Vieux habits;
Casaques, justes au corps, manteaux;
Garde-robes, cotes, tabliers, corsets, chappeaux, souliers, sabots dont il faut deux ou trois mil paires;
Langes, couches, & autres necessitez des petits enfans;
Esguillettes, lacets, ceintures, fil, soye, bougran, espingles, esguilles, dez;
Peignes plus de trois mil;
Sacs, besaces, bluteaux;
Fillasses, nattes;
Cordes, quenoüilles, fuzeaux;
Futaines, coutis, droguet;
Treillis.

*MEVBLES DES DORTOIRS Chambres, & Cellules.*

Bois de lits, chalits;
Lits à sangles;
Tables, tablettes, armoires;
Coffres, coffrets, boëttes, bancelles;
Escabeaux, chaires de paille;
Lampes, lanternes;
Fourneaux, chauffoirs;
Chenets, grils;
Platines;
Plats, assiettes;
Chaudieres;
Escuelles;
Cuillieres;
Ayguieres;
Sallieres;
Pots;
Couteaux.

*DE LA CVISINE, & du commun.*

Bois, charbon, vin, biere;
Grandes & petites marmites;
Pots, chauderons;
Poisles, poislons;
Assiettes, cuillieres;
Chandeliers, lampes;
Martinets, lanternes;
Serpes, haches, scies, clouds;
Marteaux, gonds, serrures;
Coignées, paniers, hottes;
Et pour ce qui est des manufactures, toutes sortes d'ouuroirs, & mestiers, vstancils & instrumens seruant à tous mestiers & vsages de manufactures.

*EXPEDIENS POVR faciliter les fournitures cy-dessus.*

Vieux ornemens des Sacristies, ou des chappelles domestiques ;

Tapisseries de cuir doré pour les deuant d'Autel ;

Rideaux pour paremens ;

Pieces de tapisseries pour couuertures d'Autel ;

Deshabillez & juppes des Dames, pour chasubles & deuant d'Autel ;

Tantures de tapisseries, & lits de deüil pour les paremens d'Autel & habits des Prestres ;

Litres de velours noir pour chasubles ;

Mouchoirs fins pour corporaux ;

Draps fins qui n'ont point seruy, ou qui ont esté bien conseruez pour nappes d'Autel ;

Robes de Palais, longs manteaux & sotanes pour les Ecclesiastiques, & maistres d'Escole ;

Toutes sortes d'habits vieux & neufs pour les Officiers & domestiques ;

Espées, fuzils, picques, bandoüillieres, mousquetons, hallebardes, poudres, & autres armes, tant pour les Exempts, Archers, & Huissiers, que pour la deffence du dedans, où il faudra estre souuent en garde.

Enuolopes des balots des doüanes, des grandes boutiques & magazins, pour paillasses, suaires, sacs, & autres besoins ;

Vieilles pieces de tapisseries pour couuertures ;

Chariots, charettes, tumbreaux, cheuaux, mulets, harnois pour voiturer les pouisions, remuer la terre, & ouurages necessaires ;

Foin, auoine, & paille, pour les paillasses & nourriture des bestes ;

Vieux meubles des garderobes, & garde-meubles des personnes de condition.

Le rebut des grands magazins ;

Celuy des vstancils & instrumens des mestiers ;

Mais sur tout le superflu des riches, les reserues de bled, farines, lard, pois, fevroles, legumes & fruits que l'abondance de Paris fait chez toutes les personnes de condition.

Et encores auec plus de justice, les restitutions à faire de justice & d'obligation, en vn temps où il y en a tant à faire, & qui ne peuuent estre plus legitimement faites qu'en faueur des pauures en general, lors qu'elles ne se peuuent determiner en particulier.

TOutes ces circonstances, & tant de differents assortimens semblent suffire quant à present, pour conuaincre le raisonnement des incredules, & pour informer le public de l'estat de l'Hospital General, & des belles & grandes dispositions qu'il y a pour son accomplissement, en attendant que par vn autre trauail & vn plus fort ouurage pour la satisfaction publique & la consolation des bonnes ames, l'on respande ce mesme dessein par toute la France, & l'on fasse connoistre au public le fil historique de la mandicité, qui est l'vne des plus importantes reflexions de la police d'vn Estat, c'est à dire; 1. Ce qui s'est passé dans le courant des temps, & du dernier siecle, pour empescher la mandicité. 2. D'où vient que l'on n'y a pû pouruoir jusques à present. 3. Et quelles ont esté les conduites de la Prouidence, pour preparer ce grand dessein de l'Hospital General, & le porter à sa perfection.

Messieurs les Curez agreeront de faire connoistre par tout la bonté de cét œuure, d'en estre les Promoteurs, les Peres, & les appuis, d'exciter les bonnes ames à le soustenir, d'y inuiter des cooperateurs charitables, d'y venir eux-mesmes, & par leurs Ecclesiastiques, respandre la parole de l'Euangile, afin que les membres de Nostre Seigneur soient nourris du pain qui donne la vie, & de justifier à la lettre & en esprit, la sainte deuise que sa Bonté à inspirée à l'Hospital General, *Pauperes euangelizantur.*

LE Magazin general sera en la maison & Hospital de la Pitié prés saint Victor; mais parce qu'il pourroit estre incommode à plusieurs à cause de son esloignement : Messieurs les Curez ont trouué bon que l'on s'adresse à eux pour les magazins particuliers qu'ils establiront dans leurs Parroisses.

Et pour faciliter encore les aumosnes charitables, les Directeurs se sont partagez par cantons, & differents quartiers de la Ville & Faux-bourgs pour les receuoir chez eux, se chargeans du soin de les remettre dans le magazin general, sçauoir,

*Pour le Faux-bourg saint Germain*,

Monsieur Leschassier, pres la Charité.

Monsieur du Plessis, pres les Carmes Deschaussez.

*Pour tout le canton de l'Vniuersité, Faux-bourgs saint Iacques & saint Michel,*

Messieurs Cramoisy & Vitré, ruë saint Iacques.

*Pour les Faux-bourgs saint Marcel & saint Victor,*

L'Hospital de la Pitié, où est le Magazin General.

*Pour la Cité & l'Isle du Palais,*

Monsieur l'Hoste, pres saint Landry, & Monsieur Patin, au Marché neuf.

*Pour le quartier de la ruë saint Antoine, Faux-bourg & Parroisse saint Paul,*

Monsieur Colard, ruë des Iardins.

*Pour la Greue, Cimetiere saint Iean, saint Merry, saint Iacques de la Boucherie, & saint Geruais,*

Monsieur de Gomont Cheuanes, ruë des Assis, & Monsieur Barbier, à la Pierre au lait.

*Pour l'Isle Nostre Dame.*

Monsieur de Gomont, sur le Quay pres le jeu de Paume.

*Pour la ruë S. Denis & S. Martin, quartier du Temple, Faux-bourgs Montmartre, S. Denis & S. Martin.*

Messieurs Logeois, ruë du jour, & Maillet, ruë des Prouuelles.

*Pour le quartier de saint Germain de l'Auxerrois, du Louure, & saint Honoré.*

Messieurs Pichon, ruë des mauuaises paroles, & le Vieux, au cul de sac de la ruë des Bourdonnois.

*Pour le quartier de saint André.*

Monsieur Belin, sur le quay des Augustins.

L'On peut aussi porter les charitez chez Monsieur Arondeau Receueur general de l'Hospital, qui demeure en la ruë de la Cerisaye derriere les Celestins.

*Mars 1657.*

# ADVERTISSEMENT SALVTAIRE.

*Au sujet de ce Sainct Temps de Caresme.*

ON vous a representé les miseres deplorables de plusieurs cantons du Berry, du Poictou, de la Touraine, de la Beausse, du Gastinois & autres lieux, causées en parties par les gresles, les gelées, & la sterilité extraordinaire des années passées, qui ont incommodé les meilleurs Laboureurs, & ruiné les autres, reduit à la mandicité les familles, & presque les Parroisses entieres, fait perir de faim & de froid vn grand nombre de personnes; & par cette desolation, mis vne bonne partie des terres en friches, qui ne portent à present que de mauuaises herbes.

Ceux qui ont veu la Relation de ces choses ont imploré la Misericorde de Dieu sur ces peuples affligez, & plusieurs bonnes Ames ont enuoyé des sommes considerables en chacune de ces Prouinces



BIBLIOTHEQUE DE L'ARSENAL

(9)

pour conseruer la vie aux plus miserables, qui l'auroient perduë sans cela.

Mais comme l'assistance qu'on leur a donnée n'a esté que pour les empescher de mourir de faim cét Hyuer, & non pour les remettre : Ils sont encore dans l'vrgente & extréme necessité. Il y en a qui ont passé des huict & quinze iours sans voir de pain, mangeant des racines toutes cruës, qui les font plustost languir que viure. Ils sont si nuds qu'ils font horreur ; Ils sont secs & haves ; Ils se lamentent & se desesperent ; Il s'en trouue qui ne veulent pas prendre la peine, quoy qu'on leur die, de faire connoistre l'extremité de leur besoin, disant qu'ils n'ont plus esperance aux hommes.

Que deuiendront plusieurs milliers d'Orphelins abandonnez, de Vefues chargées d'enfans, de Vieillards & de malades, qui n'ont rien à manger, ny aucun refuge pour se pouruoir ? Ils periront miserablement ; & les Riches qui peuuent empescher ce malheur, seront coupables de leur mort, s'ils ne leur enuoyent vn prompt secours.

Ce secours doit estre de quelques grains pour viure & pour semer ; Voicy la saison entre cy & Pasques, de ietter en terre quelques semences, comme Pois, Febves & Orges. O Dieu que ce moyen est pressant ! Qu'il est efficace & facile pour ayder ces pauures gens à se restablir. Vn boisseau semé leur en produira douze ou quinze, auec la benediction de Dieu ; Et la moisson venuë ils seront en estat de ne plus vous importuner. Ils laboureront cependant de leurs mains les petits morceaux de terre ou jardins qu'ils ont proche de leurs demeures, pourueu qu'on les substante de quelque nourriture. Voyez le grand bien que vostre argent peut faire. Il en faut peu pour releuer vne famille ; mais il en faut beaucoup pour tant de contrées ruinées.

Hastez vous donc, Chrestien, pendant que Dieu répand en vous la semence de sa Parole, par tant de bons & sçauans Predicateurs, qui vous preschent la Penitence & les bonnes œuures. Hastez-vous de donner de vos biens à IESVS-CHRIST pauure, en la personne des Pauures. L'occasion est belle de semer vostre Aumosne, & de la faire multiplier comme les cinq pains d'orge dans le Desert. Ce diuin Sauueur en nourrira cinq ou six mille personnes, mesme trente mille & plus, si vous imitez les Apostres, qui luy donnerent toute leur petite prouision ; Mais, helas ! si vous estes bien éloigné de luy donner la vostre, au moins donnez-luy de vostre superflu, en ce temps de Penitence, en ce temps de salut, auquel il vous donne tout son precieux Sang, pour vous lauer du peché, & son Corps adorable pour vous faire viure eternellement.

*Messieurs & Mesdames, vous pourrez mettre vos*

*Aumosnes, s'il vous plaist, entre les mains de Messieurs les Curez, ou bien de Mesdames la Presidente Nicolaï, ruë Bourtibour: Fouquet, ruë de Richelieu: Trauersé, ruë Sainct Martin: Ioly, rüe des Blancs-Manteaux: Mesdamoiselles de Lamoignon, Court du Palais: & Viole, rüe de la Harpe. Fait à Paris, le huictiesme Mars 1664.*

# REFLEXION

## SVR CES PAROLES DE IESVS-CHRIST.

*Vous aurez tousiours les Pauures auec vous.*

IL y a obligation de conscience de vous reprensenter de nouueau la famine qui est dans quelques Prouinces.

En Berry la pauureté y est inconceuable, & elle augmente à mesure que les Aumosnes diminuent, elles ont esté trop courtes iusqu'à present pour des besoins si grands & si pressans.

On a visité de nouueau plusieurs Villages, & on continuë d'aller en d'autres, on découure par tout des necessitez espouuentables.

Dans les deux dernieres Parroisses on a trouué quatre personnes qui sont morts de faim, & que presque tous sont dans le mesme danger; les Laboureurs aussi bien que les autres, & les plus accommodez mandient.

On leur a distribué quelques semences, mais plusieurs pressez par la faim les ont mangées; la pluspart de leurs terres sont en friches, ils faut qu'ils meurent de faim si on ne les nourrit, au moins iusques à la moisson de la semence que l'on leur a donnée.

Rien n'est plus pitoyable que de voir ces Pauures; ils ont des visages secs, liuides & pasles comme des morts ; aussi ne viuent-ils que d'herbes & de choux ; La Noblesse s'en va estre aussi reduite à l'Aumosne, & desia plusieurs la demandent, & les Maisons Religieuses se ressentent fort aussi de cette disette generalle : il faut bien des Aumosnes dans cette grande estenduë de Pays pour les empescher de mourir de faim.

Les moins sensibles qui voyent cette desolation ne peuuent empescher leurs larmes ; Et les gens de bien qui visitent les pauures chez eux, asseurent qu'elle est extréme, ils sont prests à donner leur sang & leur vie pour cette verité.

Pensez vous, Chrestien, en estre quitte en disant que vous ne le croyez pas, ô dureté de cœur ! ô ame incredule ! qui parce que rien ne vous manque, vous fermés la porte à la compassion & au secours de ces Pauures languissans ; Craignez que Dieu n'ait point de Misericorde pour vous au iour de vostre affliction, si vous mesprisés le gemissement des Pauures.

Plusieurs endroits du Poictou sont dans la mesme indigence, les habitans viuent d'herbages comme les bestes, & si quelques vns ont vn peu de pain, il n'est que de son ou de noix : il a fallu que les Aumosnes de Paris les ayent aydé à viure, & si elles cessent il faut qu'ils perissent, aussi bien que quantité de familles Nobles, & autres Pauures honteux reduits à vne tres-grande misere. Il s'est trouué vn Gentilhomme de fort bonne maison qui a esté contraint à demander part à ces distributions charitables pour luy, sa femme & six enfans, comme font les autres Pauures paysans, il y auoit trois iours qu'il n'auoit veu de pain, & estoit dans le desespoir de l'extremité où il auoit appris que la necessité auoit reduit vne de ses filles, & cherchoit à se mettre en seruice pour s'empescher de mourir de faim.

Quand à la Beausse qui autrefois estoit l'vn des Greniers de Paris, elle est maintenant en diuers endroits sans pain, & sans esperance de rien recueillir en plusieurs lieux, où la necessité leur a osté les moyens de semer leurs terres : On a tasché de sauuer la vie à vn tres-grand nombre de Pauures gens par quelques assistances enuoyées de Paris, mais on ne pourra plus les empescher de mourir de faim, si vous ne contribuez à les faire subsister encore iusqu'à la recolte des semences qui leur ont esté données par les Aumosnes.

On a depuis peu visité cinquante six Villages du Gastinois, où l'on a trouué plus de huit cens familles qui font deux mille deux cens personnes, dans vne extréme pauureté, le tiers de leurs maisonnettes sont comme des Creiches de Bethleem, destituées de toute autre chose que de Dieu, sur vn peu de paille pour y reposer leur pauure corps tous abbattus de la faim : celuy qui leur apporte quelque secours, en attendant le vostre pour les soustenir dans cét estat de langueur & d'affliction, dit qu'il n'est pas croyable combien ils estiment vn petit morceau de pain d'orge ; que la nudité des enfans luy a tiré les larmes des yeux, n'ayant pas dequoy leur achepter vne pauure chemise ; & qu'il ne sort point de leurs pauures cabannes sans entendre milles benedictions qu'ils souhaittent aux personnes charitables qui les assistent.

On vous parle icy des Villages qui ont esté visitez, y en ayant de toutes ces personnes vn tres grand nombre, d'autres qu'on descouure tous les iours, outre ceux dont vous auez veu les Relations cy-deuant, tous accablez des tristes effects d'vne faim insupportable.

Or sus, Chrestiens, si vous auez la Foy, faites en les œuures, & si vous aimez Dieu faites ce qu'il vous commande: soulagez les pauures qui souffrent & qui languissent; n'attendez pas qu'il en meure d'autres, de crainte que vous n'en soyez coulpables, comme dit S. Ambroise, *Tu ne l'as pas assisté, tu l'as tué*. La charité du prochain vous obligeroit à donner de vostre necessaire, helas! on ne vous demande pas tant que cela, mais seulement quelque chose de vos biens, ou au moins de vostre superflu, & de vos bijoux & meubles inutils qui sont dans vos maisons & dans vos cabinets: On receura tout cela, & tout ce que vous voudrez enuoyer, qui estant vendu seruira à leur donner du pain, qui leur sauuera la vie, & leurs prieres obtiendront pour vous de Dieu ses misericordes & ses benedictions eternelles.

*Messieurs & Mesdames, vous pourrez mettre vos Aumosnes, s'il vous plaist, entre les mains de Messieurs les Curez, ou bien de Mesdames la Presidente Nicolaï, rue Bourtibour: Fouquet, rue de Richelieu: Trauersé, rue Sainct Martin: Ioly, rüe des Blancs-Manteaux; Mesdamoiselles de Lamoignon, Court du Palais: & Viole, rüe de la Harpe.*

BIBLIOTHEQUE DE L'ARSENAL

# EDICT DV ROY,

Portant Eſtabliſſement de l'Hoſpital General, pour le renfermement des Pauures mendians de la Ville & Faux-bourgs de Paris.

*Donné à Paris au mois d'Auril, mil ſix cens cinquante-ſix, verifié en Parlement, le premier Septembre enſuiuant.*

A PARIS,
Par les Imprimeurs & Libraires ordinaires du Roy.

M. DC. LXI.
AVEC PRIVILEGE DE SA MAIESTÉ.

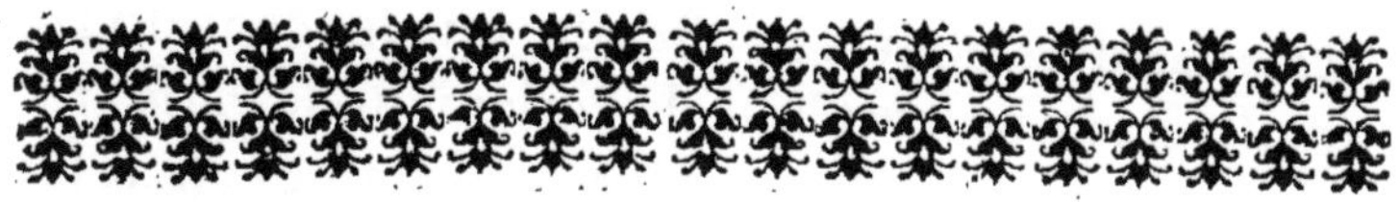

OVIS par la grace de Dieu Roy de France & de Nauarre, A tous presens & à venir, Salut. Les Rois nos predecesseurs ont fait depuis le dernier siecle plusieurs Ordonnances de Police, sur le faict des Pauures en nôtre bonne Ville de Paris, & trauaillé par leur zele autant que par leur autorité, pour empescher la mendicité & l'oisiueté, comme les sources de tous les desordres. Et bien que nos Compagnies Souueraines ayent appuyé par leurs soins l'execution de ces Ordonnances; Elles se sont trouuées neantmoins par la suite des temps infructueuses, & sans effet, soit par le manquement des fonds necessaires à la subsistence d'vn si grand dessein, soit par le defaut d'vne Direction bien establie & conuenable à la qualité de l'Oeuure. De sorte que dans les derniers temps, & sous le regne du defunt Roy, nostre tres-honoré Seigneur & Pere d'heureuse memoire, le mal s'estant encore accreu par la licence publique, & par le déreglement des mœurs; l'on reconnut que le principal defaut de l'execution de cette Police prouenoit, de ce que les mendians auoient la liberté de vacquer par tout, & que les soulagemens qui estoient procurez, n'empeschoient pas la mendicité secrete, & ne faisoient point cesser leur oisiueté. Sur ce fondement fut proietté & executé le loüable dessein de les renfermer dans la Maison de la Pitié, & lieux qui en dépendent. Et Lettres Paten-

Renfermément des pauures en 16.2.

tes accordées pour cet effet en mil six cens douze, registrées en nostre Cour de Parlement de Paris, suiuant lesquelles les Pauures furent enfermez; & la Direction commise à de bons & notables Bourgeois, qui successiuement les vns aprés les autres, ont apporté toute leur industrie & bonne conduite, pour faire reüssir ce dessein. Et toutefois quelques efforts qu'ils ayent pû faire, il n'a eu son effet que pendant cinq ou six années, & encore tres-imparfaitement, tant par le defaut d'employ des Pauures dans les Oeuures publics & manufactures, que pour ce que les Directeurs n'estoient point appuyez des pouuoirs & de l'autorité necessaire à la grandeur de l'entreprise, & que par la suite des desordres, & malheur des guerres, le nombre des Pauures soit augmenté au delà de la creance commune & ordinaire, & que le mal se soit rendu plus grand que le remede. De sorte que le libertinage des mendians est venu iusqu'à l'excés, par vn malheureux abandon à toutes sortes de crimes, qui attirent la malediction de Dieu sur les Estats, quand ils sont impunis. L'experience ayant fait connoistre aux personnes, qui se sont occupées dans ces charitables emplois, que plusieurs d'entre eux de l'vn & de l'autre sexe habitent ensemble sans mariage, beaucoup de leurs enfans sont sans Baptesme, & ils viuent presque tous dans l'ignorance de la Religion, le mespris des Sacremens & dans l'habitude continuelle de toutes sortes de vices. C'est pourquoy, comme nous sommes redeuables à la misericorde Diuine de tant de graces, & d'vne visible protection qu'elle a fait paroistre sur nostre conduite à l'aduenement, & dans l'heureux cours

Vie desordonnée des mendians.

de

de nostre Regne, par le succés de nos Armes, & le bonheur de nos Victoires, nous croyons estre plus obligez de luy témoigner nos reconnoissances, par vne Royale & Chrestienne application aux choses qui regardent son honneur & son seruice; considerant ces Pauures mendians, comme membres viuans de IESVS-CHRIST, & non pas comme membres inutils de l'Estat; & agissant dans la conduite d'vn si grand Oeuure, non par ordre de Police, mais par le seul motif de la Charité.

I.

ACES causes, aprés auoir fait examiner toutes les anciennes Ordonnances & Reglemens sur le faict des Pauures, par grands & notables personnages, & autres intelligens & experimentez en ces matieres, ensemble les expediens plus conuenables dans la misere des temps, pour trauailler à ce dessein, & le faire reüssir auec succés à la gloire de Dieu, & au bien public, De nostre certaine science, propre mouuement, pleine puissance & autorité Royale : VOVLONS & ordonnons, que les Pauures mendians valides & inualides, de l'vn & de l'autre sexe, soient enfermez dans vn Hospital, pour estre employez aux Ouurages, manufactures, & autres trauaux, selon leur pouuoir, & ainsi qu'il est amplement contenu au Reglement, signé de nostre main, attaché sous le contreseel des presentes, que nous voulons estre executé selon sa forme & teneur.

Que les Pauures mendians valides & inualides seront renfermez, & employez aux manufactures.

II.

POVR reüssir auec succés à l'Establissement d'vn si grand dessein, nous auons nommé & nommons par ces presentes, nostre amé & feal le sieur Bellieure Cheualier, nostre Conseiller en tous nos Conseils, & Premier President en nostre Parlement; & nostre amé & feal le sieur Foucquet, aussi nostre Conseiller en tous nos Conseils, & nostre Procureur General, pour estre eux & leurs successeurs esdites Charges, Chefs de la Direction dudit Hospital.

Chefs de la Direction de l'Hospital.

III.

NOVS auons aussi commis & commettons auec eux pour

Directeurs & perpetuels Administrateurs.

Directeurs, & perpetuels Administrateurs, nos amez & feaux Christophle l'Eschassier nostre Conseiller, & Maistre ordinaire en nostre Chambre des Comptes; Charles Loyseau nostre Conseiller en nostre Cour des Aydes; Iean Marie Lhoste, ancien Aduocat en nostre Parlement; Christophle du Plessis sieur de Mombart, Conseiller en nos Conseils; Bertrand Droüart nostre Conseiller, & Maistre d'Hostel ordinaire; Iean de Gomont Aduocat en nostredite Cour; Claude Chomel nostre Conseiller, cy-deuant Tresorier des Ligues des Suisses & Grisons; Iean de la Place nostre Conseiller & Secretaire; Antoine Pajot sieur de la Chapelle; Gabriel de Gaulmont sieur de Cheuanes; Louis Seguier sieur de sainct Firmin; Nicolas Barbier nostre Conseiller & Receueur des gages des Officiers de nostre Cour des Aides; Iean Leuesque & Denis Pichon anciens Consuls, Marchands Bourgeois de Paris; Sebastien Cramoisy ancien Iuge Consul, ancien Escheuin, Marchand Bourgeois de Paris; Henry Gillot ancien Consul, Marchand Bourgeois de Paris; Iacques Laugeois Marchand Bourgeois de Paris, Iean le Marchant ancien Consul, Marchand Bourgeois de Paris; Claude Patin ancien Consul, Marchand Bourgeois de Paris; André le Vieux ancien Consul, ancien Escheuin, Marchand Bourgeois de Paris; Iacques Poignant Bourgeois de Paris; Christophle Maillet ancien Consul, Marchand Bourgeois de Paris; Antoine Vitré, Marchand Bourgeois de Paris; Iacques Belin Bourgeois de Paris; Sauueur de Burlamaguy Escuyer; & Loüis Collard Bourgeois de Paris.

## IV.

Don de la Pitié, du Refuge, Scipion, Sauonnerie, Bissestre.

Et pour enfermer les Pauures qui seront de la qualité d'estre enfermez, suiuant le Reglement, nous auons donné & donnons par ces presentes, la Maison & Hospital, tant de la grande & petite Pitié, que du Refuge, scis au Faux-bourg sainct Victor, la Maison & Hospital de Scipion, & la Maison de la Sauonnerie, auec tous les lieux, Places, Iardins, Maisons, & Bastimens qui en dépendent; ensemble les Maisons & Emplacemens de Bissestre, circonstances & dépendances que nous auons cy-deuant donnez, pour la retraite des Enfans trouuez, en attendant que les Pauures fussent renfermez. A quoy lesdits Bastimens & lieux de Bissestre ont esté par nous affectez:

reuoquant entant que besoin seroit, tous autres Breuets & concessions qui pourroient en auoir esté obtenuës, en faueur des pauures Soldats Estropiez; ou pour quelque autre cause ou pretexte: dérogeant à toutes Lettres à ce contraires.

V.

VOVLONS, que les lieux seruans à enfermer les Pauures, soient nommez l'Hospital General des Pauures; que l'Inscription en soit mise auec l'Escusson de nos Armes sur le Portail de la Maison de la Pitié, & membres qui en dépendent.

La Maison de la Pitié & autres, seront appellées l'Hospital General.

VI.

ENTENDONS estre Conseruateur & Protecteur dudit Hospital General, & des lieux qui en dépendent, comme estant de nostre Fondation Royale; & neantmoins qu'ils ne dépendent en façon quelconque de nostre grand Aumosnier, ni d'aucuns de nos Officiers; mais qu'ils soient totalement exempts de la superiorité, visite & iurisdiction des Officiers de la generale Reformation, & aussi de la grande Aumosnerie, & de tous autres, ausquels nous en interdisons toute connoissance & iurisdiction, en quelque façon & maniere que ce puisse estre.

Le Roy Protecteur d'icelui, & Fondateur.

VII.

DECLARONS, que nous n'entendons par ces presentes, toucher en quoy que ce soit à la Direction & Administration du grand Bureau de nostre bonne Ville de Paris, lequel demeurera en son entier, comme il estoit auparauant, fors & excepté pour le faict des Pauures mendians, dont nous luy interdisons toute connoissance, police & iurisdiction.

N'est rien innoué pour le grand Bureau.

VIII.

NOVS auons en ce faisant esteint & supprimé, esteignons, & supprimons par ces presentes, la Direction & Administration des Directeurs de la Maison, & Hospital de la Pitié scis au Faux-bourg sainct Victor, & lieux qui en dépendent; des soins & integrité desquels nous sommes tellement satisfaits, que nous les auons cy-dessus compris dans le nombre des Directeurs.

Suppressiõ de l'Administration de la Pitié.

IX.

FAISONS tres-expresses inhibitions & defenses à toutes personnes de tout sexe, & lieux & âges de quelque qualité & naissance, & en quelque estat qu'ils puissent estre, valides, ou inua-

Defenses de mendier publiquement.

lides, malades ou conualeſcens, curables, ou incurables, de mendier dans la Ville & Faux-bourgs de Paris, ni dans les Egliſes, ni aux Portes d'icelles, aux portes des maiſons, ni dans les ruës, ni ailleurs publiquement, ni en ſecret, de iour ou de nuict; ſans aucune exception des Feſtes ſolemnelles, Pardons, ou Iubilez, ni d'Aſſemblées, Foires ou Marchez, ni pour quelque autre cauſe ou pretexte que ce ſoit; à peine du foüet contre les contreuenans pour la premiere fois; & pour la ſeconde fois des Galeres, contre les hommes & garçons, & du banniſſement contre les femmes & les filles.

X.

Ni ſecrettement.

Si aucuns alloient mendier dans les maiſons, nous permettons & expreſſément commandons aux Proprietaires & Locataires, à leurs domeſtiques & autres, de retenir leſdits mendians, iuſques à ce que les Directeurs ou Officiers cy-aprés nommez en ſoient aduertis, pour leur impoſer les peines cy-deſſus, ſuiuant l'exigence des cas.

XI.

Exception des Hoſpitaux Religieux & Religieuſes mendiantes qui en ont droit.

N'entendons comprendre dans leſdites defenſes cy-deſſus les Queſtes pour l'Hoſtel-Dieu, & lieux qui en dépendent; celles pour le grand Bureau des Pauures, & lieux auſſi qui en dépendent; les Aueugles de l'Hoſpital des Quinze-vingts; les Enfans des Hoſpitaux de la Trinité; du ſainct Eſprit; & des Enfans Rouges; les Religieux mendians; les Religieuſes de l'Aue-Maria; & autres qui ont droit de Troncs, ou de Queſtes, leſquels nous en auons ſeulement exceptez, les defendant generalement à tous autres; & à la charge que les Aueugles, les Enfans & autres ayans droit de Queſtes, demeureront aux portes des Egliſes, ou prés de leurs Troncs; auec defenſes de demander ailleurs dans les Egliſes: à peine d'eſtre décheus de leurs droits.

Les Aueugles & Enfans ne mendieront dans les Egliſes.

XII.

Pouuoir des Directeurs ſur les mendians.

*L'Arreſt de verification du Parlement porte ſur cet article:*

Nous donnons & attribuons aux Directeurs par nous cy-deuant nommez, & commis pour ledit Hoſpital General, & à leurs ſucceſſeurs qui ſeront auſſi perpetuels durant leur vie, tout pouuoir & autorité de Direction, & Adminiſtration, connoiſſance, iuriſdiction, police, correction, & chaſtiment, ſur tous les Pauures mendians de noſtre Ville & Faux-bourgs de de Paris, tant dedans que dehors ledit Hospital general, & exclusiuement, priuatiuement, & indépendamment de la Direction du grand Bureau, & de toute autre Direction & Police de nostre Ville, Faux-bourgs, Preuosté & Vicomté de Paris.

Sans neantmoins que les Directeurs nommez par icelles, puissent prendre aucune Cour ny Iurisdiction sur autres que sur les Pauures Enfermez dans ledit Hospital general, & sur les autres Pauures qui seront trouuez au dehors contreuenans aux defenses portées par icelles Lettres, & par ledit Reglement, & ce par forme de chastiment & correction seulement; à la charge que où il y aura lieu d'ordonner des peines afflictiues, qui deussent estre executées au dehors dudit Hospital, lesdits Directeurs seront tenus les faire iuger par le Lieutenant Criminel, & Officiers du Chastelet, & autres Iuges qui en doiuent connoistre; ce qui sera fait sommairement & sans frais.

XIII.

AVRONT pour cet effet les Directeurs, poteaux & carcans, prisons & basses-fosses dans ledit Hospital general & lieux qui en dépendent, comme ils aduiseront; sans que l'appel puisse estre receu des Ordonnances qui seront par eux renduës pour le dedans dudit Hospital; & quant à celles qui interuiendront pour le dehors, elles seront executées selon leur forme & teneur, nonobstant oppositions ou appellations quelconques faites ou à faire, & sans preiudice d'icelles, & pour lesquelles nonobstant aussi toutes defenses & prises à partie ne sera differé.

Auront poteaux, carcans, prisons, basses-fosses.

Sans appel pour le dedans de l'Hospital.

XIV.

AVRONT les Directeurs vn Bailly de l'Hospital, Sergens des Pauures, Gardes aux Portes & aux aduenuës, auec hallebardes & autres armes conuenables, & tous autres Officiers necessaires, tant pour executer leurs Ordonnances, que pour faire les captures des mendians, & conduire en l'Hospital ou lieux qui en dépendent ceux qui doiuent y estre admis, renuoyer, chasser, ou arrester ceux qui en doiuent estre exclus, & accompagner les passans, ainsi qu'il est porté par le Reglement cy-attaché. Lesquels Bailly, Sergens, Gardes, & autres Officiers seront instituez ou destituez à la volonté des Directeurs, & sans qu'ils soient aucunement dépendans du Bailly des Pauures du grand Bureau, ni autres Officiers ou Iuges pour le faict de leurs charges.

Vn Bailly, des Sergens, des Gardes aux Portes de la Ville, & Officiers necessaires.

Instituez & destituez par les Directeurs.

XV.

ENIOIGNONS au Bailly, & autres Officiers qui seront commis par les Directeurs, de faire exacte perquisition chacun iour auec les Sergens dudit Hospital, pour empescher toutes sortes

Deuoir du Bailly & Officiers.

de mendians par les ruës, & ponctuellement executer le contenu en ces presentes, & au Reglement cy-attaché: à peine d'estre chassez & punis, sans qu'ils puissent prendre aucune chose des Pauures, ni autres, ni les fauoriser ou souffrir, ni aussi les mal-traiter; le tout sur peine de punition corporelle.

XVI.

Maisons de deport dans la Ville, pour enfermer les Pauures par prouision.

POVRRONT les Directeurs auoir dans nostre-dite Ville & Faux-bourgs, telles maisons & lieux que bon leur semblera pour la Garde des Pauures, iusques à ce qu'il en ait esté par eux ordonné, pour les admettre en l'Hospital general, ou pour les conduire en d'autres lieux, ou pour les renuoyer ou chasser de la Ville & Faux-bourgs.

XVII.

Defenses de donner aux mendians, à peine de quatre liures d'amende.

FAISONS inhibitions & defenses à toutes personnes de quelque qualité & condition qu'ils soient, de donner l'aumosne manuellement aux mendians dans les ruës & lieux cy-dessus, nonobstant tout motif de compassion, necessité pressante, ou autre pretexte que ce puisse estre; à peine de quatre liures parisis d'amende, applicable au profit de l'Hospital, au payement de laquelle ils seront contraints & sans deport, en vertu des Ordonnances des Directeurs, sur le rapport de leurs Officiers.

XVIII.

Defenses de les loger, à peine de cent liures d'amende.

Et de trois cens liures en recidiue.

DEFENDONS pareillement aux Proprietaires & Locataires des maisons, & à tous autres de loger, retirer, ni retenir chez eux, aprés les publications des presentes, les Pauures qui sont ou seroient mendians; à peine de cent liures d'amende pour la premiere fois, de trois cens liures pour la seconde, & de plus grande, en cas de recidiue, le tout applicable au profit des Pauures dudit Hospital general; pour raison de quoy les Proprietaires, Locataires & autres, pourront estre contraints par saisies de leurs biens, & emprisonnemens de leurs personnes, en vertu des presentes, & des Ordonnances des Directeurs.

XIX.

Permis saisir les lits, matelas, couuertures, &c. où ils auront couché.

COMMANDONS aux Sergens du Bureau, & tous autres Officiers de Iustice, de saisir en vertu des presentes, & de l'Ordonnance des Directeurs, les lits, matelas, couuertures & paillasses, dans lesquels auront esté couchez les Pauures chez les particuliers, qui leur auront donné retraite, au preiudice des presentes; Et voulons que le tout sans aucune formalité de Iustice, soit enleué & appliqué au profit des Pauures dudit Hospital general, sans esperance de repetition.

XX.

Defenses d'empescher la capture des Pauures.

DEFENDONS aux Soldats de nos Gardes, mesmes aux Bourgeois de nostre-dite Ville & Faux-bourgs, & à toutes personnes de quelque qualité ou condition qu'ils soient, de molester, iniurier, ni mal-traiter le Bailly, Officiers, ni aucun de ceux qui seront employez pour prendre, ou conduire, renuoyer, chasser, ou accompagner les Pauures, & d'empescher l'execution du Reglement general, ou des Ordonnances particulieres des Directeurs; à peine d'estre emprisonnez sur le champ, & procedé criminellement contre eux, à la requeste des Directeurs: & aux Pauures de faire resistance, sur peine d'estre punis, ainsi que les Directeurs aduiseront.

XXI.

Cheualier du Guet, Preuost de l'Isle, Commissaires, Sergens, Bourgeois, donneront main-forte.

ORDONNONS au Cheualier du Guet, Preuost de l'Isle, Preuost des Mareschaux, Lieutenant Criminel de Robe-courte, leurs Exempts & Archers, Commissaires du Chastelet, Huissiers, Sergens, & autres Ministres de Iustice & Police, & mesme à tous nos Suiets, de donner main-forte audit Bailly de l'Hospital & Sergens des Pauures, pour l'execution tant des presentes que du Reglement general, & des Ordonnances particulieres des Directeurs, pour raison dudit Hospital, s'ils en ont besoin, soit pour la capture des Pauures, ou celle d'autres personnes qui se trouueront contreuenir aux Articles precedens, soit pour les saisies, executions ou autrement: à peine d'en répondre par les refusans ou dilayans en leurs propres & priuez noms, & d'amende arbitraire.

XXII.

Commissaires des Quartiers, Quarteniers, Dixeniers, &c. ne souffriront loger gens sans industrie, vacation, &c.

ENIOIGNONS aux Commissaires des Quartiers, Quarteniers, Dixeniers, Cinquanteniers, & autres, de ne laisser habiter personne dans leur Quartier, qu'il n'ait prealablement verifié au Bureau de la Police, d'auoir du bien, industrie, ou vacation suffisante pour se nourrir, & subuenir à leurs familles: Excepté les Pauures honteux assistez des Parroisses ou d'ailleurs, & les Pauures mariez à present mendians, qui seront à l'Aumosne dudit Hospital general, suiuant le certificat qu'ils en rapporteront: à peine d'en répondre par lesdits Commissaires des Quartiers, Quarteniers, & autres, en leurs propres & priuez noms, & dont ils apporteront tous les mois les Roolles au Bureau dudit Hospital : à peine de quarante-huit liures parisis, contre chacun de ceux qui se trouueront y manquer. Enioignons aux Directeurs d'auoir vn soin particulier de l'execution du present article.

En apporteront tous les mois les Roolles au Bureau à peine de 48. liures d'amende.

XXIII.

Prestres Missionnaires pour le spirituel,

COMME nous prenons soin du salut des Pauures qui doiuent estre enfermez, aussi bien que de leur Establissement & subsistance, ayant dés ya long-temps reconnu la benediction que Dieu a donnée au trauail des Prestres Missionnaires de S. Lazare, les grands fruits qu'ils ont faits iusques à present pour le secours des Pauures, & sur l'esperance que nous auons qu'ils continuëront & augmenteront à l'aduenir. VOULONS qu'ils ayent le soin & l'instruction du spirituel, pour l'assistance & consolation des Pauures de l'Hospital general, & lieux qui en dépendent, & qu'ils ayent l'administration des Sacremens, sous l'autorité & iurisdiction spirituelle du sieur Archeuesque de Paris, auquel ils seront presentez par le General desdits Missionnaires, & par luy approuuez, & leur seront tous priuileges & exemptions ordinaires en pareil cas accordées.

Sous l'autorité de l'Archeuesque.

XXIV.

Les Prestres pourront receuoir les Testamens.

POVRRONT les Prestres qui seront commis audit Hospital general, receuoir les Testamens dans iceluy, & dans les lieux qui en dépendent, soit des Officiers, ou domestiques, ou des Pauures, & autres y estans, en ce qu'ils pourront tester : & seront lesdits Testamens valables, comme s'ils estoient holographes ou passez pardeuant Notaires, Curez ou Vicaires; dérogeant pour ce regard seulement aux Ordonnances & coustumes à ce contraires.

*L'Arest de verification porte :*

Et à la charge que les Prestres qui seront nommez par lesdits Directeurs, & admis pour l'administration des Sacremens & seruice dudit Hospital general, seront tenus pour la validité des Testamens qu'ils pourront receuoir, appeller auec eux lors de la reception desdits Testamens, le nombre des témoins requis par la Coustume de Paris.

XXV.

Seront sous l'entiere disposition des Directeurs au temporel, ausquels ils

SERONT tous lesdits Prestres Missionnaires & autres, à l'égard de la Police & discipline temporelle concernant l'Hospital, sous l'entiere dépendance des Directeurs, en qualité de Superieurs, au Bureau desquels ils seront presentez, approuuez, & receus, & par eux employez sur l'estat de la Maison, sans qu'ils puissent aupa-

auparauant s'immiscer en aucune fonction dans ledit Hospital general, ni aprés prendre aucune retribution.

seront presentez, & par eux receus & approuvez.

### XXVI.

Le Superieur des Prestres, ou celuy par luy commis, aura seance au Bureau, & voix deliberatiue, &c.

LORS que le Superieur desdits Missionnaires, ou en son absence, celuy qui sera par luy commis, viendra au Bureau pour chose concernant le spirituel, ou ce qui en dépend, il y aura voix deliberatiue en ce qui sera par luy proposé, & luy sera pour cela donné seance, aprés le plus ancien de ceux des Directeurs perpetuels, qui y seront lors presens.

### XXVII.

Les Directeurs choisiront des femmes & des filles, pour assister celles de leur sexe.

POVR secourir & assister les femmes & filles qui seront enfermées dans ledit Hospital general, & lieux qui en dépendent, les Directeurs pourront employer les personnes de mesme sexe, qu'ils trouueront estre les plus propres au secours & assistance des Pauures, sous les mesmes ordres & dépendance totale desdits Directeurs.

### XXVIII.

Subsistance.

DAVTANT que l'experience a fait connoistre, que les principaux manquemens qui ont esté à l'execution des desseins que l'on auoit eu cy-deuant d'enfermer les Pauures, sont procedez des defauts d'Establissement suffisant, & de la subsistance necessaire; Nous auons donné audit Hospital general, tous les biens, droits, profits, reuenus, & emolumens, tant en fonds que fruits ordinaires, casuels, & extraordinaires, de quelque titre & qualité qu'ils puissent estre deus, escheus, & à escheoir, appartenans, ou qui peuuent appartenir maintenant ou cy-aprés, aux Maisons & Hospitaux de la Pitié; du Refuge; de la Sauonnerie; Scipion; Bissestre; membres & lieux qui en dépendent; desquels biens, droits & reuenus, les Receueurs, Fermiers, Locataires & Debiteurs, seront tenus de donner compte ou estat, & d'en faire le payement ou la deliurance, chacun ainsi qu'il y peut estre obligé, ausdits Directeurs ou à leurs ordres: & en ce faisant, en demeureront lesdits Receueurs, Fermiers, Locataires & Debiteurs valablement quittes, & déchargez enuers & contre tous; & seront tous les Baux & sous-baux confirmez ou resolus, ainsi qu'il sera deliberé par les Directeurs, pour le plus grand auantage de l'Hospital.

Don à l'Hospital des biens, &c. De la Pitié, Refuge, Scipion, Sauonnerie, Bissestre.

## XXIX.

Don des meubles desdits lieux.

Inuentaire d'iceux.

APPARTIENDRONT pareillement audit Hospital general, tous les lits, meubles, couuertures, matelas, paillasses, linges, vstancilles de cuisine, mesnage, & autres desdites Maisons & Hospitaux qui en dépendent: de toutes lesquelles choses sera fait Inuentaire par l'ordre des Directeurs, nonobstant l'opposition & l'empeschement de tous ceux qui voudroient pretendre y auoir interest.

## XXX.

L'Hospital participera à tous dons, &c. faits aux Hospitaux en general.

VOULONS que ledit Hospital general soit compris au nombre des autres Hospitaux de la Ville & Faux-bourgs de Paris, pour en auoir tous les mesmes droits, prerogatiues, & priuileges; & participer auec eux à tous les legs, donations, fondations & aumosnes, faits & à faire aux Hospitaux en general.

## XXXI.

Les dons faits aux Pauures en general sans designation, appartiendront à l'Hospital.

DECLARONS neantmoins que tous les dons & legs faits par Contracts, Testamens, & autres dispositions, les adiudications d'amendes & aumosnes faites en la Ville & Faux-bourgs, Preuosté & Vicomté de Paris, en termes generaux, aux Pauures, ou à la communauté des Pauures, sans aucune autre designation, dont iusques à present l'employ n'aura point esté fait, quoy que les dispositions precedent ces presentes de quelque temps que ce soit, & toutes celles qui se feront cy-aprés; seront & appartiendront audit Hospital general, & en cette qualité pourront estre vendiquez par les Directeurs.

## XXXII.

Curez, Vicaires, Notaires, auertiront les testateurs de donner.

ENIOIGNONS aux Curez, Vicaires & Notaires, qui receuront des Testamens, d'aduertir les Testateurs, sans neantmoins les y obliger, de faire quelques legs aux Pauures, & de faire mention dans les Testamens, que l'aduertissement en aura esté fait, à peine de nullité.

*L'Arrest de verification porte:*

Comme aussi sera la peine de nullité portée par lesdites Lettres contre les Curez, Notaires & Vicaires, qui auront manqué d'aduertir les Testateurs, de se souuenir des Pauures dudit Hospital, & d'en faire mention dans leurs actes, changée & conuertie en quatre liures parisis d'amende contre lesdits Curez, Vicaires, & Notaires contreuenans.

## XXXIII.

Dons de tous droits, lieux, &c. affectez aux Pau-

DONNONS audit Hospital general toutes les maisons, lieux, droits, fonds & reuenus affectez aux Pauures, pour le soulagement d'iceux, perceptibles dans nostre-dite Ville & Faux-bourgs, Preuosté & Vicomté de Paris; qui sont à present ou se trouueront cy-aprés abandonnez, vsurpez, ou employez à autre vsage, que celuy de leur fondation, & mesme ceux qui sont à present ou se trouueront cy-aprés destituez de legitimes Administrateurs, tant de l'vn que de l'autre sexe, soit de nostre Fondation ou autres.

ures, abandonnez, vsurpez, &c.

*Les Directeurs n'ont encore trouué aucuns lieux ni droits de cette nature.*

XXXIV.

NOVS declarons suiuant les anciens Reglemens, que toutes les Aumosnes de Fondation; soit en argent, grains, ou autre nature, dont plusieurs Communautez seculieres & regulieres, & mesme les particuliers de nostre-dite Ville & Faux-bourgs, Preuosté & Vicomté de Paris, sont chargez enuers les Pauures, seront & appartiendront audit Hospital general, & voulons qu'en cette qualité elles puissent estre vendiquées par les Directeurs, ou par leur ordre, & appliquées au profit des Pauures.

Aumosnes de Fondation, en argêt, grains, &c. en faueur des Pauures, appartiendront à l'Hospital.

*Ni aussi de ceux portez par cet article, sinon à S. Geruais, quelques petites aumosnes aux Pauures qui assistent au Catechisme.*

XXXV.

* DAVTANT que ce soin des Pauures regarde toutes sortes de personnes, & que par nos Ordonnances, Reglemens de Police, & anciens Arrests, chacun est obligé de contribuer à la nourriture des Pauures, suiuant ses facultez; Nous voulons & ordonnons, qu'à la reserue seulement de l'Hostel-Dieu, & des Maisons qui en dépendent; de la Direction du grand Bureau; & des quatre Mendians; ensemble des Hospitaux de la Trinité; du sainct Esprit; des Enfans Rouges; de sainte Catherine; & de saint Geruais; toutes les Communautez seculieres & regulieres de l'vn & de l'autre sexe, de nostre Ville & Faux-bourgs, Preuosté & Vicomté de Paris, & tous les Corps laïques, les Fabriques des Eglises, les Chapelles & Confrairies, & autres de cette nature, mesme les Corps des Mestiers, & toutes autres personnes contribuent à l'Establissement & subsistance dudit Oeuure, chacun à proportion de ses forces; A quoy faire ils sont inuitez, & à faute de le faire volontairement, seront cottisez selon les anciens Reglemens, par nostre Cour de Parlement, à la requisition de nostre Procureur General, pour selon les Taxes qui seront moderément faites, en faire le recouurement par le Receueur dudit Hospital general, sur les contraintes des Directeurs, qui seront expediées par le Greffier: lesquelles nous validons dés à present, comme pour lors, & voulons qu'elles sor-

**L'executiõ de cet article est reserué pour les besoins pressans.*

Communautez seculieres, regulieres, corps laïques, fabriques, confreres, corps de mestier, & toutes personnes contribueront.

Taxes faites par le Parlement.



BIBLIOTHEQUE DE L'ARSENAL

Contraintes des Directeurs.

tent leur plain & entier effet, aprés que l'estat en aura esté arresté par nostre Cour de Parlement ; pour l'execution duquel, voulons que les Directeurs puissent commettre telles personnes qu'ils aduiseront en chacun Quartier, lesquels seront obligez d'en faire la leuée, en leur propre & priué nom.

*L'Arrest de verification porte :*

Que les Bourgeois seront seulement inuitez de contribuer à l'Establissement & subsistance dudit Oeuure, sans qu'ils puissent estre taxez, sinon en cas de necessité.

## XXXVI.

Permission de faire Questes, d'auoir Troncs, bassins, boëtes és lieux publics.

Questes aux Baptesmes, mariages, conuois, &c.

PERMETTONS aux Directeurs toutes Questes, Troncs, Bassins, grandes & petites boëttes en toutes les Eglises, Carrefours & lieux publics de nostre-dite Ville, Faux-bourgs, Preuosté & Vicomté de Paris ; & qu'ils puissent mettre lesdites Boëttes, aux Magazins, Comptoirs & Boutiques des Marchands, aux Hostelleries & lieux des Coches, aux Marchez publics, Halles, & Foires, sur les Ponts, Ports & Passages, & en tous lieux où l'on peut estre excité à faire la charité, mesmes aux occasions des baptesmes, mariages, conuois, enterremens & seruices, & autres de cette qualité.

## XXXVII.

Don du quart des aumosnes du grand Seau, Baux du Conseil.

ACCORDONS audit Hospital le quart des aumosnes, tant du grand & petit Seau, que des Marchez, Baux & Adiudications qui seront faites en nostre Conseil, à commencer de ce iourd'huy, & de celles dont la distribution n'est pas encore actuellement faite.

*L'Hospital ne iouït pas du quart des aumosnes du grand & petit Seau.*

## XXXVIII.

Quart des amendes, delits, vsurpations des Eaux & Forests.

LE quart des amendes ou condamnations d'aumosnes ordonnées pour les delits, maluersations ou vsurpations des Eaux & Forests de France, tant pour le passé, que pour l'auenir, dont les Directeurs, comme parties, pourront faire les poursuites en nostre Conseil, ou ailleurs.

*Il n'y a pas dequoy payer les charges dans les comptes qui s'en rendent.*

## XXXIX.

Le quart des amendes de Police.

LE quart des amendes de Police, & de toutes les marchandises, ou autres choses qui seront declarées acquises & confisquées.

*Ces amendes sont domaniales & affermées, au profit du Roy.*

XL.

XL.

COMME auſſi le tiers de toutes les Lettres de Maiſtriſes, qui ſont & ſeront par nous cy-aprés, & par les Roys nos ſucceſſeurs, données & regiſtrées en noſtre Parlement, ſoit en faueur de mariage, naiſſance des Enfans de France, aduenement à la Couronne, ou autre cauſe ſinguliere; entendant en ce comprendre celles cy-deuant par nous données, & non encore regiſtrées.

Le tiers des Lettres de Maiſtriſe.

*Il y a Arreſt ſur vne Declaration qui les abolit.*

XLI.

TOVS Officiers qui ſeront receus en nos Compagnies Souueraines eſtablies en noſtre Ville de Paris, autres que ceux deſdites Compagnies; & auſſi ceux qui ſeront receus dans les Sieges & Iuriſdictions ſubalternes, ordinaires & extraordinaires, pareillement eſtablies hors de noſtre-dite Ville, ſeront tenus à leur reception, donner quelque ſomme modique audit Hoſpital general, dont ils ſeront obligez de rapporter la quittance auparauant que l'Arreſt ou Iugement de leur reception leur ſoit deliuré; laquelle ſomme ou taxe ſera arbitrée par noſdites Compagnies Souueraines, chacun en ce qui les regarde, & Roolle dreſſé d'icelles, eu égard à la qualité deſdits Officiers.

Officiers aumoſneront à leur reception.

*Il y a Arreſt du Parlement qui ordonne ces taxes, non encore executé.*

XLII.

VOVLONS auſſi que tous Compagnons de Meſtiers, lors de leurs Breuets d'apprentiſſage, & les Maiſtres lors de leur chef-d'œuure, Experience ou Iurande, ſoient tenus auſſi donner quelque ſomme modique audit Hoſpital general; & en rapporter pareillement la quittance auparauant que leſdits Breuets d'Apprentiſſage, ou Lettres de Maiſtriſe leur ſoient deliurées, le tout ſelon la Taxe & Roolle qui en ſera arreſté par noſtre Cour de Parlement, à proportion des meſtiers, & pourueu par icelle à l'aſſeurance du recouurement deſdites cottes & contributions.

Compagnons & Maiſtres de meſtier aumoſneront.

XLIII.

PERMETTONS auſdits Directeurs, de faire faire par le Bailly de l'Hoſpital & Sergens des Pauures, les Inuentaires & vente des biens des Pauures qui decederont, tant audit Hoſpital, que dehors, aprés auoir eſté à l'aumoſne d'iceluy pendant vn an.

Inuentaire & vente des biens des Pauures.

XLIV.

DECLARONS appartenir audit Hoſpital general, à l'excluſion des Collateraux, les biens meubles deſdits Pauures qui dece-

L'Hoſpital ſuccede aux Pauures.

deront, tant audit Hospital que dehors, aprés auoir esté à l'aumosne d'iceluy pendant vn an, sans que les vns ni les autres en puissent disposer par donation entre-vifs, ou Testament, ni faire aucune promesse, obligation ni contracts, que pour cause legitime, & par le consentement des Directeurs: à peine de nullité.

*L'Arrest de verification porte:*

Et quant aux meubles des Pauures, qui decederont ou dans ledit Hospital, ou hors d'iceluy, aprés auoir esté à l'aumosne d'iceluy pendant vn an, qui seront declarez appartenir audit Hospital, à l'exclusion des Collateraux; que cet article n'aura lieu que pour les meubles qu'ils auront, lors qu'ils auront esté receus à ladite aumosne, & qu'ils auroient acquis dans ledit Hospital; & non pour ceux qui leur pourroient estre escheus d'ailleurs: & seront lesdits Pauures, aprés qu'ils auront acquis, ou leur sera écheu des facultez suffisantes pour viure hors la mendicité, ou qu'ils auront trouué le moyen de gagner leur vie, tenus de se retirer dudit Hospital, pour viure de leur trauail, & du bien qui leur sera suruenu, sans qu'ils puissent mendier, sur les peines de l'Edit.

## XLV.

Les Directeurs peuuent receuoir tous dons, legs, *&c.*

PERMETTONS aux Directeurs de receuoir tous dons, legs, & gratifications vniuersels ou particuliers, soit par Testament, donations, entre-vifs, ou à cause de mort, ou par quelque autre acte que ce soit, & en faire les acceptations, recouurement, ou poursuites necessaires.

## XLVI.

Peuuent acquerir, vendre, & eschanger, *&c.*

PERMETTONS aussi d'acquerir, échanger, vendre ou aliener par les Directeurs, tous heritages, tant Fiefs que Rotures, ou franc alleu, auec les droits de Iustice, Iurisdiction, censiues ou autres, en quelque lieu, ou de quelque qualité qu'ils puissent estre, rentes foncieres & constituées, acquerir de nostre Domaine, ou de quelque personne que ce soit, & ordonner & disposer de tous les biens, meubles & immeubles dudit Hospital, selon qu'ils iugeront estre à propos, pour le plus grand auantage d'iceluy, & sans qu'ils en soient responsables, ni tenus d'en rendre aucun compte, à quelque personne que ce soit.

## XLVII.

Peuuent transiger, compromettre, composer, *&c.*

LEVR donnons pouuoir de transiger, compromettre auec peine, composer & accorder de tout ce qui dépend des biens & effets, meubles ou immeubles dudit Hospital general, & de tous les procés & differents qui peuuent estre meus, & qui pourroient cy-aprés se mouuoir, sans aucune exception: lesquels compromis nous validons, comme s'ils estoient faits entre majeurs, pour leur propre interest.

XLVIII.

COMME aussi de prendre des terres de proche en proche, pour la necessité ou commodité dudit Hospital general, en payant par eux la iuste valeur, suiuant l'estimation qui en sera faite, au cas que les Proprietaires voisins fissent refus d'en traiter à l'amiable; mesmes de faire voûtes & arcades au dessus ou au dessous des ruës, ioignantes les maisons & heritages qu'ils ont à present, ou auront cy-aprés.

Peuuent acquerir de proche en proche, & prendre à iuste valeur ce qu'on leur refusera.

Faire arcades & voûtes, &c.

XLIX.

LEVR accordons le droit de faire bastir volets & colombiers à pied, & moulins à vent ou à eau, si besoin est, dans l'estenduë dudit Hospital general, membres & lieux en dépendans; sans qu'il y puisse estre donné aucun empeschement.

Colombiers & moulins.

L.

ET parce que ledit Hospital general aura besoin de plus grande quantité d'eaux, que celles qui sont maintenant esdites maisons; Nous leur accordons & concedons le droit de ce qui sera necessaire d'y estre augmenté, & voulons que la deliurance leur en soit faite, soit des Regards, ou du Chasteau des eaux de Rongis, ou autres lieux, par le Preuost des Marchands, ou Escheuins de nostre Ville de Paris, ou par le sieur Franchine nostre Intendant des Eaux, ou autre qu'il appartiendra.

Augmentation d'eau de Rongis.

LI.

NOVS auons amorty & amortissons par ces presentes entant que besoin seroit, les Maisons & lieux de la Pitié, du Refuge; Scipion; la Sauonnerie; & Bissestre; presentement donnez, & tous les lieux & Domaines qui en dépendent, en quelques lieux & endroits qu'ils puissent estre scituez, & mesme dés à present, les autres Maisons, Places, rentes, & autres immeubles qui ont esté, & pourront estre donnez, leguez, ou delaissez audit Hospital general, qui seront acquis par les Directeurs à present & à l'auenir, sans que pour raison de ce, ils soient tenus nous payer aucun droit d'amortissement, ni mesme payer aucune indemnité, lots & ventes, ni treiziesme, lots ni mi-lots, quints ni requints, rachapts, ni reliefs, pour ce qui est ou sera en nostre Domaine, & nonobstant toutes alienations ou engagemens; sans aussi payer francs-fiefs, ni nouueaux acquests, ban ni arriere-ban, ni autres droits quelconques, qui nous sont

Amortissement des heritages acquis.

Et à donner, & acquerir.

Remise des lots & ventes, quints, treiziéme, &c.

Francs-fiefs, &c.

Ban, arriereban.

Décharge & don general de tous droits Royaux.

ou pourroient estre deus, dont nous les déchargeons, & entant que besoin est ou seroit, en auons fait & faisons dés à present, comme pour lors, & deslors comme dés à present, don audit Hospital general, encore que le tout ne soit icy particulierement specifié, ni encore écheu, nonobstant toutes Loix & Ordonnances à ce contraires, ausquelles pour ce regard nous dérogeons.

LII.

Les Seigneurs particuliers seront indemnisez.

SERONT neantmoins tenus les Directeurs, d'indemniser les Seigneurs particuliers des biens par nous amortis, si aucuns se trouuent mouuans, releuans, ou tenans d'eux, laquelle indemnité pour les particuliers, nous reglons dés à present au dixiesme, tant pour les Fiefs, que pour les Rotures, & sans qu'il puisse estre pretendu homme viuant & mourant, ni aucun droit de quint, rachapt, ni relief, ni aucuns autres droits Seigneuriaux; tant que lesdits fiefs ou rotures appartiendront audit Hospital general, ni mesme pour la premiere mutation qui en seroit faite, nonobstant toutes Loix, Arrests, & Reglemens contraires, à qui nous auons dérogé en faueur dudit Hospital general seulement, & sans tirer à consequence pour quelque Corps & Communauté, ni pour quelques particuliers que ce puisse estre.

*Par l'Arrest de verification, est* Ordonné que les Seigneurs ausquels il sera deu des indemnitez, pour les acquisitions faites en leurs Fiefs ou Censiues par ledit Hospital, ou pour autres dispositions faites en sa faueur, pour lesquelles il leur sera deu des droits d'indemnité, ne pourront estre contraints de quitter leurs droits à moindre prix que celuy qui leur est deu par les Ordonnances & Coustumes.

LIII.

Permission d'establir toutes manufactures.

PERMETTONS & donnons pouuoir aux Directeurs, de faire faire & fabriquer dans l'estenduë dudit Hospital, & des lieux en dépendans, toutes sortes de manufactures, & les faire vendre & debiter au profit des Pauures d'iceluy.

LIV.

Exemptes d'Aide, sol pour liure, *&c.*

LESQVELLES manufactures nous auons exemptées de payer aucun droit de sol pour liure, ancien ou nouueau, ni droit d'Aides, Doüannes, ou autres de quelque nature qu'ils puissent estre, mesmes de toutes visites, conformément aux exemptions de l'Hospital de Lyon.

LV.

Deux Com-

POVR de plus gratifier & fauoriser l'Establissement & sub-

subsistance dudit Hospital general; Voulons que chacun des Corps de mestiers de nostre-dite Ville & Faux-bourgs de Paris soient tenus de donner, quand ils en seront requis, deux Compagnons, mesmes les Maistresses Lingeres, deux filles, pour apprendre leur mestier aux Enfans dudit Hospital general, selon qu'ils se trouueront plus disposez; & en ce faisant, lesdits deux Compagnons & filles acquerront la Maistrise en leurs Corps & mestier, & aprés auoir seruy pendant le temps de six ans audit Hospital general, sur les certificats qui en seront déliurez & signez des Directeurs, iusques au nombre de six au moins, auec pouuoir de tenir Boutique, ainsi que les autres Maistres & Maistresses, & sans aucune distinction entre eux.

Pagnons de chaque mestier, pour l'apprendre aux enfans.

Lesquels gagneront leurs Maistrises aprés six ans.

LVI.

En cas que ledit Hospital general fût trop surchargé des Enfans, selon l'auis des Directeurs; ils seront mis en mestier chez les Maistres, sans pouuoir prendre par eux autre chose que l'obligation, de s'en seruir deux ans, au pardessus le temps requis, pour les Apprentissages de chacun mestier.

*L'Arrest de verification porte.* Comme aussi ne pourront estre les Maistres des mestiers cõtraints par lesdits Directeurs, de prendre forcement les Enfans dudit Hospital, sans retribution, mais seront seulement les Iurez des Corps de chacun mestier, incitez de chercher place chez les Maistres de leur vacation pour les Enfans dudit Hospital, aux conditions desdites Lettres.

LVII.

Voulons aussi que les Corps des Apoticaires & Chirurgiens, donnent chacun deux Compagnons de leurdit corps, capables pour seruir gratuitement audit Hospital, & y assister les Pauures, & les Officiers Domestiques d'iceluy, pour les indispositions communes des Pauures, & les maladies ordinaires des Officiers & Domestiques, & aprés pareil temps de six ans, lesdits Compagnons Apoticaires & Chirurgiens, gagneront pareillement leur Maistrise, sur les certificats des Directeurs en pareil nombre, & auront mesmes droits & priuileges que tous les autres Maistres.

Apoticaires & Chirurgiens pour secourir les Pauures.

Leur Maistrise aprés six ans.

LVIII.

Que ceux & celles qui auront seruy de Maistres & Maistresses d'Escole pendant dix ans dans l'Hospital general, auec l'approbation des Directeurs, pourront estre Maistres & Maistresses dans la Ville & Faux-bourgs, sans autre examen, lettres ni permission, que de la certification de leurs seruices par les Directeurs.

Maistres & Maistresses d'Escolle de l'Hospital. Leur Maistrise.

## LIX.

Exemptions de Subsides, Peages, &c.

NOVS auons ledit Hospital general & les Pauures Enfermez en iceluy affranchis, quittez, exemptez & déchargez, affranchissons, quittons, exemptons, & déchargeons de tous Subsides, Impositions & droits d'Entrée, tant à Paris, qu'ailleurs, par eau & par terre, des Ports, Ponts, peages, octroys de Villes, Barrages, Ponts & passages, mis & à mettre, & de toutes autres choses generalement quelconques, dõt ils pourroient estre tenus pour leurs viures & prouisions, mesmes pour leur vin, jusques à la concurrence de mil muids de vin par chacun an, si tant ils en ont besoin; que de bois à brusler, & bastir, charbons, foins, cendres, & autres denrées & commoditez necessaires ou vtiles, qui seront portez & conduits dans ledit Hospital general, membres vnis, & lieux qui en dépendent, pour la nourriture, entretenement, secours, & assistances desdits Pauures, Officiers, & Domestiques de ladite Maison, sur les certificats des Directeurs, jusques au nombre de six au moins; quoy qu'il soit dit que les droits seront payez par les priuilegiez, & non priuilegiez, exempts, & non exempts; à quoy pour ce regard, auons dérogé en consideration des Pauures.

Entrée de mil muids de vin. *L'Hospital ne ioüit de ce droit pour le vin qui entre en la maison de S. Denis, dite la Salpetriere, ni de celuy qui est déchargé au Port à Langlois, pour la maison de S. Iean Baptiste dite Bissestre.*

## LX.

Franc-salé de quatre muids. *Il se consomme dans les 5 maisons de l'Hospital, & aux sept cantons de la Ville, pour les portions des mandians mariez, prés de 8. muids de Sel.*

ACCORDONS aussi audit Hospital general, le droit de Franc-salé, pour le Sel necessaire à la prouision d'iceluy, jusques à la concurrence de quatre muids de Sel, par chacun an, si tant ils en ont besoin, à prendre au Grenier de nostre Ville de Paris; dont nous voulons que le Bail General de nos Gabelles soit déchargé, sans qu'il en soit payé aucune chose que le prix du Marchand, & sans tirer à consequence à l'égard d'autres.

## LXI.

Chauffage de six cent cordes, & six milliers de cotterets. *Les Pauures n'en iouissent point. L'Arrest de verification porte, que*

ACCORDONS encores audit Hospital general, six cordes de bois, & six milliers de cotterets par chacun an, pour leur chauffage, à prendre dans nos Forests de l'Isle de France, & Normandie, les plus proches, & les plus commodes, suiuant la possibilité desdites Forests; pour cet effet, en sera fait estat au Conseil, aprés auoir oüy les Grands Maistres desdites Eaux & Forests, sans qu'il soit pris aucun droit par aucuns Officiers, ni pour les droits des Ports & passages comme dessus.

Le chauffage accordé audit Hospital, sera pris sur les ventes ordinaires des Forests, sans que pour raison d'iceluy les couppes en puissent estre augmentées.

LXII.

Novs déchargeons & déclarons aussi ledit Hospital general, & lieux qui en dépendent, & qui en seront cy-aprés vnis, exempts de tous droits de guet, gardes, fortifications, boües, pauez, chandelles, canal, fermetures de Ville & Faux-bourgs, & generalement de toutes contributions publiques ou particulieres, telles qu'elles puissent estre, quoy que non cy exprimez, pour de tous lesdits droits, priuileges & exemptions, ioüir par ledit Hospital general, entierement & sans reserue: Deffendons tres-expressément à tous nos Fermiers, Receueurs, ou autres, d'en prendre ou exiger aucune chose, à peine de restitution du quadruple, & de tous dépens, dommages, & interests, tant contre le Commis, ou autres qui les auront receus en leurs propres & priuez noms, que contre les Fermiers ou associez, & leurs cautions conjointement & separément au choix des Directeurs.

Descharge des charges de Ville.

LXIII.

Novs avons par ces presentes, exempté & exemptons ledit Hospital general, & lieux qui en dépendent; ensemble les Maisons & Fermes y appartenans, & qui appartiendront cy-aprés, de tous les logemens, passages, aydes, & contributions de gens de guerre, en quelques lieux, & Prouinces qu'ils soient scituez; & pour quelque cause que ce soit, dans les Villes, Bourgs, Villages, & Hameaux, & seruiront lesdites presentes, de sauue-garde particuliere; auec défenses tres-expresses aux Generaux & Lieutenans generaux de nos Armées, Mareschaux de Camps, Mestres de Camps, Capitaines, Lieutenans, & autres Officiers, Commissaires & Conducteurs des Troupes, & Soldats d'y loger; & aux Maires, Lieutenans, Escheuins, Scindics & autres, de déliurer aucuns logemens, taxes, aydes, ou contributions. Enjoignons à nos Gouuerneurs des Prouinces, Villes & Chasteaux, d'y tenir la main, le tout à peine de desobeïssance, d'estre procedé extraordinairement contre les contreuenans & de les rendre solidairement responsables en leurs propres & priuez noms, tant de la restitution de ce qui auroit esté pris, enleué, ou receu, que de tous dépens, dommages, & interests. Pourquoy nous permettons aux Directeurs d'en faire informer, ou dresser Procés verbaux, & d'en faire les poursuittes en tels lieux, & ainsi

Exemption de logemens, &c.

qu'ils auiseront; & afin que personne n'en pretende cause d'ignorance, seront mis sur les Portes desdites Maisons & Fermes, les panonceaux de nos Armes, contenant les sauue-gardes & exemptions, auec les clauses cy-dessus.

LXIV.

Exemption de Tailles aux Fermiers de l'Hospital, quant aux heritages qu'ils tiennent de l'Hospital.

FAISONS aussi défenses à tous Habitans, Asseeurs, & Collecteurs des Parroisses, & tous autres, de taxer ni imposer aux Roolles des Tailles, Taillon, subsistances, vstanciles, ni autres deniers ordinaires ou extraordinaires, soit pour nous, ou pour particuliers, leuez ou à leuer, de quelque nature qu'ils soient, les Fermiers, sous-fermiers, Receueurs ou Commis dudit Hospital general, Fermes, Maisons, & lieux en dépendans; Mais en cas qu'ils soient contribuables, ils seront taxez d'office moderément par les Esleus; & eu égard à leurs biens, sans y considerer les biens & reuenus en tout, ou partie dudit Hospital general, que nous voulons en estre entierement exempts; à peine d'en répondre par lesdits Asseeurs, Collecteurs, & autres, & mesmes par les principaux Habitans des Parroisses solidairement, en leurs propres & priuez noms, & d'estre contraints par saisies, executions, & vente de leurs biens, meubles & immeubles, & emprisonnement de leurs personnes, à la restitution des deniers qui auroient esté payez, & de tous dépens, dommages, & interests; mesmes en cas de surtaux des taxes, qui auroient esté faites d'office; pourquoy nous permettons aux Directeurs d'interuenir, ou de prendre le fait à cause, & de proceder directement en nostre Cour des Aydes, sans qu'il soit besoin d'interjetter aucunes appellations.

LXV.

Salpestriers.

DEFFENDONS à tous Salpestriers, d'entrer dans les Maisons & Fermes dependans dudit Hospital general, pour y cueillir ni chercher du Salpestre: à peine de punition corporelle.

LXVI.

Attribution de Iurisdiction à la grande Châbre.

VOULONS & entendons, que pour la plus grande conseruation des biens, affaires, droits, exemptions, & priuileges dudit Hospital general, tous les Procés & differens concernans iceluy, tant pour les biens & droits, proprietez & reuenus, priuileges ou exemptions, ou execution des presentes, circonstances & dépendances, en demandant, ou en deffendant, mesmes en

cas

cas d'intervention où ledit Hoſpital ſoit intereſſé pour matieres perſonnelles, reelles, ou mixtes, ſans exception, ſoient traittez en premiere inſtance, tant en la grande Chambre de noſtre Parlement, qu'en noſtre Cour des Aydes à Paris, ſelon la qualité deſdits Procés & differends; ſans qu'ils puiſſent eſtre traduits & commencez ailleurs, ni pardeuant autres Iuges tels qu'ils ſoient, encore que ce fuſt hors l'eſtendüe & reſſort de noſdites Cours; attribuant pour cet effet toutes Cour, Iuriſdiction & connoiſſance à ladite grande Chambre de noſtre Parlement, & à noſtre-dite Cour des Aydes à Paris, chacun à ſon égard, & icelle interdiſons & deffendons à toutes autres Cours & Iuges.

Et Cour des Aydes.

LXVII.

QVE toutes les expeditions dont ledit Hoſpital general aura beſoin en nos grands & petits Seaux, & en toutes Iuſtices, & Iuriſdictions ordinaires & extraordinaires, luy ſoient gratuitement deliurées, ſans meſme qu'il ſoit pris aucune choſe pour la façon minutte, parchemin, ni groſſe, ſignatures & ſeel des actes, quoy que les autres exempts & privilegez en puiſſent eſtre tenus.

Expeditions, Seaux, ſignatures, parchemin, &c. Gratuitement.

LXVIII.

ENIOIGNONS aux Greffiers de toutes les Iuſtices, & Iuriſdictions ordinaires ou extraordinaires de la Ville, Fauxbours, Preuoſté & Vicomté de Paris, d'enuoyer au Bureau les Extraits des Arreſts, Iugemens, Sentences, & autres, où il y aura adjudication d'amendes ou aumoſnes, ou quelques applications au profit dudit Hoſpital, ou des Hoſpitaux, ou des Pauures, & de les déliurer gratuitement: à peine d'en reſpondre par les refuſans ou negligens, en leurs propres & priuez noms, & de tous deſpens, dommages & intereſts.

Greffiers enuoieront les condamnations d'amende, Gratuitement.

LXIX.

LES Notaires & autres qui auront receu des Teſtamens, & autres actes où il y aura des legs, en enuoieront pareillement les Extraits au Bureau, ſous pareilles peines.

*Idem*, des Notaires pour les legs & Teſtamens.

LXX.

ILS enuoieront pareillement au Bureau les Extraits des compromis, & des Contracts, où il y aura ſtipulation de peine, qui pourront eſtre vendiquez par ledit Hoſpital general.

Extraits des compromis auec peines.

G

LXXI.

Les Directeurs poursuiuront les condamnations de peines de compromis.

POVRRONT les Directeurs agir esdits noms, ou interuenir comme bon leur semblera pour la demande, condamnation, & payement des peines qui auront esté stipulées par les compromis, ou autres actes ou expressément, ou tacitement au profit dudit Hospital, contre ceux qui se trouueront y auoir contreuenu, & pour toutes les autres choses où ledit Hospital pourra auoir interest, directement ou indirectement.

LXXII.

Sommations, offres, &c. signifiées au Bureau seulement.

Y a Arrest conforme, du 18. Auril 1657.

DEFFENDONS à tous Notaires, Huissiers, & Sergens, de faire aucunes sommations, offres, significations, ni exploits, concernans ledit Hospital general, ailleurs qu'au Bureau d'iceluy; auec deffenses de les faire aux Directeurs en particulier, ni en leurs Maisons: à peine de nullité.

LXXIII.

Directeurs feront serment au Parlement.

AFIN que les Directeurs soient d'autant plus obligez au soin des Pauures, & de tous les employs que nous leur confions par ces presentes; Nous voulons qu'eux, & leurs successeurs à perpetuité fassent le Serment en Parlement, & qu'ils y soient à cet effet presentez par nostre Procureur general.

LXXIV.

Pouuoir de s'assembler en toutes les Maisons de l'Hospital.

POVRRONT les Directeurs s'assembler, toutesfois & quantes que bon leur semblera, & qu'ils le trouueront à propos, en la Maison de la Pitié au Bureau, qui y est maintenant, ou en autres lieux dépendans dudit Hospital general, pour y proposer, déliberer, & resoudre les affaires, ainsi qu'ils aduiseront.

LXXV.

Et autres dans la Ville.

VOVLONS aussi qu'ils puissent auoir vne ou plusieurs Maisons dans cette Ville ou Faux-bourgs, en tels lieux qu'ils jugeront plus commodes, pour y tenir leur Bureau & Assemblée ordinaire, comme en l'Hospital general, & lieux qui en dépendent.

LXXVI.

Vn Receueur, vn Greffier, des Huissiers.

ILS auront vn Receueur, vn Greffier, des Huissiers, ou autres Officiers du Bureau, tels qu'ils jugeront necessaires pour le seruice, tant au dedans qu'au dehors, lesquels seront destituables à la volonté des Directeurs.

## LXXVII.

FERA le Receueur à cause du maniement, serment au Parlement, y estant aussi presenté par nostre Procureur general, sans neanmoins qu'à cause de ce ni autrement, il soit comptable ailleurs qu'au Bureau; faisant deffenses à toutes autres personnes qu'aux Directeurs, de prendre connoissance des reuenus, comptes & biens, presens & à venir, & de quelque qualité qu'ils soient.

Le Receueur fera le serment au Parlement.

N'est comptable ailleurs qu'au Bureau.

## LXXVIII.

LE Greffier & autres Officiers feront le serment au Bureau seulement, entre les mains de celuy qui presidera; & sera par chacun d'eux satisfait au Reglement attaché aux presentes.

Le Greffier fera le serment au Bureau.

## LXXIX.

NOVS voulons que les Directeurs soient à toûjours, & mesmes leur Receueur, durant le temps de sa recepte, ou aprés vingt années de seruice en nostre speciale protection, & sauue-garde; Et afin qu'ils ne puissent estre distraits d'vn seruice si important, entendons & nous plaist, qu'en cette qualité de Directeurs & de Receueurs; ils joüissent chacun en particulier du priuilege de Commitimus, du grand Seau en nos Requestes de l'Hostel, ou du Palais à Paris, à leur choix, & qu'ils y puissent faire renuoyer ou euocquer leurs causes de tous nos Parlemens, & lieux de nostre Royaume.

Protection & sauue-garde pour les Directeurs & Receueur.

Droit de committimus.

## LXXX.

VOVLONS aussi qu'ils soient exempts de tutelle, curatelle, guets, fortifications, gardes aux portes, & generalement de toutes taxes de Ville, & autres contributions publiques, de quelque qualité & maniere qu'elles puissent estre, priuilegiées, ou non, quoy que non icy exprimées.

Exemption de tutelle, &c.

*L'Arrest de verification porte*, Lesdits Directeurs ne joüiront de l'exemption de tutelle & curatelle, guets & gardes, & autres priuileges à eux accordez, que tant & si longuement qu'ils seront Directeurs dudit Hospital; & ne pourront pretendre l'exemption des boües, chandelles, pauures, ni taxes de Ville, pendant mesme leur Administration, si d'ailleurs ils n'en sont exempts.

## LXXXI.

ET pour le regard du Greffier, Officiers, & Domestiques; Nous leur accordons par le mesme motif le priuilege de garde, gardienne, pardeuant nostre Preuost de Paris, sans qu'ils puissent estre diuertis ailleurs, soit en demandant, deffendant, ou en cas d'interuention, tant & si longuement qu'ils seruiront audit Hospital, ou aprés vingt ans de seruices.

Garde, gardienne au Greffier, Officiers, & Domestiques.

LXXXII.

Exemption de tutelle, &c. aufdits Officiers, pendant le temps de leur feruice.

ET que pendant le mefme temps, ils joüiffent auffi de toutes exemptions de tutelles, curatelles, guets, fortifications, gardes aux portes, & generalement de toutes contributions publiques.

LXXXIII.

Pouuoir aux Directeurs de faire Reglemens.

POVRRONT les Directeurs, faire tous Reglemens de Police & Statuts, non contraires à ces prefentes, & au Reglement attaché fous le contre-feel, pour le gouuernement & direction dudit Hofpital general, tant au dedans d'iceluy, & lieux en dépendans; foit pour l'Eftabliffement ou fubfiftance defdits Pauures, ou pour les mettre en leur deuoir; qu'au dehors, pour empefcher leur mandicité publique ou fecrette, & la continuation de leurs defordres; lefquels Reglemens & Statuts nous voulons eftre gardez, obferuez, & entretenus inuiolablement par tous ceux qu'il appartiendra.

SI DONNONS en mandement à nos amez & feaux Confeillers les Gens tenans noftre Cour de Parlement de Paris, Chambre des Comptes, Cour des Aydes, que ces Prefentes ils faffent lire, enregiftrer, garder, obferuer, & entretenir, felon leur forme & teneur, à la diligence de noftre Procureur general; auquel nous enjoignons d'y tenir la main. MANDONS à nos amez & feaux Confeillers, les Prefidens, Treforiers de France à Paris, de faire pareillement regiftrer lefdites Lettres, & de l'amortiffement & exemption de francs-fiefs, & nouueaux acquefts, & don des droits à nous deubs, joüir & vfer par ledit Hofpital general; ceffant, & faifant ceffer tous troubles & empefchemens; dérogeant expreffement à tout ce qui pourroit eftre contraire à ces prefentes, & aux dérogatoires: CAR tel eft noftre plaifir. DONNÉ à Paris au mois d'Auril, l'an de grace 1656. & de noftre Regne le treiziefme, Signé, LOVIS. Et plus bas, Par le Roy, DE GVENEGAVD. Et feellé du grand feau de cire verte.

# REGLEMENT QVE LE ROY veut estre obserué pour l'Hospital general des Enfermez de la Ville & Faux-bourgs de Paris.

I.

DEFFENSES sont faites à toutes personnes generalement quelconques, de mandier dans la Ville & Faux-bourgs de Paris, ainsi qu'il est porté par les Lettres Patentes de sa Majesté, de ce jourd'huy, & sur les peines y contenües. Deffenses de mandier.

II.

LES Prestres mandians seront renuoyez en leur Diocese, pour y estre pourueü par leurs Prelats, & par le Clergé. Prestres mandians.

III.

LES mandians qui sont des lieux où les Pauures sont Enfermez, ou bien de ceux ausquels il y a, ou doit auoir fonds pour leur subsistance, y seront renuoyez, encore qu'ils soient demeurans dans la Ville & Faux-bourgs de Paris, si mieux ils n'ayment renoncer à la mandicité. Mandians des lieux où il y a enfermement.

IV.

LES vagabonds & gens sans aueu seront chassez suiuant les Ordonnances & Reglemens. Vagabonds & sans aueu.

V.

LES Pauures mandians mariez ne seront admis dans l'Hospital general; mais s'ils ne peuvent gagner leur vie, leur sera donné du fonds de l'Hospital, l'aumosne necessaire, pour leur subsistance, ou pour aider à icelle, jusques à la concurrence de ce qui leur en pourroit manquer, suiuant l'auis des Directeurs & Administrateurs dudit Hospital general; auec deffenses ausdits mariez de mandier, sur peine du foüet: & à la charge que ceux & celles qui receuront l'aumosne de l'Hospital, seront tenus s'employer & appliquer aux choses qui concerneront le seruice, ou profit d'iceluy, selon l'ordre des Directeurs, quand ils le trouueront plus expedient, pour le bien de l'Hospital. Mandians mariez.

VI.

Lepreux, verolez.

Ne seront receus audit Hospital general, les Pauures mandians affligez de lepre, ou de maladie contagieuse, ou mal venerien; mais seront à la diligence des Directeurs de l'Hospital, renuoyez à ceux qui en doiuent avoir le soin, de sorte qu'ils ne puissent mandier.

VII.

Tous autres mandians, valides & inualides, seront enfermez.

Tovs les autres Pauures mandians, valides & inualides, de quelque âge qu'ils soient, de l'vn & l'autre sexe, qui se trouueront dans la Ville & Faux-bourgs de Paris, lors de l'Establissement de l'Hospital general, qui ne pourront gagner leur vie, seront enfermez dans ledit Hospital, & lieux qui en dépendent, pour estre employez aux œuures publiques, manufactures & seruice dudit Hospital, selon l'ordre des Directeurs.

VIII.

Mandiantes abandonnées de leurs maris.

Les femmes mandiantes abandonnées de leurs maris, seront receües audit Hospital.

IX.

Aueugles, incurables.

Les mandians aueugles & incurables, seront pareillement receus audit Hospital general, jusques à ce qu'il y ait place, pour les admettre aux Hospitaux des quinze Vingts, & des Incurables, par l'auis & consentement des Directeurs desdits Hospitaux.

X.

Passans.

Sera donné aux passans l'aumosne de passade, sauf leur retraitte aux Hospitaux de sainct Geruais, & Sainte Catherine, durant le temps porté par les Fondations, & sans pouuoir mandier.

XI.

Escroüellez.

Cevx qui sont affligez du mal des Escroüelles, pourront (sçauoir les Estrangers durant vn mois, & les François durant quinze jours) demeurer en cette Ville & Faux-bourgs de Paris, auparauant les Festes solemnelles, ausquelles le Roy a accoustumé de les toucher, auec deffenses de mandier pendant ce temps: à peine d'estre chassez, & seront tenus vuider trois jours aprés la ceremonie accomplie, sur les mesmes peines; leur sera cependant donné l'aumosne du fonds dudit Hospital, s'il est jugé par les Directeurs, qu'ils en ayent besoin pour leur subsistance.

XII.

SERA fait regiſtre par le Portier, ou autre perſonne prepoſée par les Directeurs de chacune maiſon, dépendante de l'Hoſpital general, de tous les pauures qui y entreront. Auquel Regiſtre ſeront mis les noms, âges, naiſſances, conditions & demeure des Pauures.

Portiers des maiſons, leurs regiſtres.

XIII.

SERA auſſi fait regiſtre de ceux qui ſortiront deſdites maiſons, ou qui y ſeront decedez.

Regiſtres des ſortis, & des decedez.

XIV.

SERA adjouſté foy auſdits Regiſtres, ainſi qu'à ceux des Parroiſſes, ſuiuant les Ordonnances, & aux Extraits ſignez du Greffier, & pour cet effet, ſeront tous les feüillets deſdits Regiſtres paraphez, par deux Directeurs.

Ces Regiſtres feront foy en Iuſtice.

XV.

LES Pauures ne ſortiront de l'Hoſpital, & lieux en dépendans, que par l'ordre des Directeurs, ou de ceux qui ſeront par eux commis.

Pauures ne ſortiront de l'Hoſpital ſans ordre.

XVI.

LES lieux de l'Hoſpital general, & de tous les membres qui en dépendent, ſeront diſtinguez en places ſeparées, ſelon la diuerſité des ſexes, des ſains & des infirmes, du trauail & manufactures.

Pauures ſeparez en diuers lieux.

XVII.

SERONT les heures du leuer & du coucher, des prieres, du trauail, & des repas des Pauures Enfermez, aſſignées par les Directeurs, ou par leur ordre, ſans qu'il y puiſſe eſtre contreuenu par les Pauures.

Heures ſeront reglées.

XVIII.

POVR tenir les Pauures chacun en leur deuoir, pourront les Directeurs choiſir les perſonnes qu'ils jugeront plus capables d'auoir le ſoin & Direction en chacune Salle ou Dortoir, en qualité de Maiſtres ou Maiſtreſſes, ſelon le ſexe & âge de ceux ou celles qui ſeront eſdites Salles ou Dortoirs; auſquels il eſt enjoint à peine de chaſtiment, d'obeïr auſdits Maiſtres ou Maiſtreſſes, ou autres ſubordonnez en leur lieu, & y apporteront les Directeurs telle autre conduite qu'ils jugeront convenable pour le bien dudit Hoſpital, & des Pauures.

Seront eſtablis des Maiſtres & Maiſtreſſes des Dortoirs, auſquels les Pauures obeïront.

XIX.

Les Pauures auront le tiers de leur trauail.

POVR exciter les Pauures Enfermez de trauailler aux manufactures auec plus d'assiduité & d'affection, ceux qui auront atteint l'âge de seize ans en l'vn ou l'autre sexe, auront le tiers du profit de leur trauail, sans qu'il leur soit rien diminué, ni pris aucune chose par les Maistres & Maistresses, qui seront preposez par les Directeurs, ou autres Officiers de l'Hospital, sous peine d'estre chassez, ou telle autre peine que les Directeurs auiseront; & à l'égard des deux autres tiers, ils appartiendront à l'Hospital.

XX.

Distribution des habits, nourritures, &c. se fera sans faveur.

LES licts & couuertures, nourritures & habits, ne seront point donnez par faueur & recommendation, ni ostez par auersion ni haine; mais seront distribuez à tous les Pauures également, à proportion de leur âge, employ, sexe, besoin, ou infirmitez; si ce n'est par ordre des Directeurs, pour motif de recompense ou de correction, selon leur prudence.

XXI.

Reste des tables des maisons de la ville.

POVRRONT les Directeurs faire recüeillir le reste des tables des particuliers, & Communautez de la Ville & Fauxbourgs, pour aider à la nourriture & subsistances des Pauures.

XXII.

Les Enfans aux Enterremens.

POVRRONT aussi les Enfans, & autres Pauures dudit Hospital general, aller aux Enterremens dans la Ville & Fauxbourgs, lors qu'ils y seront mandez, en tel nombre qu'on en desirera.

XXIII.

Seront conduits par les Prestres.

SERONT tenus les Prestres qui deseruiront audit Hospital, y conduire les Enfans, & sera le droit de retribution ou assistance receu, par le Receueur de l'Hospital.

XXIV.

SERONT lesdits Enfans & Pauures dudit Hospital, appellez Enfans & Pauures de l'Hospital general, & vestus de robes grises, auec bonnets gris, & auront chacun sur leurs robes vne marque generale, auec vn chiffre particulier.

XXV.

Salaires aux Officiers.

LES Directeurs pourront donner tels salaires, gratifications & recompenses qu'ils auiseront aux Officiers & domestiques, & à ceux

& à ceux qui rendront seruice audit Hospital, sans qu'ils soient obligez de donner autre chose, que ce qui aura esté par eux promis; & s'ils jugeoient à propos de se seruir des Pauures Enfermez, soit hommes, ou femmes, pour Officiers & domestiques; ils pourront leur donner au dedans ou au dehors, tels employs qu'ils auiseront.

Qui pourront estre prés des maisons.

XXVI.

POVRRONT les Directeurs ordonner tous les chastimens & peines publiques ou particulieres, dans ledit Hospital general, & lieux qui en dépendent contre les Pauures, en cas de contrauention à l'ordre qui leur aura esté donné, ou aux choses qui leur auront esté commises, mesmes en cas de desobeïssance, insolence, ou autres scandales; les chasser, auec deffenses de mandier, sur peine du foüet pour la premiere fois, & pour la seconde, des Galeres contre les hommes, & de bannissement contre les femmes; & en cas de recidiue, de telle autre peine qu'il sera auisé.

Directeurs ont droit de chastiment.

XXVII.

LES Pauures dudit Hospital lors qu'ils seront malades de maladie formée, seront enuoyez à l'Hostel-Dieu, pour y estre traitez, & aprés leur conualescence, ramenez audit Hospital general, & sera fait mention sur le Registre de leur sortie, & de leur retour.

Pauures de maladie formée, seront enuoyez à l'Hostel-Dieu.

XXVIII.

IL y aura audit Hospital general, vn lieu particulier d'Infirmerie, pour les indispositions communes des Pauures, & vne autre pour les Officiers & domestiques malades dudit Hospital.

L'Infirmerie pour les indispositions communes des Pauures.

Infirmerie pour les Officiers & domestiques.

XXIX.

LES Directeurs s'assembleront au moins deux la Semaine, pour déliberer & resoudre sur ce qui se presentera des affaires concernant la Police, ou le bien dudit Hospital general; seront outre ce tenus de veiller incessamment chacun dans l'employ qu'il luy sera donné par la Compagnie; à ce que les Pauures & les biens dudit Hospital soient toûjours entretenus & administrez auec grande circonspection, assiduité & œconomie.

Assemblées des Directeurs.

Et leur soin.

XXX.

Leur rang au Bureau.

LES Directeurs prendront leur rang & sceance dans le Bureau & ailleurs, pour le fait dudit Hospital, selon l'ordre qu'ils sont nommez & designez par les lettres; & à l'auenir, selon celuy de Reception, sans aucune distinction de qualité.

XXXI.

Registre des déliberations du Bureau.

SERA tenu registre des déliberations de chacune sceance, par le Greffier du Bureau, & les resultats signez, tant par celuy qui presidera, que par trois autres plus anciens de ceux qui seront presens; sans que le Greffier en puisse donner extraits ni copies, que par ordre de la Compagnie.

XXXII.

Nombre des Directeurs pour former déliberations.

AVX affaires communes és jours ordinaires du Bureau, pourront les Directeurs déliberer & resoudre au nombre de sept, & aux affaires importantes, de dix au moins, aprés que les presens & absens auront esté conuoquez.

XXXIII.

Forme d'élire vn Directeur.

LORS qu'il y aura vne place vacante par le deceds d'aucuns des Directeurs, l'Huissier en auertira tous les Directeurs, pour au jour du Bureau suiuant, proposer les personnes les plus capables pour la remplir, & en la prochaine sceance, en estre fait reduction au nombre de quatre, & au Bureau suiuant, estre procedé à l'eslection de l'vn des quatre, par billets ou bulletins secrets de ceux qui seront presens; laquelle eslection ne pourra estre valable, qu'elle ne soit aux deux tiers des voix au moins.

XXXIV.

Vn Receueur.

POVRRONT les Directeurs choisir vn Receueur de l'Hospital general, tel que bon leur semblera, Bourgeois ou à gages, l'vn & l'autre destituable à volonté, & sans que ledit Receueur pendant le temps de son employ, puisse estre du nombre des Directeurs, ni auoir sceance ni voix deliberatiue.

XXXV.

Maniere de compter du Receueur.

SERA tenu le Receueur donner vn estat de la recepte & dépense, toutes & quantes fois qu'il en sera requis par les Directeurs, dont il sera obligé de suiure entierement les ordres; de rendre compte au Bureau d'année en année, & lors de la presentation l'affirmer veritable, en prestant le serment pardeuant celuy qui presidera.

XXXVI.

Ne sera tenu le Receueur faire aucune auance de ses deniers; mais s'il y auoit manque de fonds pour les choses necessaires audit Hospital; les Administrateurs pourront faire emprunt à titre & constitution de rente ou autrement, & y affecter les biens dudit Hospital.

N'est obligé de faire aucune auance. Les Directeurs peuuent emprunter.

XXXVII.

Povrront aussi les Directeurs choisir vn Greffier, qui aura vne place separée pour écrire les déliberations, sans qu'il puisse estre du nombre des Directeurs, ni auoir sceance, ni voix deliberatiue pendant son employ, & sera tenu d'obeïr aux ordres des Directeurs.

Le Greffier & sa charge.

XXXVIII.

Seront tenus le Bailly de l'Hospital, Sergens des Pauures, & autres Officiers, se trouuer au Bureau des Directeurs, quand ils seront mandez, & à eux enjoint d'executer tout ce qui leur sera ordonné par les Directeurs.

Le Bailly & ses Archers.

XXXIX.

Povr plus grande facilité de la Direction, soulagement des Directeurs, & bien des Pauures, les employs & Commissions de l'Hospital, seront partagez & distribuez à chacun des Directeurs selon qu'il sera estimé plus conuenable à leurs talens, dont ils tascheront de s'acquitter auec soin & diligence, pour en rendre compte à chacune sceance. Donné à Paris le vingt-septiéme jour d'Auril, mil six cent cinquante-six. Signé, LOVIS: & plus bas, Par le Roy, de Gvenegavd.

Emplois & Commissions des Directeurs entr'eux.

# LETTRE DV ROY,

## aux Directeurs & Administrateurs perpetuels de l'Hospital general des Pauures, *Du 4. May 1656.*

## DE PAR LE ROY.

Du 4. May 1656.

NOs *amez & feaux, la closture des Pauures mandians de nostre bonne Ville & Faux-bourgs de Paris, ayant esté jugée par Nous absolument necessaire, pour la gloire de Dieu, & de la Religion Catholique, pour leur soulagement dans leurs besoins & necessitez, & pour la consolation des ames deuotes & charitables, qui ont esté scandalisées, auec beaucoup de raison, du libertinage, de la mandicité, & de l'oisiueté des Pauures : Nous auons par nos Lettres Patentes du present mois, addressantes à nostre Cour de Parlement, ordonné que lesdits Pauures mandians de l'vn & l'autre sexe, valides & inualides, de nostredite Ville & Faux-bourgs, seront enfermez dans vne ou plusieurs maisons, sous le titre d'Hospital general, duquel nous vous auons nommé & estably Directeurs & Administrateurs perpetuels, pour en vser, disposer, & ordonner conformément à ce qui est porté par nosdites Lettres, & au Reglement attaché sous nostre contre-scel ; Nous estant promis de vostre pieté, & de vostre zele & affection au bien de nostre seruice, & du public, que vous-vous y employerez vigoureusement, & n'obmettrez rien de ce qui doit contribuer à l'accomplissement d'vn si saint œuure, & de nostre volonté & intention sur ce sujet ; & que Nous & le public retirerons bien-tost de vostre entremise & application audit faict, les fruits qui en sont si impatiemment attendus par les gens de bien: Ce que nous vous ordonnons & enjoignons par cette Lettre, toutes choses cessantes & postposées ; & qu'en attendant la verification & enregistrement de nosdites Lettres Patentes & Reglement en nostredite Cour de Parlement, vous ayez à vous assembler en tel lieu, & aux jours*

*jours & heures que vous trouuerez à propos, pour conferer entre vous sur l'execution desdites Lettres Patentes & Reglement de poinct en poinct, selon leur forme & teneur, entrer en icelle, l'auancer & faciliter selon le pouuoir & autorité qui vous est donnée, preparer, disposer, diriger, & ordonner de toutes les choses requises & necessaires pour y paruenir; en sorte qu'il n'y soit apporté aucun dilayement, & que nous receuions la satisfaction de voir incessamment les premiers effets de vôtre direction & administration; Si n'y faites faute: CAR tel est nostre plaisir. DONNE' à Paris le quatriéme jour de May mil six cent cinquante-six. Signé,* LOVIS. *Et plus bas,* DE GVENEGAVD.

---

## *ARREST DE LA COVR DE PARLEMENT, par lequel les Lettres Patentes en forme d'Edict, données le 27. d'Auril 1656. ont esté leües, publiées, & registrées le premier Septembre 1656. audit Parlement.*

### *Extraict des Registres de Parlement.*

VEV par la Cour les Lettres Patentes en forme d'Edict, données à Paris le 27. Auril 1656. signées LOVIS, & plus bas, Par le Roy, DE GVENEGAVD, & seellées du grand Seau de cire verte, par lesquelles, & pour les causes y contenües, ledit Seigneur Roy auroit ordonné, que les Pauures mandians valides & inualides, de l'vn & l'autre sexe, de cette Ville & Faux-bourgs de Paris, seroient enfermez dans vn Hospital general, pour estre employez, selon leur pouuoir, aux ouurages, manufactures, & autres trauaux, sous la direction & conduite des Directeurs, par ledit Seigneur choisis & nommez; & conformément au Reglement attaché sous le contreseel desdites Lettres, ainsi que plus au long est porté par icelles: Conclusions du Procureur general du Roy. Ladite Cour, ayant égard aux conclusions dudit Procureur general, a ordonné & ordonne, que lesdites Lettres seront leües, publiées, & registrées, pour estre executées selon leur forme & teneur, & copies collationnées à l'original enuoyées aux Bailliages & Seneschaussées de ce ressort, pour y estre pareillement leües, publiées, & registrées, à la diligence des Substituts dudit Procureur general, qui seront tenus certifier la Cour, avoir ce fait, au mois: sans neanmoins que les Directeurs nommez par icelles puissent prendre aucune Cour, ni jurisdiction sur autres que les Pauures enfermez dans ledit Hospital general, & sur les autres Pauures qui seront trouuez au dehors contreuenans aux defenses portées par lesdites Lettres, & par ledit Reglement, & ce par forme de chastiment & correction seulement, & à la charge que où il y aura lieu d'ordonner des peines afflictiues qui deussent estre executées au dehors dudit Hospital, lesdits Directeurs seront tenus les faire juger par le Lieutenant Criminel, & Officiers du Chastelet, & autres Iuges qui en doiuent connoistre ; ce qui sera fait sommairement & sans fraiz : Et à la charge que les Prestres qui seront nommez par lesdits Directeurs, & admis pour l'administration des Sacremens & Seruice dudit Hospital general, seront tenus pour la validité des Testamens qu'ils pourront receuoir, appeller auec eux lors de la reception desdits Testamens, le nombre de témoins requis par la Coustume de Paris : Comme aussi sera la peine de nullité portée par lesdites Lettres, contre les Curez, Vicaires, & Notaires qui auront manqué d'auertir les Testateurs, de se souuenir des Pauures dudit Hospital, & d'en faire mention dans leurs actes, changée & conuertie en quatre liures parisis d'amende contre lesdits Curez, Vicaires, & Notaires contreuenans. Que les Bourgeois seront seulement inuitez de contribuer à l'establissement & subsistance dudit œuure, sans qu'ils puissent estre taxez, sinon en cas de necessité: Et quant aux meubles des Pauures qui decederont, ou dans ledit Hospital, ou hors d'iceluy, aprés avoir esté à l'aumosne d'iceluy pendant vn an, qui sont declarées appartenir audit Hospital, à l'exclusion des collateraux; que cet article n'aura lieu que pour les meubles qu'ils auoient lors qu'ils ont esté receus à ladite aumosne, & qu'ils auroient acquis dans ledit Hospital, & non pour ceux qui leur pourroient estre escheus d'ailleurs : Et seront lesdits Pauures, aprés qu'ils auront acquis, ou leur sera écheu des facultez suffisantes pour viure hors la mandicité, ou qu'ils auront trouué le moyen de gagner leur vie, tenus de se retirer dudit Hospital pour viure de leur trauail, & du bien qui leur sera sureuenu, sans qu'ils puissent mandier, sur les peines de l'Edict. Ordonne que les Seigneurs ausquels il sera deub des indemnitez pour les acquisitions faites en leurs fiefs ou censiues par ledit Hospital, ou pour autres dispositions faites en sa faueur, pour lesquels il leur sera deub des droicts d'indemnité, ne pourront estre contraints de quitter leurs droicts à moindre prix, que celuy qui leur est deub par les Ordonnances & Coustumes. Comme aussi ne pourront estre les Maistres des Mestiers contraints par lesdits Directeurs de prendre forcément les enfans dudit Hospital, sans retribution ; mais seront seulement les Iurez des Corps de chacun Mestier, inuitez de chercher place chez les Maistres de leur vacation, pour les enfans dudit Hospital, aux conditions desdites Lettres. Le chauffage accordé audit Hospital, sera pris sur les ventes ordinaires des forests, sans que pour raison d'iceluy, les coupes en puissent estre augmentées. Lesdits Directeurs ne jouiront de l'exemption de tutelles & curatelles, guets & gardes, & autres priuileges à eux accordez, que tant & si longuement qu'ils seront Directeurs dudit Hospital, & ne pourront pretendre l'exemption des boües, chandelles, pauures, ni taxe de Ville, pendant mesme leur administration, si d'ailleurs ils n'en sont exemptez. Fait en Parlement le premier jour de Septembre 1656. Signé, DV TILLET. Et à costé, *Nihil. Pro Deo.*

---

## *ARREST DE LA COVR DE PARLEMENT, du 12. Ianuier 1657. par lequel le Roolle arresté par les Officiers qui seront receus, sera executé, & la taxe payée suiuant iceluy, pour les Pauures de l'Hospital general.*

*Extraict des Registres de Parlement.*

SVR la remontrance faite par le Procureur general du Roy, que par Lettres Patentes du mois d'Auril 1656. pour l'establissement de l'Hospital general, verifiées & registrées par Arrest du premier Septembre, leües & publiées en l'Audience de la Cour le 4. Septembre ensuiuant, il est porté entre autres choses, que tous les Officiers qui seront receus aux Compagnies Souueraines establies à Paris, autres que ceux desdites Compagnies; & aussi ceux qui seront receüs dans les Sieges & Iurisdictions subalternes, ordinaires & extraordinaires, pareillement establies en ladite Ville, seront tenus à leurs Receptions donner quelques sommes modiques audit Hospital general, dont ils seront obligez de rapporter la quittance, auparauant que l'Arrest ou Iugement de leur Reception soit déliuré; laquelle somme ou taxe sera arbitrée par lesdites Compagnies Souueraines, chacun en ce qui les regarde, és Roolles dressez d'icelles, eu égard à la qualité desdits Officiers. VEV lesdites Lettres & Arrests de verification: LA COVR a ordonné & ordonne, que le Roolle par elle arresté, pour les Officiers qui seront receus en icelle, sera executé selon sa forme & teneur; que chacun des Officiers y nommé, payera pour sa reception la somme à laquelle il a esté taxé: Enjoint aux Officiers des Iurisdictions establies dans Paris, ressortissans en la Cour, de faire pareil Roolle pour la taxe de ceux qui seront par eux receus; que le payement en sera fait sous la quittance du Receueur dudit Hospital general. Fait ladite Cour deffenses aux Greffiers d'icelle, & à tous autres Greffiers des Sieges de la ville de Paris y ressortissans de déliurer aucune Matricule, Arrest, ou Iugement de Reception, que la quittance du Receueur de l'Hospital general ne leur soit prealablement mise entre les mains; à peine d'en répondre en leurs propres & priuez noms, de nullitez desdites Matricules & Reception, duquel Roolle la teneur ensuit.

Taxé, arresté par la Cour, en execution de la Declaration du Roy, du mois d'Auril 1656. verifiée & registrée en ladite Cour, le premier Septembre, leüe & publiée en l'Audience le 4. Decembre audit an, pour la reception des Officiers, en faueur de l'Hospital general: Le Bailly du Palais, le Preuost de Paris, chacun Bailly & chacun Seneschal *trente liures*; vn President Presidial, & Lieutenant general *vingt-cinq liures*; vn Lieutenant Criminel, Lieutenant Particulier, Assesseur, & Substitut dudit Procureur general, tant en la Cour qu'aux sieges particuliers, & vn Preuost Royal, & vn Lieutenant de la Preuosté, *vingt liures*; vn Conseiller du Presidial, & vn Aduocat du Roy *quinze liures*; vn Conseiller & Aduocat du Roy en chacune Preuosté, ou autre Siege Royal *douze liures*; vn Aduocat, vn Procureur, & vn Huissier de la Cour *dix liures*. Fait en Parlement le 22. Ianuier 1657. Signé, GVYET.

---

*De l'Edict du Roy du mois d'Auril 1656. verifié au Parlement le 5. Septembre audit an, portant establissement de l'Hospital general en cette ville de Paris, a esté extrait ce qui ensuit.*

VOVLONS aussi que tous Compagnons de Mestier lors de leur Breuet d'apprentissage, & les Maistres lors de leur Chef-d'œuure, Experience, ou Iurande, soient tenus aussi donner quelque somme modique audit Hospital general, & en rapporter pareillement la quittance auparauant que lesdits Brevets d'apprentissage ou Lettres de Maistrises leur en soient déliurez, le tout selon la Taxe & Roolle qui en sera arresté par nostredite Cour de Parlement, à proportion des Mestiers, & pourueu par icelle à l'assurance & recouurement desdites cottes & contributions.

*Extraict & collationné aux Originaux par moy Conseiller Secretaire du Roy, & de ses Finances.*

Signé, DE LA PLACE.

---

27. Mars 1657. ARREST DE LA COVR DE PARLEMENT, *du 27. Mars 1657. contre Marie Boisdin, par lequel deffenses luy sont faites de se qualifier Directrice du pretendu Hospital des Ecroüellez, &c.*

*Extraict des Registres de Parleent.*

SVR ce qui a esté remontré à la Cour par le Procureur general, qu'encores que par la Declaration du Roy verifiée en icelle, concernant l'establissement d'vn Hospital general, pour le renfermement des Pauures mandians de la ville & faux-bourgs de Paris, il ait esté pourueu, à ce à ce que les Pauures mandians, de toutes qualitez, y soient receus, logez, nourris, & entretenus, & qu'il y ait mesme vn article exprez en la Declaration, pour les Pauures mandians affligez des Escroüelles, qui y doiuent estre accueillis comme les autres, & logez dans des lieux separez, pour empescher qu'ils ne communiquent leur mal aux autres ; & que par les soins & diligence des Directeurs nommez par le Roy, pour la conduite & administration dudit Hospital, toutes les choses soient disposées pour faire le renfermement general incontinent aprés les Festes : Neanmoins il a eu aduis qu'vne femme nommée Marie Boisdin, dite la Picarde, qui pretend auoir eu autresfois le mal des Escroüelles, & en est guerie, il y a plus de dix ans ; aprés auoir cherché retraite en plusieurs Monasteres de Filles, où elle n'a peu demeurer ; se veut ingerer de son authorité, quoy que pauure & sans aucuns biens, d'establir vn Hospital en cette Ville, dont elle se qualifie Directrice, & y receuoir les pauures enfans orphelins affligez de cette maladie, pour procurer leur guerison, les nourrir, instruire, & apprendre à gagner leur vie : Et dans ce dessein, aprés auoir tenté inutilement de s'établir en diuers quartiers de la Ville & Faux-bourgs, dont elle a esté chassée par les voisins, a enfin trouué vne maison dans la ruë saint Honoré, proche l'Eglise de saint Roch, où elle veut s'establir à la prochaine Feste de Pasques, en mettant vne Croix & des Troncs deuant sa porte. Et pource que cette entreprise, qui ne peut auoir pour motif qu'vn interest particulier, est vn abus qui va à seduire & tromper le simple peuple, & exiger sous ce pretexte, des charitez & aumosnes, qui n'auront qu'vne mauuaise application ; & que d'ailleurs, aucun establissement d'Hospital ne se peut faire en cette Ville & Faux-bourgs, ny ailleurs, que par Lettres Patentes verifiées en la Cour, auec connoissance de cause ; & que celuy projetté inconsiderément par cette femme est inutile, puis que par l'establissement de l'Hospital General il a esté pourueu aux Pauures mandians affligez des Escroüelles : REQVIERT que tres-expresses inhibitions & deffenses soient faites à ladite Boisdin, de se dire & qualifier Directrice dudit pretendu Hospital des Escroüellez, de faire mettre à la Porte de la maison où elle demeure, ny ailleurs, aucune Croix ou inscription, ny d'exposer aucuns Troncs à la Porte de sadite maison, ny en aucune des Parroisses ou Eglises de cette Ville & Faux-bourgs, sous les peines portées par les Ordonnances. LA COVR a fait & fait tres expresses inhibitions & deffenses à ladite Boisdin de se dire & qualifier Directrice dudit pretendu Hospital des Escroüellez, de faire mettre à la Porte de la maison où elle demeure, ou ailleurs, aucune Croix ou inscription, ny d'exposer aucuns Troncs auec escriteau ou autrement, à la Porte de sadite maison, ny en aucune des Parroisses, Eglises, ou Monasteres de cette Ville & Faux-bourgs, sous les peines portées par les Ordonnances, & autres arbitraires. FAIT en Parlement le vingt-septiéme Mars mil six cent cinquante-sept. Signé, GVYET.

*Leu & publié à son de Trompe & cry public par les Carrefours ordinaires & extraordinaires de cette Ville & Faux-bourgs de Paris, par moy Charles Canto Iuré Crieur du Roy en ladite Ville, Preuosté & Vicomté de Paris, accompagné de Iean du Bos, Iacques le Frain Iurez Trompettes, & de Claude Iens Commis d'Estienne Chappé, Trompette, le vingt-huitiéme iour de Mars mil six cent cinquante sept, & ledit iour affiché.* Signé, CANTO.

---

8. Avril 1657. *Ordonnance du Roy portant commandement à tous Soldats estropiez mandians à Paris, de se transporter deuant le sieur le Grain Lieutenant Criminel de robe courte, pour estre enroollez, & estre pourueu à leur enuoy aux Places Frontieres, & à leur subsistance en icelles.* Du 8. Avril 1657.

## DE PAR LE ROY.

SA MAIESTÉ ayant par son Ordonnance du deuxiéme Nouembre 1655. ordonné à tous Soldats estropiez, mandians estans en sa bonne Ville de Paris, & Faux-bourgs d'icelle, de se transporter pardeuant le Sieur le Grain Lieutenant Criminel de robe courte, pour estre dressé vn roole d'iceux, & sur iceluy estre pourueu à leur subsistance: Et en consequence de ce, sa Majesté ayant par son Ordonnance du 28. Nouembre ensuiuant, departy & ordonné en ses Places Frontieres les Soldats estropiez, dénommez au roolle qui en auoit esté dressé par ledit Sieur le Grain, & pourueu à leur subsistance aux Places où ils auoient ordre d'aller, ensemble aux fraiz de leur voyage; tous lesdits Soldats se seroient rendus ausdites Places, & y auroient esté entretenus pendant plusieurs mois: Mais au moyen des grandes depenses & beaucoup plus vrgentes de la guerre qu'il conuient faire sur les frontieres, & au dehors du Royaume, pour la conseruation & deffense d'iceluy, le fonds de ladite subsistance n'ayant pas esté continüé en deniers comptans, lesdits Soldats estropiez se seroient retournez en ladite Ville & Faux-bourgs de Paris, où ils mandient comme auparauant. A quoy sa Majesté voulant pouruoir, & empescher le mauuais exemple que donneroient lesdits Soldats estropiez, s'ils continuoient à mandier, dans vn temps auquel sa Majesté fonde & institüe vn Hospital, pour y faire enfermer tous les Mandians qui se trouueront en ladite Ville & Faux-bourgs de Paris, les y faire nourrir & entretenir, les occuper & faire trauailler, les instruire, & regler leur vie; en sorte que le public, au lieu de l'incommodité & du scandale qu'il en reçoit, en soit edifié, & se porte à aider à vn si pieux & vtile establissement. Considerant aussi que dans ledit Hospital, les Soldats estropiez ne pourroient faire aucune fonction vtile, & qu'au contraire, il seroit difficile de les discipliner; que mesmes ils pourront estre vtiles à son seruice és Places Frontieres: SA MAIESTE a resolu de les y renuoyer, pour y estre entretenus continuellement, y faire faction de Soldat, & rendre le seruice dont ils sont capables, ainsi qu'il leur sera ordonné par les Gouuerneurs d'icelles, ou par ceux qui y commandent en leur absence. POUR cette fin sa Majesté ordonne & enioint tres-expressément à tous Soldats estropiez mandians en ladite Ville & Faux-bourgs de Paris, de se transporter dans vingt-quatre heures aprés la publication de la Presente, pardeuers ledit Sieur le Grain, pour estre par luy dressé vn roolle de leurs noms, surnoms, noms de guerre, ensemble des troupes & occasions où ils ont seruy, & ont esté estropiez, pour sur iceluy estre pourueu à leur departement & enuoy esdites Places Frontieres; ensemble aux fraiz de leur voyage, & subsistance lors qu'ils y seront arriuez, dont le fonds sera fait par auance. MANDE & ordonne sa Majesté au Preuost de Paris, ou son Lieutenant Ciuil, de faire publier & afficher la Presente incontinent & sans delay, aux Carrefours & places publiques de ladite Ville & Faux-bourgs, & par tout ailleurs où besoin sera, à ce qu'aucun n'en pretende cause d'ignorance. FAIT à Paris le huitiéme Avril mil six cent cinquante-sept. Signé, LOVIS: Et plus bas, LE TELLIER.

Il est enioint au Iuré Crieur de publier la presente Ordonnance, & de nous en certifier dans demain. Fait ce 15. Avril 1657. Signé, DAVBRAY.

*Le Lundy seiziéme iour d'Avril mil six cent cinquante-sept, l'Ordonnance cy-dessus a esté leuë & publiée à son de Trompe & cry public par les Carrefours & lieux accoustumez de cette Ville & Faux-bourgs de Paris, par moy Charles Canto Iuré Crieur ordinaire du Roy en la Ville, Preuosté, & Vicomté de Paris: A ce faire i'estois accompagné de Iean du Bos, Iacques le Frain, & Estienne Chappé Iurez Trompettes esdits lieux; & affichée ledit iour.* Signé, CANTO.

---

*Arrest de la Cour de Parlement du 12. Avril 1657. faisant defenses à toutes personnes d'imprimer, vendre, ny debiter aucune chose concernant l'Hospital general.* Du 8. Avril 1657.

## DE PAR LE ROY.

*Extraict des Registres de Parlement.*

SVR la remonstrance faite par le Procureur general du Roy, qu'encore que l'establissement de l'Hospital general des Pauures soit tresauantageux à l'Eglise & au Public, & mesmes aux Pauures, qui par ce moyen seront asseurez des moyens de leur instruction au salut, & de leur logement, nourriture, & subsistance; neantmoins comme il n'y a point de bons desseins qui ne soient trauersez, quelques particuliers prennent de là occasion d'exciter des mouuemens dans les esprits, soit afin d'empescher, diuertir ou retarder vne si sainte entreprise, soit afin de se seruir de ce prétexte en autre chose; que sans aucune permission ny ordre, ont fait publier dans la Ville & Faux-bourgs de Paris vn Arrest, qui fut donné en mil six cent dix-huit : LA COVR a fait inhibitions & deffenses à toutes personnes d'imprimer, vendre, ny debiter aucune chose concernant ledit Hospital general, directement ny indirectement, s'il n'y en a ordre par escrit, signé au moins de deux des Directeurs dudit Hospital, à peine d'estre procedé criminellement contre toutes sortes de personnes, & d'estre punis comme perturbateurs du repos public. FAIT en Parlement le douziéme iour d'Avril, mil six cent cinquante-sept. Signé, GVYET.

---

Du 18. Avril 1657.

## *Arrest de la Cour de Parlement, pour l'establissement de l'Hospital general des Pauures mandians.* Du *18.* Avril *1657.*

### *Extraict des Registres de Parlement.*

SVR les remonstrances faites à la Cour par le Procureur general du Roy, que par l'Edict du mois d'Avril *1656.* & le Reglement y attaché, verifiez en ladite Cour le premier Septembre, leus & publiez l'Audience tenant, le quatriéme Decembre ensuiuant : tous les moyens possibles ont esté apportez, pour oster par motifs de Religion, de Charité, & de Police, dans la Ville & Faux-bourgs de Paris, la mandicité & l'oisiueté des Pauures; que par les Directeurs de l'Hospital general y estably, il a esté suiuant les ordres du Roy trauaillé à ce qui estoit necessaire pour l'execution desdites Lettres & Reglemens. Veu les Arrests des quinziéme Septembre *1612.* troisiéme Avril *1618.* & dixiéme Février *1626.*

I. LA COVR, en consequence desdites Lettres & Reglement du mois d'Avril *1656.* & Arrest de verification du premier Septembre, enjoint à tous les Pauures mandians valides & inualides, de quelque âge qu'ils soient, de l'vn & l'autre sexe, de se rendre depuis le Lundy septiéme iour de May prochain, huit heures du matin, iusques au treiziéme dudit mois inclus, dans la cour de l'Hospital de Nostre-Dame de la Pitié, au Faux-bourg saint Victor; pour estre par les Directeurs enuoyez & departis aux Maisons dépendantes dudit Hospital general, ausquelles ils y seront logez, nourris, entretenus, instruits, & employez aux ouurages, manufactures, & seruice dudit Hospital general, selon qu'il leur sera ordonné.

II.

II. Fait la Cour tres-expresses inhibitions & defenses aux Pauures, & à toutes autres personnes, de s'attrouper, faire aucune insolence, ny scandale, soit dehors ou dedans ledit Hospital general, de s'opposer par quelque voye que ce soit à l'establissement d'iceluy, & aux ordres qui seront donnez; à peine d'estre procedé criminellement contr'eux, & punis comme perturbateurs du repos public.

III. Que les Pauures mandians, qui ne se seront point volontairement rendus depuis le Lundy septiéme May iusques au treiziéme dudit mois inclus, dans la Maison de la Pitié, y seront contraints & conduits par le Baillif & Archers de l'Hospital general, & autres Officiers de Police, à commencer du Lundy quatorziéme May.

IV. Aprés lequel iour, & à l'auenir, tres-expresses inhibitions & defenses sont faites à toutes personnes de tout sexe, lieux, & âges, de quelque qualité, & en quelque estat qu'ils puissent estre, valides ou inualides, malades ou conualescens, curables ou incurables, de mandier dans la Ville & Faux-bourgs de Paris, dans les Eglises, ny aux portes d'icelles, aux portes des maisons, ou dans les ruës, ny ailleurs, publiquement ou en secret, de iour ou de nuict, sans aucune exception de Festes solemnelles, Pardons, ou Iubilez, ny d'Assemblées, Foires, ou Marchez, ny pour quelque autre cause ou pretexte que ce soit, à peine du foüet contre les contreuenans, pour la premiere fois; & pour la seconde, des galeres contre les hommes & garçons, & du bannissement contre les femmes & filles.

V. Defenses sont faites à toutes personnes de quelques qualitez & conditions qu'elles soient, de donner l'aumosne manuellement aux Pauures mandians dans les ruës, ny dans les Eglises ou aux portes d'icelles, ou autres lieux cy-dessus, sous tel pretexte que ce soit, à peine de quatre liures parisis d'amende, payable sans deport; à quoy les contreuenans seront contraints, conformément aux Lettres, & à l'Arrest de verification.

VI. Enjoint aux Locataires & Proprietaires, & leurs domestiques, & autres, d'enfermer les Pauures qui iront mandier dans les maisons, sous quelque pretexte que ce soit, & les retenir iusques à ce que les Directeurs, ou leurs Officiers, ou autres de Police, en soient aduertis, pour leur imposer les peines portées par l'Edict, suiuant l'exigence des cas.

VII. Seront seulement exceptez des defenses cy-dessus, les questes pour l'Hostel-Dieu, & lieux qui en dépendent; celles pour le grand Bureau des Pauures, & lieux aussi qui en dépendent; les Aueugles de l'Hospital des Quinze-Vingts, les Enfans des Hospitaux de la Trinité, du S. Esprit, & des Enfans Rouges; les Religieux Mandians, & autres qui ont droict de Troncs ou de questes, aux termes portez par lesdites Lettres, qui sont de se tenir à leurs Troncs, ou aux Portes, à peine d'en estre décheus, les defendant generalement à tous autres.

VIII. Que conformément ausdites Lettres, & à l'Arrest du premier

Septembre, les Directeurs dudit Hospital general auront le pouuoir & authorité de direction & administration, connoissance, iurisdiction, police, correction, & chastiment sur tous les Pauures mandians de la Ville & Faux-bourgs de Paris, tant dedans que dehors ledit Hospital general, exclusiuement, priuatiuement, & indépendemment de la direction du grand Bureau.

IX. Enjoint au Baillif dudit Hospital general, & autres Officiers qui seront commis par lesdits Directeurs, de faire exacte perquisition chacun iour auec les Archers dudit Hospital, pour empescher toutes sortes de mandians par les ruës, & ponctuellement executer le contenu aux Lettres & au Reglement, à peine d'estre chassez & punis; sans qu'ils puissent prendre aucune chose des Pauures, ny autres, ny les fauoriser ou souffrir, ny aussi les mal-traiter, sur peine de punition corporelle.

X. Pourront les Directeurs auoir dans la Ville & Faux-bourgs telles maisons & lieux que bon leur semblera, pour la garde des Pauures, iusques à ce qu'il en ait esté par eux ordonné, pour les admettre en l'Hospital general, ou pour les conduire ou enuoyer en d'autres lieux, selon les Lettres & le Reglement.

XI. Defenses sont faites aux Proprietaires & Locataires des maisons, & à tous autres, de loger, retirer, ny retenir chez eux, aprés ledit iour treiziéme May prochain, les Pauures qui sont ou seroient mandians, à peine de cent liures d'amende pour la premiere fois, de trois cent liures pour la seconde, & de plus grande, en cas de recidiue; le tout applicable au profit des Pauures dudit Hospital general; pour raison dequoy les Proprietaires, Locataires, & autres, pourront estre contraints par saisie de leurs biens, & emprisonnement de leurs personnes, conformément ausdites Lettres.

XII. Enjoint aux Directeurs de faire saisir les lits, matelas, couuertures, & paillasses, dans lesquels auront esté couchez les Pauures chez les particuliers qui leur auront donné retraite aprés ledit iour treiziéme May: Que le tout, sans aucune formalité de Iustice, sera enleué, & appliqué au profit des Pauures dudit Hospital general, sans esperance de restitution.

XIII. Defenses aux Soldats des Gardes, mesme aux Bourgeois de la Ville & Faux-bourgs, & à toutes personnes de quelque qualité & condition qu'ils soient, de molester, injurier, ny mal traitter le Baillif, Officiers, ny aucuns de ceux qui seront employez pour prendre, conduire, enuoyer ou accompagner les Pauures, & d'empescher l'execution des Lettres, & du Reglement general y attaché, & des Arrests interuenus en consequence, ou des Ordonnances particulieres des Directeurs; à peine d'estre emprisonnez sur le champ, & procedé criminellement contr'eux à la requeste des Directeurs; & aux Pauures de faire resistance, sur peine d'estre punis.

XIV. Enjoint au Preuost de Paris, Lieutenant Ciuil, Lieutenant

Criminel, Lieutenant Criminel de robe courte, & autres Officiers du Chastelet, & à tous autres, mesme aux Bourgeois, de prester main-forte pour l'execution des Lettres, du Reglement, & des Arrests, soit pour la capture des Pauures, ou celle d'autres personnes qui se trouueront contreuenir au present Arrest, soit pour les saisies, executions, ou autrement, à peine d'en respondre par les refusans ou dilayans en leurs propres & priuez noms, & d'amendes arbitraires.

XV. Enjoint aux Commissaires, & tous autres Officiers, de ne laisser habiter personne dans leurs quartiers, qu'il n'ait prealablement verifié à la Police d'auoir du bien, ou vacation suffisante pour se nourrir & subuenir à leur famille, excepté les Pauures honteux assistez des Paroisses, ou d'ailleurs, sans pouuoir mandier de iour ny de nuict, à peine du foüet; le tout conformément ausdites Lettres Patentes du mois d'Avril 1656. qui seront executées selon leur forme & teneur, aux termes portez par ledit Arrest de verification d'icelles, du premier Septembre ensuiuant.

XVI. Enjoint à tous les vagabonds & gens sans adueu, aux Pauures mandians, & à tous autres qui sortiront la Ville & Faux-bourgs de Paris, de se retirer hors la Ban-lieuë, Preuosté, & Vicomté de Paris.

XVII. Auec defenses de demeurer plus d'vne nuict dans les Hospitaux, ou Fermes desdits Hospitaux; & aux Administrateurs, Fermiers, Locataires, & autres, de les y laisser ny souffrir dauantage. Enjoint aux Officiers des lieux d'en faire la visite, & d'en certifier le Procureur general du Roy, ou ses Substituts sur les lieux.

XVIII. Leur fait aussi defenses, & à toutes personnes, de s'attrouper en quelque lieu que ce puisse estre, du ressort de la Cour, à peine du foüet, des galeres, ou du bannissement, & de plus grande peine, s'il y eschet.

XIX. Enjoint aux Preuosts des Mareschaux, aux Officiers & Archers de s'en saisir, en cas de contrauention aux Lettres, au Reglement, ou au present Arrest.

XX. Lequel sera leu, publié, & affiché par les Carrefours, à son de Trompe & cry public, par trois iours de Marché consecutifs, auparauant ledit iour Lundy septiéme May prochain.

XXI. Qu'il sera pareillement leu, publié, & affiché dans les Prouinces du ressort de la Cour, à la diligence des Substituts du Procureur general, qui seront tenus d'en certifier la Cour au mois, à peine d'en respondre en leurs propres & priuez noms; le tout à ce que personne n'en pretende cause d'ignorance.

XXII. Fait en Parlement le dix-huitiéme iour d'Avril mil six cent cinquante-sept. Signé, GVYET.

Collationné à l'original par moy Conseiller Secretaire du Roy, Maison, & Couronne de France, & de ses Finances.

*Le Lundy vingt-vnième iour d'Avril mil six cent cinquante-sept, l'Arrest de la Cour de Parlement cy-dessus a esté leu & publié à son de Trompe & cry public par les Carrefours & lieux accoustumez de cette Ville & Faux-bourgs de Paris, par moy Charles Canto Iuré Crieur ordinaire du Roy en la Ville, Preuosté, & Vicomté de Paris: A ce faire i'estois accompagné de Iean du Bos, Iacques le Frain, & Estienne Chappé Iurez Trompettes du Roy esdits lieux; & affichée ledit iour.* Signé, CANTO.

---

Du 18. Avril 1657. *Arrest de la Cour de Parlement du 18. Avril 1657. faisant defenses à tous Soldats estropiez, & autres, d'empescher ny troubler les Directeurs de l'Hospital general en la proprieté & possession du Chasteau de Bisextre.*

*Extraict des Registres de Parlement.*

SVR la remonstrance faite par le Procureur general, que par l'Edict du mois d'Avril dernier, verifié en la Cour, suiuant l'Arrest du premier Septembre, & publié en l'Audiance le 4. Decembre, pour l'Hospital general; le Roy a donné, entre autres choses, les maisons & emplacemens de Bisextre, circonstances & dépendances, reuoquant entant que besoin seroit, tous autres Breuets & concessions qui pourroient en auoir esté obtenuës en faueur des pauures Soldats estropiez, ou pour quelque autre cause ou pretexte, dérogeant à toutes Lettres à ce contraires; en consequence duquel Edict, les Directeurs de l'Hospital general ont fait faire plusieurs reparations, augmentations, & bastimens: Neanmoins au prejudice de ce, quelques Soldats estropiez ne laissent de pretendre qu'ils ont droict sur ledit lieu de Bisextre; qui depuis la destination faite aux Soldats, auoit esté donnée pour la retraite des Enfans trouuez, en attendant l'establissement de l'Hospital general, & menacent lesdits Soldats de s'en emparer, ou d'en troubler la ioüissance. LA COVR fait tres-expresses inhibitions & defenses à tous Soldats estropiez, & autres, d'empescher ny troubler les Directeurs de l'Hospital general en la proprieté, possession & ioüissance du Chasteau de Bisextre, circonstances & dependances données pour l'establissement dudit Hospital general: En cas de contrauention, permet d'emprisonner les contreuenans, & mesme d'informer pardeuant l'vn des Conseillers ou Huissiers de la Cour sur ce requis, de toutes menaces & paroles pour raison de ce; pour les informations veuës & rapportées, estre ordonné ce que de raison. FAIT en Parlement le 18. iour d'Avril 1657. Signé, DV TILLET.

*Collationné à l'original par moy Conseiller Secretaire du Roy, Maison, & Couronne de France, & de ses Finances.*

*Arrest*

*Arrest de la Cour de Parlement, du 18. Avril 1657. faisant defenses à tous Notaires, Huissiers, & Sergens, de faire aucuns actes de Iustice, concernans l'Hospital general, ailleurs qu'au Bureau de la Pitié, & non aux Directeurs en leurs maisons, à peine de nullité, & d'amende.* Du 18. Avril 1657.

*Extraict des Registres de Parlement.*

VEV par la Cour la Requeste presentée par les Directeurs de l'Hospital general de cette Ville de Paris; contenant, qu'encores que par les Lettres d'Establissement dudit Hospital, du mois d'Avril 1656. verifiées en ladite Cour le premier Septembre, & publiées en l'Audience le quatriéme Decembre ensuiuant, il soit expressément defendu à tous Notaires, Huissiers, & Sergens, de faire aucune sommation, offres, signification, ny exploits, concernans ledit Hospital general, ailleurs qu'au Bureau d'iceluy, auec defense de les faire aux Directeurs en particulier, ny en leurs maisons, à peine de nullité; neanmoins, des Sergens ne laissent de faire des exploits de significations aux Directeurs, & en leurs maisons. Conclusions du Procureur general du Roy, Et tout consideré: LADITE COVR, en consequence desdites Lettres verifiées en icelle, fait tres-expresses inhibitions & defenses à tous Notaires, Huissiers, & Sergens, de faire aucune sommation, offres, signification, ny exploict, concernant ledit Hospital general, ailleurs qu'au Bureau de la Pitié, scis au Faux-bourg saint Victor, & non aux Directeurs en particulier, ny en leurs maisons; à peine de nullité & d'amende, & de tous dépens, dommages & interests contre les contreuenans. Que ce present Arrest sera signifié au Syndic des Notaires, & aux Maistres de la Communauté des Huissiers & Sergens, afin que lesdits Notaires, Huissiers, & Sergens n'en pretendent cause d'ignorance. FAIT en Parlement, le dix-huitiéme iour d'Avril mil six cent cinquante-sept.

Signé, DV TILLET.

*Collationné à l'original par moy Conseiller Secretaire du Roy, Maison, & Couronne de France, & de ses Finances.*

2. Iuin 1657 *Arrest de la Cour de Parlement du deuxiéme Iuin 1657. faisant defenses à toutes personnes de se transporter és lieux dépendans de l'Hospital general, & d'empescher le Bailly des Pauures, & ses Archers, en la capture & conduite des Mandians; & aux Mandians, de leur resister.*

*Extraict des Registres de Parlement.*

SVR la Remonstrance faite par le Procureur general du Roy; Que depuis l'execution de l'Edict pour l'Establissement de l'Hospital general, il ne se voit aucun Pauure mandiant dans la Ville & Faux-bourgs de Paris, dequoy le public reçoit vn soulagement tres-notable : Que pour consommer le dessein de ce grand Oeuure, qui est desia heureusement accomply au dehors dudit Hospital general, il est absolument besoin que les Prestres, les Administrateurs, les Officiers, les Domestiques, & les Ouuriers, ayent vne entiere liberté au dedans, pour l'instruction du Christianisme; & pour la discipline des Pauures qui y sont, pour l'execution des ordres, pour l'œconomie, pour la conduite, pour les ouurages, & pour la conseruation de toutes choses; que la multitude des personnes qui ont frequenté lesdits lieux, ou par curiosité, ou par charité, y a apporté beaucoup de confusion, de desordre, ou d'empeschement. Les inconueniens en ayans esté reconnus pendant la premiere semaine, que les Pauures s'estoient volontairement rendus dans cét Hospital, il fust representé aux Prosnes des Parroisses, qu'il estoit necessaire de s'abstenir des frequentes visites, pendant la quinzaine de l'enfermement. Le Peuple qui a veu vne descharge si notable en si peu de temps dans la Ville & Faux-bourgs de Paris, en quoy l'on peut dire, que c'est vn ouurage d'vne entiere benediction, n'a pas laissé de se transporter en foule dans les lieux dépendans dudit Hospital general : On en a souffert l'entrée autant qu'on a peu le faire, nonobstant toutes les incommoditez que l'on en receuoit; mais enfin on a reconnu par experience, & par beaucoup de raisons, que cela affoiblissoit & empeschoit l'execution de l'œuure; c'est pourquoy l'on a esté enfin obligé d'en refuser l'entrée, & principalement durant les Dimanches & Festes, ausquels iours, le grand nombre de personnes causoit plus de desordres, & dans les esprits des Pauures, & dans l'œconomie des Maisons. Que l'on ne pouuoit apporter d'ordre pendant les autres iours en des personnes qui n'ont iamais eu d'instruction ny de discipline, & en des Maisons nouuellement establies, où il est besoin de tant de choses pour l'establissement, & pour la subsistance. Que plusieurs personnes, au mépris de tout ce que dessus, ont voulu entrer dans lesdites Maisons, qu'ils y ont fait effort & violence, & contre les portes,

& sur les murs, ont battu & excedé les Archers qui defendoient les portes. Qu'il y en a mesme qui les menacent en faisant leurs fonctions en la capture des Mandians, quand ils en rencontrent encores dans la Ville & Faux-bourgs; à quoy il est besoin de pourvoir : LA COUR a fait & fait inhibitions & defenses à toutes personnes, de quelque qualité qu'elles soient, de se transporter aux lieux dépendans dudit Hospital general. Enjoint aux Administrateurs dudit Hospital, de tenir & faire tenir les portes fermées, à ce qu'il n'y puisse entrer que les Pauures mandians, qui sont de la qualité d'y estre admis, & ceux qui y ont fonction ou ministere pour le spirituel ou pour le temporel, ou par l'ordre exprés des Directeurs & Administrateurs. FAIT aussi defenses à toutes personnes d'empescher le Bailly des Pauures & ses Archers en la capture & conduite des Mandians, & aux Mandians de leur resister : Que chacun leur prestera main-forte, conformément aux Lettres & aux Arrests, sur les peines y contenuës. Qu'en cas de contrauention, contre aucunes des choses cy-dessus, il sera extraordinairement procedé contre les contreuenans; & mesme permis d'emprisonner ceux qui voudront faire effort d'entrer dans les Maisons dudit Hospital, au prejudice des defenses. Et sera le present Arrest publié & affiché par tout où besoin sera, à ce que personne n'en pretende cause d'ignorance. FAIT en Parlement le deuxiéme Iuin, mil six cent cinquante-sept. Signé, DV TILLET.

*Collationné.*

*Leu & publié à son de Trompe & cry public par tous les Carrefours ordinaires & extraordinaires de cette Ville & Faux-bourgs de Paris, & affiché esdits lieux par moy Charles Canto Iuré Crieur du Roy en ladite Ville, Preuosté & Vicomté de Paris, assisté de Iean du Bos, Iacques le Frain Iurez Trompettes du Roy esdits lieux, & de Iean Thomas Trompette Commis, le Mercredy sixiéme iour de Iuin, mil six cent cinquante-sept.* Signé, CANTO.

Du 20. Octobre 1657.

*Ordonnance du Roy, pour la distribution des Soldats estropiez dans les Places frontieres de Picardie, Champagne, & autres voisines : auec defenses de desemparer des Places, & de mandier en la Ville & Faux-bourgs de Paris.* Du 20. Octobre 1657.

## DE PAR LE ROY.

SA MAIESTE' ayant fait vne nouuelle distribution des Soldats estropiez dans ses Places frontieres de Picardie & de Champagne, & autres Prouinces voisines, à proportion des Garnisons qui y sont contenuës, & pour empescher les difficultez qui se sont rencontrées à faire tenir sur les lieux ponctuellement par aduance le fonds de l'Espargne necessaire pour les faire subsister ausdites Places; & que sous pretexte du retardement qui y est arriué, & peut arriuer, ils ne retournent en la Ville de Paris, d'où la plus part ont esté tirez, pour ne les y pas laisser dans la mandicité & oisiueté : Sa Majesté ayant ordonné qu'il sera payé par le Gouuerneur de chacune des Places où ils sont distribuez, ou par celuy qui y commandera en son absence, deux sols par iour à chacun Soldat, des deniers de la solde, & entretenement de la Garnison de chacune Place; soit que les Gouuerneurs en soient payez par le Tresorier de l'Extraordinaire de la guerre, soit des deniers prouenans des contributions qui se leuent sur le païs des Ennemis, pour aucunes desdites Places : Et qu'en outre, il sera fourny à chacun desdits Soldats estropiez vne Ration de pain de munition par iour, par le Munitionaire general des Garnisons, & que lesdits Soldats feront telle faction ou seruice qu'il leur sera ordonné; auec defenses à eux d'en desemparer, à peine de la vie. Et voulant que cette defense soit ponctuellement obseruée; mesme, afin que le bon & loüable establissement d'vn Hospital general en ladite Ville de Paris, pour la retraitte, subsistance, instruction, & occupation de tous les Mandians, ne soit point troublé par le retour des Soldats en ladite Ville, pour y mandier & demeurer faineans : SA MAIESTE' a defendu & defend tres-expressément à tous Soldats estropiez de mandier dans sa Ville & Faux-bourgs de Paris, à peine d'estre enfermez dans ledit Hospital general; & à tous ceux qui ont esté enuoyez, ou ont eu ordre de demeurer dans les Places frontieres, de retourner en ladite Ville & Faux-bourgs de Paris, à peine de la vie, selon la rigueur des Ordonnances contre les Deserteurs. MANDE & ordonne sa Majesté au Preuost de Paris, ou son Lieutenant Ciuil, de faire publier & afficher la presente Ordonnance: Et au Lieutenant Chriminel de Robe-courte dudit Preuost de Paris, de proceder selon la rigueur d'icelles contre ceux desdits Estropiez qui oseront y contreuenir. FAIT à Metz, le vingtiéme iour d'Octobre, mil six cent cinquante-sept. Signé, LOVIS. Et plus bas, LE TELLIER.

*Arrest*

## *Arrest de verification & enregistrement des Lettres Patentes du Roy en forme d'Edit, du mois d'Auril 1656. en la Cour des Aydes.*
## Du 11. Decembre 1657.

Du 11. Decembre 1657.

*Extraict des Registres de la Cour des Aydes.*

VEv par la Cour les Lettres Patentes du Roy, en forme d'Edit, données à Paris au mois d'Auril 1656. signées LOVIS, & plus bas, Par le Roy, DE GVENEGAVD, & seellées du grand Seau de cire verte ; par lesquelles, & pour les causes y contenuës, Sa Majesté auroit ordonné que les pauures mandians valides & inualides, de l'vn & de l'autre sexe, de cette ville & fauxbourgs de Paris, seroient enfermez, pour estre employez aux ouurages, manufactures, & autres trauaux, selon leur pouuoir, suiuant & conformément au Reglement attaché sous le contre-seel desdites Lettres; octroyant à cét effet à l'Hospital general, auquel ils seront enfermez, le droict de franc-sallé, jusques à la concurrence de quatre muids de sel, pour la prouision d'iceluy, en payant seulement le prix du Marchand, l'exemption de tous subsides, impositions, & droicts d'entrées, ponts, peages, passages, barrages, & autres droicts, pour la quantité de mille muids de vin, & des autres choses necessaires & vtiles pour la prouision dudit Hospital ; mesme l'exemption des logemens des gens de guerre, contribution, & aydes, tant audit Hospital, qu'aux Receueurs & Fermiers d'iceluy, & autres droicts & exemptions, plus au long contenuës esdites Lettres : Veu aussi les consentement de Mes Iacques André, & Louïs Fauuau Fermiers generaux des Aydes de France, & des Entrées sur le Vin ; & de Me Iacque le Noir Fermier general des Gabelles de France : Conclusions du Procureur general du Roy, & tout consideré : LA COVR a ordonné & ordonne lesdites Lettres estre registrées au Greffe d'icelle, pour estre executées selon leur forme & teneur, sauf aux Fermiers & Adiudicataires des Gabelles, Aydes, & autres, de ladite ville & fauxbourgs de Paris, & autres, à se pouruoir pardeuers le Roy pour leur dédommagement, pour raison des exemptions mentionnées esdites Lettres; & sans que ledit Hospital general puisse pretendre les marchandises, & autres choses declarées, acquises & confisquées au Roy, luy appartenir en tout, ou partie, s'il n'est preablement ordonné par la Cour, ou les Iuges resortissans en icelle, & sans que les Fermiers, Sous-fermiers, Receueurs & Commis dudit Hospital, puissent pretendre aucune exemption des Tailles, Taillon, subsistances, vstanciles, quartier d'hyuer, ny d'autres deniers ordinaires ou extraordinaires ordonnez estre leuez ; ains seront imposez aux Roolles qui seront faits, pour la leuée d'iceux, par les Asseeurs & Collecteurs, suiuant tous leurs biens & facultez: Comme aussi ne pourront pretédre exemption des contributions & aydes pour les logemens & passages des gens de guerre: Et ne pourront estre estenduës les exemptions des droicts d'entrée des ports & ponts, peages, & octroys des Villes, barrages, & passages, des vins, bois, charbon, foins, cendres, & autres denrées pour la prouision dudit Hospital, qu'aux droicts du Roy seulement, & ce à la charge de n'en abuser; & sans que les Officiers & domestiques dudit Hospital puissent ioüyr desdites exemptions, que lors qu'ils demeureront actuellement dans l'enclos d'iceluy; ny qu'aucun debit dudit Vin puisse estre fait à aucuns estrãgers, ny hors l'enclos dudit Hospital, lequel ioüyra dudit franc-sallé, à la charge de payer le prix du Marchand, droicts des Officiers, & des quatre Compagnies Souueraines; & aussi à la charge de rapporter tous les ans au Greffe d'icelle le Roolle de tous les Pauures, Officiers, & domestiques, certifié veritable par les administrateurs d'iceluy, au nombre de six au moins. Et à l'égard des expeditions estans au Greffe de la Cour, & des Sieges resortissans en icelle, ne seront deliurez gratuitement, que celles concernant les causes & procés qu'aura ledit Hospital general directement, & en son nom: Et seront les Bourgeois seulement inuitez de contribuer à l'establissement & subsistance dudit Oeuure, sans qu'ils puissent estre taxez, sinon en cas de grande necessité; & ce, en la maniere accoustumée. PRONONCE' le onziesme Decembre mil six cent cinquante-sept.

*La Cour a arresté, que les Officiers qui seront receus en icelle, en leur charge & Office, seront seulement excitez de donner quelque chose par aumosne audit Hospital, apres la reception d'iceux, & sans estre obligez d'en rapporter quittance.*

---

Du 19. Decembre 1657.

## *Arrest de verification en la Cour des Monnoyes, de l'Edict du Roy pour l'establissement de l'Hospital general*, Du 19. Decembre 1657.

### *Extraict des Registres de la Cour des Monnoyes.*

VEu par la Cour les Lettres Patentes en forme d'Edit, données à Paris au mois d'Auril 1656. signées LOVIS, & plus bas, DE GVENEGAVD, & seellées du grand Seel de cire verte, sur double laqs de soye rouge & verte, par lesquelles Sa Majesté, pour les causes y contenuës, auroit ordonné que les Pauures mandians, de l'vn & l'autre sexe, seroient enfermez dans les lieux destinez soubs le nom d'Hospital general, pour estre employez selon leur pouuoir, aux ouurages, manufactures & autres trauaux, soubs la conduite des Directeurs choisis & nommez par sadite Majesté, conformément au Reglement attaché soubs le contreseel desdites Lettres, ainsi qu'il est porté plus au long par icelles. Conclusions du Procureur general du Roy; ouy le rapport du Conseiller à ce commis: LA

COUR ayant esgard aux Conclusions dudit Procureur general, a ordonné & ordonne, que lesdites Lettres & Reglement seront leus, publiez, & registrez, pour estre executez, aux charges & modifications qui ensuiuent; SÇAVOIR, Que dans les affaires qui seront de la Iurisdiction & cognoissance de ladite Cour, s'il faut donner des peines afflictiues, les Directeurs seront obligez de les faire juger en icelle; ce qui sera fait sans fraiz. Que le Preuost general des Monnoyes de France, ses Lieutenans, Exempts, & Archers, les Huissiers de Mines & Minieres, & les Sergens des Monnoyes seront tenus de prester main-forte quand ils seront requis, pour l'execution desdites Lettres Patentes, Reglement general, & Ordonnances particulieres, tant des Directeurs dudit Hospital, que du Bailly, conformément ausdites Lettres. Que les Directeurs pourront mettre vne boëte és Bureaux des Changeurs, & boutiques des Maistres des Mestiers qui sont dépendans de la Iurisdiction de ladite Cour; comme pareillement au Comptoir & Change de la Monnoye de cette Ville; & si bon leur semble, des autres Monnoyes de ce Royaume, & des lieux où seront fabriquées des monnoyes de billon & du cuiure; dans laquelle tous ceux qui apporteront esdites Monnoyes & Fabriques des matieres d'or, d'argẽt, billon & cuiure, & viendront changer des Especes, seront inuitez par le Maistre, Contre-garde, & autres Officiers desdites Monnoyes, ausquels la Cour enioint de ce faire, de mettre leurs aumosnes; & à la fin de chacune année, ou tel autre temps que bon semblera ausdits Directeurs, leur sera la boëtte ouuerte par le Maistre qui en sera le depositaire, en presence du Iuge-Garde, & du Substitut du Procureur general en ladite Mõnoye ou Fabrique, pour estre les deniers qui se trouueront en icelle, mis entre les mains du Receueur dudit Hospital, ou de ses Commis, dont ils donneront quittance audit Maistre pour sa descharge. Que le Roolle de la taxe que les Gardes des Orfeures, les Maistre dudit Corps, Iurez, Maistres, & Apprentifs des Mestiers qui sont de la Iurisdiction de ladite Cour, seront tenus de payer au temps de leur Eslection, Iurande, Reception & Apprentissage, la taxe qui sera par elle faite, & les sommes payées en vertu d'iceluy. Que les transactions & compromis qui pourront estre faits entre les Iusticiables de ladite Cour, & pour affaires concernans sa Iurisdiction, seront homologuez en icelle; & en cas d'appel, il ne pourra estre releué ailleurs. Que les Directeurs ne pourront acquerir les Hostels de Monnoye, & dépendances d'iceux. Que les manufactures d'or & d'argent, qui seront faites dans ledit Hospital general, & dépendances d'iceluy, seront marquées, sçauoir celles d'Orfeurerie, du poinçon du compagnon qui les aura faites, & d'vn poinçon particulier dudit Hospital general; lesquels seront insculpez en vne table de cuiure, qui sera au Greffe de ladite Cour, & contre-marquez du poinçon general des Orfeures, lors qu'il les portera à la marque; & ne pourront estre exposez en vente, qu'ils ne soient contre-marquez dudit poinçon general des Orfeures, à peine de confiscation, &

d'amende arbitraire : Et les autres manufactures esquelles il entrera de l'or & de l'argent, seront seulement marquées du poinçon dudit Hospital, appliqué sur des morceaux de plomb, lequel sera pareillement insculpé sur ladite table de cuiure, pour cognoistre où lesdits ouurages auront esté faits: Et au surplus, les Reglemens faits pour les mestiers concernans lesdits ouurages & manufactures, seront executez & obseruez dans ledit Hospital. Que lesdits ouurages & manufactures, en consideration de la qualité de la matiere employée, & pour la consequence, seront visitez par les Conseillers de ladite Cour, en la maniere accoustumée, ausquelles visites seront appellez deux des Directeurs dudit Hospital; & s'il se treuue quelque defectuosité esdits ouurages, lesdits Conseillers les seelleront auec les deux Directeurs, en dresseront Procés verbal, & feront leur rapport à la Cour, pour estre par elle ordonné ce qu'il appartiendra, sans qu'ils puissent estre transportez que par ordre d'icelle, ny saisis dans les ruës, estant portez par les Enfans domestiques, ou Ouuriers dudit Hospital, pourueu qu'ils soient marquez de la marque d'iceluy. Qu'il n'y aura aucuns Affineurs dans ledit Hospital, ny dans les lieux qui en dépendent, conformément aux Ordonnances, qui leur defendent de faire leur demeure actuelle, & de trauailler ailleurs que dans les Hostels des Monnoyes : Que quand les deux compagnons Orfeures, Batteurs & Tireurs d'or & d'argent, Graueurs, Horlogers, Ballanciers, & autres iusticiables de ladite Cour, auront esté choisis par les Gardes & Iurez, & arrestez par le Directeurs; lesdits Gardes & Iurez seront tenus de les presenter à ladite Cour, & prendre acte de leur presentation au Greffe d'icelle, qui leur sera deliurée sans fraiz, auant que d'introduire lesdits compagnons dans l'Hospital, à peine d'estre descheus du priuilege à eux accordé à la fin du temps qu'ils auront seruy; & lesdits Gardes & Iurez d'estre tenus de leurs dommages & interes. Que s'il arriue quelque contestation pour raison des Mestiers qui sont de la Iurisdiction de ladite Cour; & pour les Compagnons d'iceux, qui seront necessaires audit Hospital, & affaires concernans leursdits Métiers, il y sera pourueu par icelle en premiere Instance, à l'exclusion de tous autres Iuges : Et sera sa Maiesté tres-humblement suppliée d'enuoyer à sadite Cour ses Lettres de Declaration, par lesquelles, en confirmant les charges & modifications du present Arrest, & la taxe qui sera par elle faite de ses Officiers & iusticiables, il luy plaira ordonner, que priuatiuement à toutes autres Cours & Iuges, elle aura la connoissance des differends & contestations qui pourroient arriuer en execution dudit Edit, Arrest, & taxe, & en ce qui concerne la Iurisdiction à elle attribuée par les Ordonnances; nonobstant que par ledit Edit il n'en soit fait aucune mention; ce qui ne luy pourra nuire ny preiudicier, & iusqu'à ce, sous le bon plaisir de sadite Maiesté, sera surcis à l'execution dudit Arrest de verification & enregistrement. FAIT en la Cour des Monnoyes, les Semestres assemblés, le 19. Decembre 1657. Signé par collation, BOVLLE' gratis.

*Arrest*

### Arrest d'enregistrement au grand Conseil, de l'Edict du Roy, pour l'establissement de l'Hospital general, du 9. Ianuier 1658.

Du 9. Ianuier 1658.

*Extraict des Registres du Conseil du Roy.*

VEv par le Conseil les Lettres en forme d'Edit, du mois d'Auril 1656. portant establissement d'vn Hospital general, pour renfermer les Pauures mandians, valides & inualides, de la ville & faux-bourgs de Paris, duquel le Roy entend estre Conseruateur & Protecteur & des lieux qui en dépendent, comme estant de Fondation Royale, & contenant les dons, facultez, exemptions, & droicts y attribuez, pour la subsistance dudit Hospital; auec le Reglement que le Roy veut y estre obserué, attaché soubs le contreseel desdites Lettres : Conclusions du Procureur general du Roy, LE CONSEIL a ordonné & ordonne, que lesdites Lettres en forme d'Edit, & ledit Reglement, seront leus & publiez en l'Audience dudit Conseil, & registrées és Registres d'iceluy, pour y estre gardez & obseruez selon leur forme & teneur, aux charges & conditions portées par la Declaration du Roy, du 21. Mars 1657. & Arrest d'enregistrement & verification d'icelle, du cinquiesme Decembre audit an. Le present Arrest a esté mis au Greffe dudit Conseil, monstré au Procureur general du Roy, & prononcé à Paris le neufiesme iour de Ianuier mil six cent cinquante huict. Signé par collation. Signé, HERBIN, & à costé gratis.

### Arrest de la Cour des Monnoyes du 15. Ianuier 1658. portant la taxe arrestée par la dite Cour, en execution de la Declaration du Roy, en faueur de l'Hospital general.

Du 15. Ianuier 1658.

*Extraict des Registres de la Cour de Monnoyes.*

VEv par la Cour les Lettres Patentes du Roy en forme de Declaration, données à Paris le 10. du present mois, signées LOVIS; & plus bas, Par le Roy, DE GVENEGAVD, & seellées du grand Seel de cire iaune; par lesquelles sa Maiesté, pour les causes y contenuës, declare qu'elle n'auoit point entendu preiudicier à son Edict du mois d'Auril 1656. à ladite Cour, touchant sa Iurisdiction, encore que par lesdites Lettres il n'en fust point fait mention. Veut sadite Maiesté, & luy plaist, que les causes & differends dudit Hospital general soient traitées en premiere instance en ladite Cour, en ce qui la concerne & luy appartient, suiuant les Ordonnances, Declaration, & Reglemens, tout ainsi qu'elle feroit si elle auoit esté comprise dans l'Edit du mois d'Auril; & en tant que besoin seroit luy en attribuë toute Cour, iurisdiction, & connoissance, comme la grand' Chambre du Parlement, & Cour des Aydes de Paris en peuuent connoistre en ce qui les concerne; confirme l'Arrest d'enregistrement du dix-neufiesme Decembre dernier, & les taxes faites en consequence : Mesme donne pouuoir, & enioint de taxer en faueur dudit Hospital les Adiudications des Monnoyes, Enregistremens des Baux d'icelles, Fabrications, & autres affaires, dont les Edicts, Declarations, Lettres, & Arrests seront registrez en ladite Cour, pour estre les sommes deliurées directement au Receueur dudit Hospital. Et en cas de contestation & opposition en execution de l'Arrest d'enregistrement, & des Taxes faites & à faire, ordonne que les Parties se pouruoyront en icelle; interdisant la connoissance pour raison de ce, à tous autres Iuges, comme il est plus au long contenu dans lesdites Lettres : Conclusions du Procureur general du Roy; ouy le rapport du Conseiller à ce commis, tout consideré : LA COVR ayant égard aux conclusions dudit Procureur general, a ordonné & ordonne que lesdites Lettres seront leuës, publiées & registrées, pour estre executées selon leur forme & teneur; & que conformément à icelles, en faueur dudit Hospital, taxes seront faites par ladite Cour, pour les Adiudications des Monnoyes, & autres affaires y contenuës, & le Roolle executé aux clauses & conditions portées, tant par l'Arrest d'enregistrement, du 19. Decembre dernier, que par celuy du vingt-neufiesme dudit mois, duquel Roolle la teneur ensuit.

---

*Taxe arrestée par la Cour, en execution de la declaration du Roy, du dixiéme du present mois, verifiée & registrée en icelle ce iourd'huy, en faueur dudit Hospital general.*

POVR l'adiudication d'vne Monnoye, trente liures.

Pour l'enregistrement d'vn Bail general, trente liures pour chaque Monnoye qui trauaillera, en execution d'iceluy, payables lors de l'establissement d'icelles.

Pour la permission de fabriquer des Monnoyes de billon & de cuiure, chaque Presse pour le trauail d'vne année, payera dix liures.

Pour les Prolongations, Augmentations, & Transferences, chaque Presse payera sur le pied de ladite somme, à proportion du temps.

Pour l'enregistrement du Ronouuellement des Priuileges aux aduenemens des Roys à la Couronne, dix liures.

Pour l'enregistrement des Edicts de creation de Maistrises, quarante liures tournois, payables par celuy qui en sera le porteur.

Pour les Lettres de Rehabilitation, Remission, Grace, Pardon, Abolition, Rappel de ban, Galeres, & autres peines, & Commutation d'icelles, & autres Lettres de cette qualité, pour chacune, trente liures.

Pour l'enterinement d'vn Don, & autres Lettres de cette qualité, sera fait taxe suiuant la qualité du Don.

Pour vne creation d'Ouuriers de Monnoyes, quarante liures tournois.

Pour vne presentation & Enregistrement d'Edict, où il y aura Traitant ou Fermier, quarante liures tournois, ou telle autre somme qui sera arbitrée, suiuant la qualité de l'Edit.

FAIT en la Cour des Monnoyes, les Semestres assemblez, le quinziesme Ianuier 1658.

Signé, BOVLLÉ.

*Collationné aux originaux par moy Conseiller Secretaire du Roy, & Greffier en chef de la Cour des Monnoyes.*

---

*Arrest de la Cour des Monnoyes, du 29. Decembre 1657. par lequel, la taxe de tous Officiers dependans de ladite Cour, est specifiée, & ce, en faueur de l'Hospital general.* Du 29. Decembre 1657.

*Extraict des Registres de la Cour des Monnoyes.*

SVR ce qui a esté remonstré par le Procureur general du Roy, que par les Lettres Patentes, en forme d'Edit, du mois d'Auril 1656. données pour l'establissement, police & subsistance de l'Hospital general, verifiées & registrées par Arrest de cette Cour, du dix-neufiesme du present mois; il est porté, que tous les Officiers qui seront receus aux Compagnies Souueraines establis à Paris, autres que ceux desdites Compagnies; & aussi ceux qui seront receus dans les Sieges & Iurisdictions subalternes, ordinaires & extraordinaires, pareillement establis en ladite Ville, seront tenus à leurs receptions donner quelque somme modique audit Hospital general, dont ils seront obligez de rapporter la quittance, auparauant, que l'Arrest ou Iugement de leur reception soit deliuré; laquelle somme ou taxe seroit arbitrée par lesdites Compagnies Souueraines, chacun en ce qui les regarde, és Roolles dressez d'icelle, eu esgard à la qualité desdits Officiers: Et que tous Compagnons de Mestier, lors de leur breuet d'apprentissage, & les Maistres, lors de leur chef-d'œuure, experience, & Iurande, seront aussi tenus de donner quelque somme modique audit Hospital general, & en rapporter pareillement la quittance auparauant que lesdits Breuets d'apprentissage, ou Lettres de maistrise leur soient deliurées; le tout selon la taxe & Roolle qui en sera arresté, à proportion des Mestiers; & pourueu à l'asseurance du recouurement desdites cottes & contributions. VEV lesdites Lettres en forme d'Edit, & Arrest de verification d'icelle; la matiere mise en deliberation, tout consideré: LA COVR a ordonné & ordonne que le Roolle par elle arresté, tant pour les Officiers qui seront receus en icelle, & par ses Commissaires Generaux Prouinciaux, Preuost General, & Iuges Gardes des Monnoyes, que pour ses Iusticiables, sera executé selon sa forme & teneur, tant & si longuement que besoin sera; & sauf à augmenter ou diminuer lesdites taxes, ainsi que ladite Cour aduisera bon estre. Que chacun des Officiers y desnommez, les Maistres & Gardes de l'Orfeurerie, les Maistres dudit Corps, les Iurez & Maistres des autres Mestiers iusticiables de ladite Cour, ne pourront estre receus à faire le serment lors de leurs Eslections, Iurandes, & Receptions, ny faire leurs experiences & chef-d'œuures, soit en ladite Cour, ou pardeuant les Commissaires & Officiers subalternes d'icelle, qu'ils n'ayét payé la somme à laquelle ils seront taxez: Comme pareillement aucun Apprentif ne pourra estre receu Maistre, qu'il n'ait payé sa taxe, à cause de son apprentissage, dont sera fait mention par le breuet d'iceluy, à la diligence du Maistre qui le prendra pour Apprentif, dont il sera responsable, & des dommages & interests dudit Apprentif, en cas d'omission; & en outre, à peine de nullité desdites Elections, Receptions, & Breuets. Que le payement de ladite taxe se fera sous les quittances du Receueur general dudit Hospital. A fait & fait defenses tres-expresses au Greffier de ladite Cour, Greffiers des Monnoyes, Commissions, Preuosté, & autres, de deliurer aucuns Arrests, Iugemens, ou Actes de Receptions d'Officiers, Elections, Iurandes, Reception des Maistres, Enregistremens de Breuets, & autres expeditions suiettes à ladite taxe, qu'on ne leur ait representé la quittance du Receueur dudit Hospital, à peine d'en respondre en leurs propres & priuez noms. Ordonne en outre, que le Roolle desdites taxes sera mis au Greffe en vn tableau, & copies en bonne forme enuoyées à la diligence du Procureur general, auec le present Arrest, audit Hospital general, Generaux Prouinciaux, Sieges des Monnoyes, & Preuost general, ausdits Maistres & Gardes, & Iurez, pour estre leus dans leur Communauté. Que ledit Greffier de la Cour tiendra vn controolle exact de ce qui aura esté, ou deû estre payé tous les ans pour les Receptions, & autres actes faits en icelle: Comme aussi les autres Greffiers, chacun à son esgard; & qu'à la diligence dudit Procureur general, auquel la Cour enioint de tenir la main à l'execution du present Arrest, lesdits Greffiers enuoyeront tous les six mois le controolle qu'ils auront fait, pour estre mis és mains du Receueur general dudit Hospital, & confronté au memoire des quittances qu'il aura données, & au Roolle de la taxe, dont la teneur ensuit.

*Taxe*

*Taxe arreſtée par la Cour, en execution des Lettres Patentes du Roy, du mois d'Auril 1656. verifiées & regiſtrées en icelle le 19. du preſent mois, pour la reception des Officiers, en faueur de l'Hoſpital general.*

Les Generaux Prouinciaux de Normandie, Bretagne, Guyenne, Languedoc, Prouence, Dauphiné, & Bourgongne, chacun trente liures tournois.

Le Controolleur des menuës Monnoyes, quarante liures.
Vn Subſtitut du Procureur general en la Cour trente liures.
Vn Commis du Greffe, dix liures.
Vn Huiſſier, dix liures.
Le Tailleur general des Monnoyes, quarante liures.
L'Eſſayeur general, quinze liures.
Vn Iuge Garde des Monnoyes, quinze liures.
Vn Contregarde, cinq liures.
Vn Subſtitut du Procureur general en icelles, cinq liures.
Vn Tailleur particulier de Monnoye, vingt liures.
Vn Eſſayeur particulier, ſept liures dix ſols.
Vn Greffier d'vn Siege de Monnoye, cinq liures.
Vn Huiſſier deſdits Sieges, cinq liures.
Vn Preuoſt des Ouuriers en la Monnoye de Paris, dix liures.
Vn Lieutenant en ladite Monnoye, huit liures.
Vn Preuoſt des Ouuriers és autres Monnoyes, cinq liures.
Vn Lieutenant, quatre liures.
Vn Preuoſt des Monnoyers, en la Monnoye de Paris, dix liures.
Vn Lieutenant, huit liures.
Vn Preuoſt des Monnoyers, & autres Monnoyes, cinq liures,
Vn Lieutenant, quatre liures.
Vn Ouurier, huit liures.
Vn Monnoyer, huit liures.
Le Preuoſt General des Monnoyes, quarante liures.
Vn Lieutenant, vingt liures.
Vn Aſſeſſeur, dix liures.
Vn Subſtitut en ladite Preuoſté, dix liures.
Vn Exempt, dix liures.
Le Greffier, dix liures.
Vn Archer, trois liures.
Le Receueur & Payeur, vingt liures.
Le Controolleur dudit Payeur, dix liures.
Vn Officier general des Mines & Minieres, quarante liures.
Vn Officier particulier, dix liures.
Vn Huiſſier des Mines & Minieres, cinq liures.

Vn Changeur à Paris, Lyon, & Roüen, quarante liures.
Vn Changeur és autres Villes, vingt liures.

*Pour les Iusticiables de ladite Cour.*

Vn Affineur, lors de son apprentissage, dix liures.
Lors de sa reception, trente liures.
Vn Orfeure, lors de l'apprentissage, à Paris, six liures.
Es autres Villes, trois liures.
Lors qu'il sera receu Maistre, en prestant le serment en la Cour, pour Paris, douze liures.
Pour les autres villes, six liures.
Lors qu'il sera esleu Maistre & Garde, à Paris, douze liures.
Es autres Villes, six liures.
Vn Tireur d'or, lors de son apprentissage, à Paris, six liures.
En vne autre Ville, trois liures.
Lors qu'il sera receu Maistre, à Paris, douze liures.
Es autres Villes, six liures.
Lors qu'il sera esleu Iuré, à Paris, douze liures.
Es autres Villes, six liures.
Vn Batteur d'or, lors de son apprentissage, trois liures.
Lors qu'il sera receu Maistre, six liures.
Lors qu'il sera esleu Iuré, six liures.
Vn balancier, lors de son apprentissage, trente sols.
Lors qu'il sera receu Maistre, trois liures.
Lors qu'il sera esleu Iuré, trois liures.
Vn Horloger, lors de son apprentissage, trente sols.
Lors qu'il sera receu Maistre, trois liures.
Lors qu'il sera esleu Iuré, trois liures.
Vn Graueur lors de son apprentissage trente sols.
Lors qu'il sera receu Maistre, trois liures.
Lors qu'il sera esleu Iuré, trois liures.
Vn Distillateur, pour la permission de distiller, dix liures.
Vn Chymiste, pour la permission d'auoir des fourneaux, dix liures.

FAIT en la Cour des Monnoyes, le 29. Decembre 1657.

Signé, BOVLLE'

*Declaration du Roy, du onziesme Feurier 1658. pour les vingt sols, sur l'Entrée de Vin.* Du 11. Feurier 1658.

LOVIS par la grace de Dieu Roy de France & de Nauarre, A tous ceux qui ces presentes Lettres verront, Salut: Aprés auoir, auec les assistances extraordinaires du Ciel, dissipé heureusement les troubles & les factions du dedans de nostre Estat, qui estoient les premiers obstacles à la Paix generale de la Chrestienté, à laquelle tous nos soins & tous nos desirs tendent continuellement: Nous auons iugé, que rien ne pouuoit estre si digne de nostre reconnoissance enuers Dieu, ny si digne de sa gloire de la consolation des bonnes ames, & de l'ornement public; de remedier aux abus & desordres, causez auec tant de scandale, à l'Eglise & à la Religion, par le libertinage des Pauures mandians de nostre bonne ville & fauxbourgs de Paris; ainsi que nous auons fait par nostre Edit du mois d'Auril, mil six cent cinquante-six, par lequel nous auons ordonné le renfermement dans vn Hospital general: Et comme nous auons consideré dans l'establissement & progrés de cette Entreprise, que par son poids & par la qualité de sa dépense, elle deuoit estre l'ouurage de nostre préuoyance Royale, & ne pouuoit iamais reüssir que par le secours de nostre munificence, & par vne contribution publique; Nous nous sommes aussi declarez Fondateur & le Protecteur de ce grand Oeuure, & proposé d'en soûtenir la charge, par les moyens qui dépendent de nostre authorité: ce que nous auons assez fait connoistre par les octroys & concessions mentiõnez en nôtredit Edit, & Declarations interuenuës en consequence, en faueur dudit Hospital general, par les precautions apportées pour sa subsistance, & par les soins paternels & charitables que nous auons pris de l'execution de nôtredit Edit; laquelle se trouue à present si fort auancée, que chacun est conuaincu, que par la continuation des Benedictions qu'il à pleû à Dieu de respandre sur ce dessein, & par la pratique des moyens dont on peut vser, pour asseurer le fonds de la despense annuelle; il est tres-facile de rendre ledit Establissement aussi solide, & d'aussi longue durée que l'on se l'est proposé dans son institution: Mais ledit renfermement estant de ces entreprises, dont on ne peut préuoir toute la despense; qui requierent iournellement de nouueaux efforts, & qui menacent de ruine par le moindre manquement du fonds qui les doit soustenir: Nous auons esté informez, que les fraiz du seul establissement ont monté à des sommes immenses, qui ont espuisé les contributions notables, que la Pieté Chrestienne y a fait découler de diuers endroits; qu'il n'y a aucun reuenu audit Hospital, que celuy de la Maison de la Pitié, qui est fort peu de chose, en comparaison du necessaire, pour sa subsistance; & qu'enfin le fonds de ladite subsistance ne paroissant pas asseuré au public, & aux particuliers, on craint, auec beaucoup de raison, la cheute dudit Establissement: Et cette crainte est d'autant plus preiudiciable, qu'elle refroidit la charité des particuliers enuers ledit Hospital general, & destourne les bien-faits & les liberalitez, qui affluëroient de toutes parts, si on estoit persuadé par quelque demonstration sensible, qu'il peût subsister à l'aduenir, & estre garanty des accidens qui attaquent tousiours les grands Ouurages. De sorte que pour dissiper cette crainte, preuenir lesdits accidens, tesmoigner au public que nous n'auons rien si fort à cœur, que la manutention dudit establissement, faire sentir audit Hospital general les effets de nostre Fondation & protection, à inuiter tous nos Subiets à concourir à nos intentions, par les dons & bien-faits proportionnez à leurs forces, & à leur pieté: Nous auons resolu de pouruoir à sa subsistance quotidienne, par la destination d'vn fonds, dont on puisse faire vn estat si certain, qu'il y en ait toûiours suffisamment; & que faute de ce secours, il ne tombe dans aucun relasche ou abandonnement, comme il est arriué du renfermement desdits Pauures, ordonné & commencé en l'année mil six cent douze, pour n'auoir pas vsé de cette precaution & preuoyance. Et parce que ladite subsistance doit estre necessairement presente, & dont les Administrateurs puissent faire vn fondement certain; & par consequent, d'autre nature que les reuenus casuels: Il nous a semblé qu'il ne peut y auoir de plus asseuré moyen, & qui soit moins à la foule de nos Subiets, qu'vn attribution des droicts, au profit dudit Hospital general, sur le vin que l'on fera entrer en nostredite ville & faux-bourgs de Paris; puisqu'en effet cette maniere de leuée n'excepte personne de tous ceux qui en sont tenus, & se trouuera proportionée aux forces des contribuables, selon leur despense personnelle, & domestique: A CES CAVSES, sçauoir faisons, qu'ayant mis cette affaire en deliberation en nostre Conseil, de l'aduis d'iceluy, & de nôtre certaine science, pleine puissance, & auctorité Royale, Nous auons dit, declaré, & ordonné, & par ces Presentes signées de nostre main, disons, declarons & ordonnons, voulons, & nous plaist, qu'il soit imposé, pendant trois années consecutiues, par augmentation, au profit dudit Hospital general, & par forme d'aumosne vniuerselle, & contribution publique, pieuse & charitable, à commencer au iour de la publication de cesdites Presentes, le droict de vingt sols sur chacun muid de vin, que l'on fera entrer en nostredite ville & faux-bourg de Paris, tant par eauë que par terre; laquelle imposition nous destinons & affectons specialement à la subsistance & entretenement dudit Hospital general, pour estre leuez & cueillis par les Fermiers de nostre ferme des Entrées, auec les autres droicts qui se leuent sur le Vin, de nostredite ville & faux-bourgs de Paris; & les deniers estre mis és mains du sieur Arondeau Receueur general dudit Hospital general, sur ses quittances; par lesdits Fermiers, au fur & à mesure qu'ils receuront lesdits deniers: VOVLONS aussi, que par la consideration de la destination & employ de ladite imposition, qui n'a point d'autre d'autre cause qu'vne aumosne generale vniuerselle; de laquelle personne ne peut & ne doit estre exempt, selon les anciens Reglemens & Ordonnances sur le faict des Pauures, verifiées par tout où besoin a esté; que lesdits vingt sols soient payez par les voyes accoustumées, comme pour nos deniers & affaires; & generalement par toutes sortes de personnes, exempts & non exempts, priuilegiez & non priuilegiez, Ecclesiastiques, Gentils-hommes, Officiers de nos Cours souueraines & subalternes, Notaires & Secretaires de nos Maison & Couronne de France, anciens & nouueaux, Domestiques & Commensaux des Maisons Royales, & autres, quels qu'ils soient, ou puissent estre, sans aucune execution ny reserue, quoy que non exprimez; mesme sur le vin destiné pour l'vsage desdites maisons Royales, & celles des Princes & Officiers de la Couronne, desdites Compagnies souueraines, & des Maisons, Communautez Seculieres & Regulieres, nonobstant tous priuileges, à quoy nous derogeons, pour ce regard, & sans tirer à consequence, attendu la destination desdits deniers: SI DONNONS EN MANDEMENT à nos amez & feaux Conseillers, les gens tenans nostre Cour des Aydes à Paris, que ces Presentes ils ayent à faire lire, publier, registrer, & executer selon leur forme & teneur, cessans & faisans cesser tous troubles & empeschemens au contraire, nonobstant toutes oppositions ou appellations; desquelles, si aucunes interuiennent, nous auons attribué & attribuons la connoissance à nostredit Cour des Aydes, & icelle interdisons à nos autres Cours & Iuges; nonobstant aussi quelconques Edits, Ordonnances, Arrests, & retentions à ce contraires; ausquelles, & au desrogatoires des desrogatoires y contenuës, nous auons desrogé & desrogeōs par cesdites Prensentes: CAR tel est nostre plaisir. En tesmoin dequoy, nous auons fait mettre nostre Seel à cesdites Presentes. Donné à Paris le onziesme iour de Feurier, l'an de grace mil six cent cinquante-huit, & de nostre Regne le quinziesme. Signé LOVIS. Et sur le reply, Par le Roy. DE GVENEGAVD.

*Registrées en la Cour des Aydes, ouy le Procureur general du Roy, pour iouyr par l'Hospital general du droict de dix sols sur chacun muid de vin seulement entrant en la ville & faux-bourgs de Paris, pendant trois années, à commancer du iour de l'Arrest de verification des presentes Lettres, suiuant & aux charges portées par l'Arrest du iourd'huy. Donné à Paris en ladite Cour des Aydes, le trentiesme iour de Mars mil six cent cinquante-huit. Signé par collation,* Pro Deo, *& plus bas,* DV MOVLIN, *Pour Dieu.*

Du 30. Mars 1658.

## *Arrest de verification de la Cour des Aydes, de vingt sols sur l'Entrée du vin, auec modification.* Du 30. Mars 1658.

*Extraict des Registres de la Cour des Aydes.*

VEV par la Cour les Lettres Patentes du Roy, en forme de Declaration, données à Paris le onziesme Feurier, mil six cent cinquante-huit, signées LOVIS, & sur le reply, DE GVENEGAVD, & scellées du grand Seau de cire iaune; par lesquelles, & pour les causes y contenuës, sa Maiesté ayant mis l'affaire en deliberation en son Conseil, de l'aduis d'iceluy, & de sa certaine science, pleine puissance, & authorité Royale, declare, ordonne, veut, & luy plaist, qu'il soit imposé, pendant trois années consecutiues, par augmentation, au profit de l'Hospital general des Pauures de cette ville de Paris, & par forme d'aumosne vniuerselle,& contribution publique, pieuse & charitable, à commencer du iour de la publication desdites Lettres, le droict de vingt sols sur chacun muid de vin, que l'on fera entrer en la ville & faux-bourgs de Paris, tant par eauë que par terre; laquelle contribution sera payée par toutes sortes de personnes, exempts, & non exempts, nonobstant tous priuileges; à quoy sadite Maiesté desroge pour ce regard; le tout suiuant que plus au long est contenu ausdites Lettres, addressantes à la Cour, pour l'enregistrement & verification d'icelles. Requestes des Religieux Carmes de la Place-Maubert, Carmes des Billettes, Carmes Deschaussez de cette ville & faux-bourgs de Paris, & de Charenton: Religieux Augustins du grand Conuent, Augustins du faux-bourg Sainct-Germain, & Augustins Deschaussez de cette dite Ville: Religieux Iacobins du grand Conuent, Iacobins du faux-bourg Sainct-Germain, & Iacobins du faux bourg Sainct Honoré: Religieux Cordeliers du grand Conuent de cette ville & faux-bourgs de Paris: Religieux Minimes de la mesme Ville, & de Nigeon & Vincennes, tous Ordres Mandians; à ce que pour les causes y contenuës, il pleust à la Cour, entant que besoin estoit, ou seroit, les receuoir opposans à la verification & enregistrement de ladite Declaration, qui attribuë vingt sols sur chacun muid de vin entrant en cette ville & banlieuë de Paris, au profit de l'Hospital general des Pauures; à ce que l'on s'en voudroit preualoir & seruir, à l'esgard desdits Religieux, pour les vins de leur vsage & prouision. Faisant droit sur ladite opposition, ordonne que les Declarations du Roy, concernans l'establissement de leurs priuileges, & exemptions virifiées en ladite Cour, seroient executées selon leur forme & teneur: Ce faisant, que lesdits Religieux ioüyroient du droit qu'ils ont de faire venir & entrer en cette ville & banlieuë de Paris, les vins necessaires pour leurs vsages & prouision, sans payer aucuns droicts, ny mesme celuy de vingt sols, nouuellement attribué au profit dudit Hospital general, par ladite Declaration; auec defenses à toutes personnes de les empescher en la traite, conduite & passage de leurs vins, à peine de tous despens dommages, & interests. Autre Requeste des Peres de la Doctrine Chrestienne, des Maisons de Sainct Charles & de S. Iulien de cette ville de Paris; à ce qu'il pleust à ladite Cour, en procedant à la verification de l'Edit pour l'establissement de nouuelle impost de vingt sols pour chacun muid de vin, entrant en cette ville de Paris, en faueur du grand Hospital, faire droit aux supplians sur leur opposition; ce faisant, les conseruer & maintenir en leurs frãchises & exemption, suiuant les Lettres du mois de Ianuier mil six cent cinquante-quatre, verifiées en ladite Cour, le deuxiesme Septembre ensuiuant, qui leur ont esté ausmosnées, suiuant & conformément à ce qui a esté accordé à tous les Mandians de cette ville de Paris; & ce, pour la quantité de quarante muids de vin, pour la maison desdits Peres de la Doctrine Chrestienne du faux-bourg Sainct Marcel, & vingt muids pour celle de Sainct Iulien de Paris, par chacun an; auec defenses de leur donner aucun trouble ny empeschement, specialement aux Commis establis aux portes ce cette Ville. Autre Requeste des Peres Iesuites de la Maison professe de Sainct Loüis de cette ville de Paris, des peres Iesuites du College de Clermont de la mesme Ville, des Peres Iesuites de la Maison du Nouiciat; à ce qu'il pleust à la Cour, faisant droit sur leur opposition, par eux formée, à l'enregistrement de la Declaration du Roy, portant augmentation des droicts d'entrée de vingt sols, pour chacun muid de vin, qui entre dans les faux-bourgs & ville de Paris, au profit du grand Hospital: Ordonne que ledit enregistrement ne pourra estre fait, sinon à la charge de l'exemption desdits Peres Iesuites; & que le vin de la prouision de leurs Maisons demeureroit exempt desdits vingt sols, aussi bien que des autres droicts, en consequence de leurs Lettres Patentes, portant exemptions deuëment verifiées en la Cour. Copie de plusieurs Lettres Patentes, Arrests de verifications d'icelles, de ladite Cour; & autres Pieces, attachées ausdites Requestes. Arrest de la Cour, du onziéme Mars mil six cent cinquante-huit, portant qu'à la diligence du Procureur general, lesdites Lettres du onziesme Feurier dernier, seroient communiquées aux Fermiers des Entrées de la ville de Paris, tant anciens que nouueaux: Significations faittes desdites Lettres, & responses desdits Fermiers, Conclusions dudit Procureur general, tout consideré: LA COVR a ordonné & ordonne lesdites Lettres registrées au Greffe d'icelle, pour ioüyr par ledit Hospital general, du droict de dix sols sur chacun muid de vin seulement entrant en la ville & faux-bourgs de Paris, pendant trois années, à commenceer du iour du presnt Arrest, à la charge que ledit droict ne pourra estre employé à autre effet qu'à l'entretenement dudit Hospital general: Ce faisant, que les deniers en prouenans seront receus par les cõmis & preposez par les Administrateurs d'iceluy, sans que le fermier des Entrées puissent s'immiscer en la perception & leuée dudit droict de dix sols, sinon du consentement desdits Administrateurs, qui auront la liberté d'affermer ledit droict, & en passer Bail à telles personnes qu'ils iugeront estre à faire par raison: Que lesdits dix sols ne pourront estre reputez deniers Royaux, ny suiets à aucune taxe, diminution, ny augmentation; mesme du droict de parisis, attendu leur destination; & sans que les redeuables dudit droict puissent estre contraints par corps au payement d'iceluy; lequel sera leué ainsi que les autres droicts d'Entrée, suiuant & conformément aux Ordonnances, Arrest & Reglemens de la Cour: Et lesdites trois années expirées, ledit droict demeurera esteint & supprimé, sans que la leuée en puisse estre continuée, pour quelque cause, & sous quelque pretexte que ce soit; & à cét effet, que les Administrateurs dudit Hospital seront tenus à la fin de chacune année, de mettre au Greffe de la Cour vn estat, par eux certifié veritable, du reuenu dudit Hospital general, & recepte annuelle qui en aura esté fait. Ordonne en outre, que le Roy sera tres-humblement supplié; de destiner le tiers des reuenus des Maladeries & Hospitaux de ce Royaume, où il n'y a point de pauures & malades, pour la subsistance & entretien dudit Hospital general: Et ayant aucunement esgard aux Requestes presẽtées par les Religieux Carmes de la Place-Maubert, Carmes des Billettes, Carmes Deschaux de cette ville de Paris, & de Charenton: Religieux Augustins du grand Conuent, Augustins du faux-bourg S. Germain, & Augustins Deschaussez de cette Ville: Religieux Iacobins du grand Conuent, Iacobins du faux-bourg S. Germain & du faux-bourg S. Honoré: Religieux Cordeliers du grand Conuent de cette ville & faux-bourgs de Paris: Religieux Minimes de ladite Ville, & de Nigeon, & Vincennes: les Peres de la Doctrine Chrestienne, des Maisons de S. Charles & de S. Iulien de cette ville de Paris: Les Peres Iesuites de la Maison professe de S. Loüis, de la mesme ville de Paris, Peres Iesuites du College de Clermont aussi de la mesme Ville, & les Peres Iesuites du Nouiciat du faux-bourg S. Germain, & toutes autres Communautez Religieuses de ladite Ville de Paris, qui ont obtenu Lettres Patentes du Roy, bien & deüement verifiées en la Cour, portans exemption du droict d'Entrée du vin, pour la prouision de leur Maison, ioüyrõt de l'exemption des droicts d'Entrée du vin, ainsi qu'ils en ont cy deuant bien & deüement ioüy, ioüyssẽt & vsent encores à present, suiuant & conformément aux Declarations du Roy, & Arrest de verification d'icelles, de ladite Cour; méme dudit droict de dix sols pour muid de vin, entrant en ladite ville & faux-bourgs de Paris. PRONONCÉ le 30. Mars, 1658. Signé par collation, pour Dieu. Et plus bas, DV MOVLIN, pour Dieu.

*Cotté cent quarante-vn*

Iussion

# Iussion du Roy à la Cour des Aydes, pour leuer les modifications. Du cinquiesme d'Auril 1658.

LOVIS par la grace de Dieu Roy de France & de Nauarre, A nos amez & feaux Conseillers les Gens tenans nostre Cour des Aydes à Paris, Salut: Par nos Lettres Patentes en forme de Declaration, du onziesme Feurier dernier, a vous addressantes, Nous auons, & pour les considerations y contenuës, ordonné qu'il sera imposé, pendant trois années consecutiues, par augmentation, au profit de l'Hospital general de l'enfermement des Pauures, de nostre bonne ville de Paris, dont nous nous sommes declarez Fondateurs & Protecteurs, & par forme d'aumosne vniuerselle, & contribution publique, pieuse & charitable, à commencer du iour de la publication de nosd. Lettres, 20. sols sur chacun muid de vin que l'on fera entrer en ladite ville & faux-bourgs de Paris, tant par eauë que par terre; laquelle imposition sera payée par toutes sortes de personnes, exempts & non exempts, nonobstant tous priuileges, ausquels nous auons desrogé pour ce regard, pour estre les deniers employez & conuertis à la subsistance quotidienne dudit Hospital general, ainsi qu'il est plus au long contenu par lesdites Lettres; Lesquelles vous ayant esté presentées, à l'effet de l'enregistrement & verifications d'icelles, vous auez par vostre Arrest du vingtiesme Mars ensuiuant, interuenu sur les oppositions formées audit enregistrement, tant par nos Fermiers des Entrées de ladite ville & Faux-bourgs, qu'autres pretendus priuilegiez; ordonné nosdites Lettres estre registrées au Greffe de nostredite Cour, pour iouyr par ledit Hospital general du droict de dix sols sur chacun muid de vin seulement, auec plusieurs autres modifications, restrictions, & conditions y contenuës: Et entre autres, que les Communautez Religieuses de ladite ville de Paris, qui ont obtenu des Lettres Patentes de Nous, bien & deüement verifiées en nostredite Cour, portant exemption du droict d'Entrée du vin, pour la prouision de leurs Maisons, iouÿrōt de l'exemption des droicts d'Entrée du vin, ainsi qu'ils en ont cy-deuant bien & deuëment iouy, iouyssent & vsent encores à present, suiuant & conformément à nos Declarations & Arrests de verifications d'icelles, de nostredite Cour; mesme dudit droict de dix sols sur muid de vin, entrant en ladite ville & faux-bourgs de Paris. Ce qui est contraire à nostre intention, laquelle a esté d'asseurer la subsistance dudit Hospital general, par la voye que nous auons iugée la plus raisonnable dans l'estat present

S

de nos affaires, & dans la necessité où nous nous sommes trouuez, de pouruoir à ladite subsistance; autant pour rendre l'entreprise solide que pour en preuenir la cheute & la ruine, & pour conuier tous nos Subiets, à nostre exemple, d'y faire affluer leurs charitez; ayant de plus consideré dans l'execution de la proposition de cét expedient, qu'il ne pouuoit estre à charge au public, ny aux particuliers, en veuë du grand bien qui resulte vniuersellement dudit establissement, & à la destination des deniers prouenans dudit droict de vingt sols; dont la leuée est d'autant plus fauorable & priuilegiée, qu'il est de notorieté, que ledit Hospital general ne peut subsister que par le moyen de ce secours extraordinaire; & que par le manquement de sa subsistance, il arriueroit vne cheute de ce grand Oeuure, qui seroit irreparable & sans remede, à nostre grand desplaisir, & des gens de bien. A CES CAVSES, desirant faire ressentir audit Hospital general, des bons & efficaces effets de nostre Fondation & Protection, conformément ausdites Lettres de Declaration, en attendant que nous peussions par d'autres moyens luy establir vne plus grande & plus solide subsistance: Et aprés auoir fait examiner à nostre Conseil vostredit Arrest, cy-attaché soubs le contre seelle de nostre Chancellerie; de l'aduis d'iceluy, Nous vous mandons, & tres-expressement enioignons par ces Presentes, signées de nostre main, qui vous seruiront de derniere & finale Iussion, sans vous arrester à vostredit Arrest, du trentiesme Mars dernier, modifications & restrictions, & autres charges & conditions y contenuës, ny aux motifs que vous pouuez auoir eu pour deliberer, suiuant iceluy; vous ayez à proceder incessamment à la verification & enregistrement pur & simple de nosdites Lettres de Declaration, du onziesme Feurier dernier, selon leur forme & teneur: Pour iouyr par ledit Hospital general, des vingt sols sur chacun muid de vin, entrant en nostredite ville & faux-bourgs de Paris; & estre l'imposition & leuée, faite par augmentation des droicts qui se leuent sur ledit vin, en la forme & maniere portée par nosdites Lettres; mesmes sur les exempts & non exempts, à la reserue des vins destinez pour la prouision des Religieux Mandians; pour raison dequoy, ils iouyront de leurs priuileges; & les deniers receus par nos Fermiers des Entrées, & payez par eux au Receueur general dudit Hospital, de quartier en quartier, suiuant le fonds qui en sera employé dans les estats de nostredite Ferme, qui seront arrestez en nostre Conseil, sans plus apporter de longueur, refus, restriction, modification, ny difficulté: Enioignons à nostre Procureur general, de faire pardeuant vous pour l'execution des Presentes, toutes les questions, poursuites, & diligences necessaires: CAR tel est nostre plaisir. Donné à Paris le cin-

*quiesme iour d'Auril, l'an de grace mil six cent cinquante-huit, & de nostre Regne le quinziesme. Ainsi signé,* LOVIS: *Et plus bas, Par le Roy,* DE GVENEGAVD. *& ensuite est escrit,*

*Leuës, publiées, registrées, du tres-exprés commandement du Roy, porté par Monsieur le Prince de Conty, assisté du sieur Mareschal de Villeroy, & des sieurs Daligre & de Vertamont Conseillers du Roy en ses Conseils; ouy, & ce consentant son Procureur general, pour estre executées selon leur forme & teneur; & ordonné que copie collationnée à l'Original sera enuoyée en l'Eslection de Paris, pour y estre pareillement leuë, publiée, & registrée: Enioint au Substitud du Procureur general du Roy, d'y tenir la main, & verifier de ses diligences au mois. A Paris, en la Cour des Aydes, les Chambres assemblées, le sixiesme iour d'Auril mil six cent cinquante-huit. Signé par collation,* Pro Deo, *& plus bas,* DV MOVLIN.

---

## *Enregistrement de l'Edit du Roy aux Eauës & Forests,* Du 16. Iuillet 1658.

Du 16. Iuillet 1658.

LEs Grands-maistres Enquesteurs generaux, Reformateurs des Eauës & Forests de France, au Siege general de la Table de Marbre du Palais à Paris; A tous ceux qui ces presentes Lettres verront, Salut: Sçauoir faisons, Que veu les Lettres Patentes du Roy, en forme d'Edit, données à Paris le 27. iour d'Auril mil six cent cinquante-six, signées LOVIS, & plus bas; Par le Roy, DE GVENEGAVD, & seellées du grand Seau de cire verte; par lesquelles, pour les causes & considerations y contenuës, Sa Majesté auroit ordonné que les Pauures mandians, valides & inualides, de l'vn & l'autre sexe, de cette ville & faux-bourgs de Paris, seroient enfermez dans l'Hospital general, pour estre employez, selon leur pouuoir, aux ouurages, manufactures, & autres trauaux, sous la direction & conduite des Directeurs, par ledit Seigneur Roy choisis & nommez; & conformément au Reglement attaché sous le contreseel desdites Lettres, ainsi que plus au long est porté par icelles. Arrest de la Cour de Parlement, du premier Septembre mil six cent cinquante-six, portant entre-autres choses, que lesdites Lettres seroient registrées, pour estre executées selon leur forme & teneur; & autres pieces: Conclusions du Procureur general du Roy en cette Cour, tout consideré: Dit a esté, Que lesdites Lettres, ensemble l'Arrest de la Cour de Parlement, de verification d'icelles, seront registrées au Greffe d'icelle Cour, pour estre executées selon leur forme & teneur; à la charge, qu'il sera seulement departy sur les ventes ordinaires des Forests de l'Isle de France, les plus proches & commodes, deux cent cordes de bois, & deux milliers de cotterets, pour le chauffage dudit Hospital general, faisans le tiers de six cent cordes & six milliers de cotterets, mentionnez esdites Lettres, & le surplus sur les Forests de Normandie; attendu que les Forests sont en plus grand nombre, & de plus grande estenduë dans ladite Prouince; le tout suiuant la possibilité desdites Forests: & sans que lesdites Ventes puissent estre augmentées, ny plus grand nombre de bois couppé, conformément audit Edit & Arrest de verification; & ce, pour six années seulement; sauf à continuer le fonds qui en sera fait, si tant dure la necessité dudit Hospital: sans que ledit Hospital puisse rien prendre sur les amendes, confiscations, & restitutions des eauës & forests, le fonds en estant destiné par les Ordonnances & les Arrests rendus en consequence. Donné audit Siege, soubs le Seel y ordonné, le seiziesme iour de Iuillet, mil six cent cinquante-huit.

Signé, CHAVDVN.

---

Du 11. Aoust 1659.

*Enregistrement de l'Edict du Roy, au Bureau des Finances.*

Du 11. Aoust 1659.

LES Presidens, Tresoriers de France, Generaux des Finances, & grands Voyers en la Generalité de Paris. Veu les Lettres Patentes du Roy, en forme de Chartre, données à Paris, au mois d'Auril, de l'année mil six cent cinquante-six, signées LOVIS, & plus bas, Par le Roy, DE GVENEGAVD; & scellées de cire verte, en laqs de soye rouge & verte; Par lesquelles, pour les causes & considerations y contenuës, Sa Majesté auroit ordonné, que les Pauures mandians, valides & inualides, de l'vn & l'autre sexe, de cette ville & faux-bourgs de Paris, seroient enfermez, pour estre instruits & occupez à diuers ouurages & manufactures, suiuant le Reglement pour ce fait, & attaché soubs le contreseel desdites Lettres, que sadite Majesté veut estre gardé & obserué: Et pour y paruenir, Elle auroit par lesdites Lettres reüny les Maisons & Hospitaux de la grande & petite Pitié, & du Refuge, scis au faux-bourg Sainct Victor, ceux de Scipion, & de la Sauonnerie, & fait don ausdits Pauures de la maison de Bisextre, & lieux en dépendans; Tous lesquels ensemble composans ledit Hospital; Sa Majesté veut estre nommez l'Hospital general, censé & reputé de fondation Royale, & qu'ils soient & demeurent admortis, en vertu desdites Lettres; ensemble les maisons & heritages qui pourront escheoir à l'aduenir audit Hospital general, par donation, eschange, ou autrement: Et pour ayder à la subsistance des Pauures, Sa Majesté leur auroit accordé des priuileges & exemptions, & fait don de plusieurs droits, comme d'vn quart sur les amendes & condemnations d'aumosnes, d'vn droict sur les Officiers en toutes Iurisdictions, sans toutesfois y comprendre les Officiers des Cours Souueraines: auroit permis aux Directeurs establis & nommez par lesdites Lettres, pour regir & administrer ledit Hospital general, d'acquerir tous

tous biens en fief ou roture; mesme du Domaine de sa Maiesté: Comme aussi de prendre des terres de proche en proche, pour la necessité & commodité dudit Hospital general, en payant la iuste valeur, suiuant l'estimation; mesme de faire faire voulte & arcades au dessus & au dessous les ruës & ruelles, ausquelles les maisons dépendantes dudit Hospital, seront adiacentes; comme aussi de faire construire volets & colombiers à pied, moulins à vent & à eauë, en l'estenduë dudit Hospital general, membres & lieux d'iceluy: Leur auroit accordé pareillement la permission de prendre des eauës des fontaines de Rongis, iusques à la quantité qu'ils iugeroiét necessaire: Comme aussi sa Majesté auroit permis ausdits Directeurs de faire fabriquer en l'estenduë dudit Hospital general toutes sortes de manufactures, les faire vendre & debiter, sans payer le droict de sol pour liure, ny droict d'Aydes; affranchissant ledit Hospital de tous subsides & droicts d'Entrées, tant en cette Ville qu'ailleurs, par eauë & par terre, des ponts, ports, peages, & octroys des Villes, barrages, ponts & passages, mis & à mettre, pour les viures & prouisions dudit Hospital; mesme pour le vin, iusques à la quantité de mil muids par chacun an; le bois tant à brûler qu'à bastir, charbon, foin, cendres, & autres denrées, pour la necessité dudit Hospital: Luy auroit aussi fait don sa Majesté du droict de franc sallé pour sa prouision, iusques à la quantité de quatre muids de sel par chacun an, à prendre au Grenier de cette Ville, sans pour ce payer autre chose que le prix du Marchand: Comme aussi permis de prendre la quantité de six cent cordes de bois, & six milliers de cotterets, par chacun an, dans ses Forests de l'Isle de France & de Normandie, les plus proches & commodes que faire se pourra: Deschargeant ledit Hospital de toutes contributions publiques, bouës, paué, & autres: Auroit mesme exempté ledit Hospital general, membres & lieux en dépendans, des logemens & passages, Aydes & contributions des gens de guerre: Faisant sa Maiesté defenses à tous Habitans, Asseeurs & Collecteurs des Parroisses, & tous autres, de taxer ou imposer aux Roolles des Tailles, Taillon, Subsistances, ny d'autres deniers ordinaires ou extraordinaires, les Fermiers, Sous-Fermiers, Receueurs, ou Commis dudit Hospital general: Mais qu'où ils seroient contribuables, ils seroient taxez d'office, eu esgard à leurs biens propres, sans y considerer les biens qu'ils tiendroient à ferme de l'Hospital general, ainsi qu'il est plus au long declaré par lesdites Lettres, à nous addressantes: MANDANT sa Majesté de faire icelles registrer, & de tous droicts d'admortissemens, francs-fiefs, & nouueaux acquests, & dons de droicts à elle deubs, faire joüyr & vser ledit Hospital general, faisant cesser tous troubles & empeschemens: Conclusions du Procureur du Roy, & tout consideré; NOVS auons ordonné lesdites Lettres, ensemble le Reglement, attaché soubs le contre-seel d'icelles, estre registrées és Registres de cette Generalité, pour joüyr par ledit Hospital general de l'effet & contenu esdites Lettres selon leur forme & teneur; à la charge que lesdits Directeurs rapporteront dans trois mois au Greffe de ce Bureau vne declaration signée de six au moins, des maisons, terres, & autres biens situez en cette Generalité, & dépendans de l'Hospital general; & continuëront par chacun an, de fournir pareille declaration des maisons & heritages qui serõt escheus aud. Hospital par donation, eschange, ou autrement, pour estre registrée en ce Bureau: Et à l'esgard des bastimens & closture qu'il sera necessaire de construire pour la commodité & accroissement dudit Hospital; les allignemens en seront donnez par ceux de nous à ce commis. Il ne sera fait aucune leuée ny cottisation, soubs pretexte de charité & subsistance des Pauures, qu'en vertu de Lettres Patentes, obtenuës specialement à cét effet, en connoissance de cause, & deuëment registrées en ce Bureau; pour en consequence de nos Ordonnances, proceder à ladite leuée, si faire se doit; & en cas de cottisation, elle sera faite par les Commissaires de ce Bureau à ce deputez: Ioüyra ledit Hospital de la portion des amendes & confiscations, conformément aux Lettres, rapportant au Greffe tous les ans vne declaration, deuëment verifiée, de ce qui en sera receu, aux Pauures. Les Officiers qui doiuent estre receus en ce Bureau, seront inuitez de faire quelque charité, en faueur de leur reception, sans qu'ils y puissent estre contraints. Ne pourront les Directeurs prendre, ny s'approprier aucunes terres ny heritages de leurs voisins, qu'à l'amiable; & en cas de refus ou contestations, qu'au prealable descente n'ait esté faite par l'vn de nous, pour la prisée & estimation estre arbitrée en sa presence, par Experts nommez d'office, & le remboursement fait, suiuant nos Ordonnances: Il ne sera fait par eux aucunes voûtes ny arcades au dessus ny au dessous des ruës ou ruelles, que par la permission du Bureau, descente & visitation prealablement faite: Ne pourront aussi faire construire aucuns Moulins à vent ou à eauë, que par l'ordre du Bureau, auquel ils se pouruoiront à cét effet. Ne feront conduire aucunes eauës pour l'vsage de l'Hospital, ny ouurir tranchées pour aqueduc, & chasteaux d'eau, qu'aprés auoir pris les allignemens de ceux de nous à ce deputez. Ioüyra ledit Hospital de l'exemption des droits de peages, ponts, passages, & autres, esnoncez és Lettres; mesme du droict de barrage, sans tirer à consequence: la concession de l'entrée franche pour mil muids de vin aura lieu, sans que les Fermiers establis aux Entrées depuis l'obtention desdites Lettres, puissent pretendre aucune diminution ny desdommagement pour raison de cét octroy. Ioüyra pareillement du droict de franc-sallé, iusques à la concurrence de quatre muids de sel, conformément aux Lettres. MANDANT à cét effet, aux Officiers du Grenier à sel de Paris, leur en faire faire la deliurance par chacun an, sans qu'il en puisse estre mes-vsé, à peine de descheance: Pourront aussi lesdits Directeurs prendre l'vsage & chauffage de l'Hospital dans les Forests de sa Maiesté, iusques à la quantité accordée, rapportant au Greffe annuellement vn estat certifié des lieux où ils auront pris ledit chauffage. Les Fermiers & biens-tenans dudit Hospital, contribuables aux Tailles, ne seront taxez ny cottisez à l'ordinaire par les Collecteurs des Parroisses, ains le seront d'office, conformément aux Lettres, par ceux de nous qui presideront au departement ; & en nostre absence, par les Esleus, ausquels MANDONS de ce faire, eu égard seulement à l'industrie, & aux biens appartenans en propre ausdits Fermiers, dont sera fait Roolle tous les ans, qui sera certifié & rapporté au Greffe : Comme aussi rapporteront lesdits Directeurs par chacun au Greffe de ce Bureau, vn Roolle des Pauures, Officiers & domestiques qui se trouueront audit Hospital ; & és maisons qui dépendent d'iceluy. FAIT au Bureau des Finances à Paris, le onziesme iour d'Aoust mil six cent cinquante-neuf. Signé par collation. FORNIER, HACHETTE, BELIN, DELEGRIT, & plus bas, Par mesdits sieurs SENSIER. *Pro Deo.*

---

## *Arrest de la Cour de Parlement, du 20. Aoust 1659. contre Michel Truffault Soldat estropié.*

Du 20. Aoust 1659.

*Extraict des Registres de Parlement.*

VEV par la Cour le procés criminel, fait par le Bailly du Chapitre de l'Eglise de Paris, à la Requeste des Directeurs de l'Hospital general, demandeurs & accusateurs, le Procureur Fiscal joint ; contre Michel Truffault Soldat estropié, natif de Turqueuille en Normandie, defendeur, accusé, prisonnier és prisons de la Conciergerie du Palais, appellant de la Sentence contre luy renduë, le 23. Iuillet 1659. par laquelle ledit Truffault auroit esté declaré deuëment atteint & conuaincu d'auoir excité, de complot fait auec trois autres Soldats, huit Seditions dans les ruës de Paris, auec armes contre les Archers de l'Hospital general, les auroit fait espier, & attiré de guet-à-pens de l'Hostel de Guise & l'Hostel d'Angoulesme, lieu choisi pour embusches ; & là d'auoir crié aux portes des grandes Maisons, main-forte, & fait sortir d'icelles plusieurs Laquais, & autres gens affidez, pour outrager & exceder lesdits Archers, & d'auoir par ces moyens esté cause du meurtre commis audit lieu par lesdits Laquais, en la personne du nommé Francœur, l'vn desdits Archers ; pour reparation, auroit esté condamné d'estre pendu & estranglé à vne potence, qui pour cét effet seroit plantée au lieu où ledit meurtre auroit esté commis, ayant deux escriteaux deuant & derriere, où seroient escrits ces mots : *Seditieux coustumier contre les Archers de l'Hospital general*, son corps mort porté aux fourches patibulaires des Sieurs du Chapitre, ses biens acquis & confisquez à qui il appartiendroit ; & le nommé Lespine, & deux autres Soldats, seroient pris au corps ; ensemble les quidam Laquais & autres qui ont fait ladite sedition, si pris & apprehendez pouuoient estre ; sinon criez à trois briefs iours, & le Iugement leu, publié à son de Trompe ; & affiché dans les Carrefours & lieux publics de ladite Ville, attendu qu'il s'agit de Police : Et oüy & interrogé en ladite Cour ledit accusé, sur la cause d'appel, & cas à luy imposez, tout consideré : DIT A ESTE', que ladite Cour a mis & met l'appellation & Sentence, de laquelle il a esté appellé, au neant ; émendant pour reparation des cas mentionnez au procés, a condamné & condamne ledit Truffault à estre battu & fustigé nud de verges, tant au deuant de la Conciergerie, sur le Pont Sainct Michel, Place-Maubert, qu'autres Carrefours du Bailliage de la Barre du Chapitre, à son de Tambour ; & à l'vn d'iceux, marqué d'vne fleur-de-lys de fer chaud, sur l'espaule dextre, ayant deux escriteaux pendans au col, deuant & derriere, contenant ces mots, *Seditieux coustumier contre les Archers de l'Hospital general* ; ce fait, l'a banny & bannit pour neuf ans de la Ville, Preuosté & Vicomté de Paris, luy enjoint garder son ban, luy fait defenses de recidiuer, à peine de la hart. ORDONNE que les Ordonnances, Reglemens, & Arrests donnez pour le regard des Pauures mandians seront executez selon leur forme & teneur ; & suiuant iceux, defenses à toutes personnes, de quelque qualité & condition qu'ils soient, Soldats ou autres, valides, & inualides, de demander dans la ville & faux-bourgs de Paris, publiquement ou en secret, à peine du foüet contre les contreuenans, pour la premiere fois, & pour la seconde des galeres, & de mandier auec espée ou autres armes, à peine de la vie ; & ausdits Soldats, & tous autres de meffaire ny mesdire aux Archers dudit Hospital general, sur la mesme peine. Sera le decret decerné contre les nommez Lespine, & autres, executé, & le procés à eux fait & parfait par ledit Bailly de la Barre du Chapitre, iusques à Sentence diffinitiue inclusiuement, sauf l'execution, s'il en est appellé ; & pour l'execution du present Arrest, ladite Cour a renuoyé & renuoye ledit Truffault prisonnier pardeuant ledit Bailly de la Barre du Chapitre, qui fera publier & afficher ledit Arrest par les Carrefours & places publiques de cette ville de Paris. FAIT en Parlement le vingtiesme Aoust mil six cent cinquante-neuf.

Signé, BOVCHARDEAV.

---

Du 6. Septembre 1659.

*Arrest de la Cour de Parlement, du 6. Septembre 1659. par lequel il est ordonné que le grand Bureau des Pauures sera tenu receuoir les pauures femmes grosses, qui seront atteintes du mal venerien.*

*Extraict des Registres de Parlement.*

VEV par la Cour la Requeste presentée par le Procureur general du Roy, contenant qu'il est besoin de pouruoir de lieu où seroient mises

mises les personnes qui sont atteintes du mal venerien ; dautant que par l'article sixiesme du Reglement de l'Hospital general il est dit, que les malades du mal venerien ne pourront estre receus audit Hospital general ; & que les Administrateurs du grand Bureau des Pauures font refus de receuoir les femmes grosses qui se presentent, atteintes dudit mal, parce qu'on ne peut faire les grands remedes, à cause du grand peril où seroit leur fruict, ny ceux & celles qui n'ont que les approches dudit mal, & par leur Reglement ils ne doiuent receuoir que deux des malades de cette qualité par chaque iour de Bureau, qui est quatre par semaine; pourquoy il est necessaire d'y pouruoir : A CES CAVSES, requeroit ledit Suppliant estre ordonné, que ledit grand Bureau des Pauures seroit tenu de receuoir les femmes grosses, qui se trouueront atteintes dudit mal venerien, pour les faire penser par les remedes doux, iusques à leur accouchement ; comme aussi de receuoir ceux & celles qui n'auront que les approches dudit mal venerien, afin d'empescher le mal de leur communication, & de receuoir tous ceux & celles qui se presenteront, sur les billets des Administrateurs de l'Hospital general ; que le Reglement d'iceluy sera executé, sans preiudice de l'execution de celuy du grand Bureau en autres choses : ladite Requeste signée du Suppliant, Oüy le rapport de Messire Charles de Saueuses Conseiller, tout consideré : LADITE COVR a ordonné & ordonne, que ledit grand Bureau des Pauures sera tenu receuoir les femmes grosses, qui se trouueront atteintes dudit mal venerien, pour les faire penser par les remedes doux iusques à leur accouchement : Comme aussi ceux & celles qui n'auroient que les approches dudit mal, afin d'empescher le peril de leur communication, & qui se presenteront, sur les billets des Administrateurs dudit Hospital general, & sera le Reglement d'iceluy executé, sans preiudice de l'execution de celuy du grand Bureau en autres choses. FAIT en Parlement le sixiesme Septembre 1659.

---

*Arrest de la Cour de Parlement, du 6. Septembre 1659. portant la Taxe, que chacun Officier, Marchand, Artisan, & autres, seront tenus payer à leur reception, en faueur de l'Hospital general.* Du 6. Septembre 1659.

*Extraict des Registres de Parlement.*

VEV par la Cour la Requeste presentée par le Procureur general du Roy, contenant : Que par la Declaration du Roy d'Establissement de l'Hospital general, de cette ville & faux-bourgs de Paris, du mois d'Auril mil six cent cinquante-six, verifiée en la Cour, il est entre autres choses porté, que les Officiers, les Maistres, & les Apprentifs payeront, lors de leurs receptions, vne somme au profit dudit Hospital general, lequel article est executé par les Officiers qui se reçoiuent en la Cour; mais il n'y en a point encor eu d'execution pour les Officiers de Police, ny pour les Maistres & Apprentifs des Corps & Communautez : A CES CAVSES, Requeroit ledit Suppliant estre ordonné, que chacun Officier de Police, chacun Maistre des six Corps, chacun Marchand de vins, chacun Vendeur, Mesureur, Porteur de Grains, Charbon, & autres, payera la somme de dix liures, au profit de l'Hospital general, lors qu'il sera receu Officier ou Maistre : Et chacun Apprentif des six Corps, & Marchands de vins, payera la somme de trois liures lors de son Breuet d'apprentissage. Que chacun Maistre des autres Corps & Communautez, & de tous Arts & Mestiers, sans aucune exception, payera la somme de trois liures lors de sa Maistrise, & chacun Apprentif desdits Corps & Communautez, Arts & Mestiers, la somme de vingt sols, lors de son Breuet d'apprentissage, en quelque lieu que se fassent les receptions, Maistrises, & Apprentifs, soit directement pardeuant le Lieutenant Ciuil, soit pardeuant le Substitud du Suppliant, en l'Hostel de Ville, & pardeuant les Officiers du Bailliage Saint Germain des Prez, ou autres de la ville & fauxbourgs de Paris. Que les receptions ne pourront estre faites, ny les Maistrises & Breuets d'apprentissage registrez, qu'en apportant la quittance du Receueur general dudit Hospital general. Enjoint à tous les Officiers d'y tenir la main, & à tous Maistres & Gardes, Syndics & Iurez, de veiller à l'execution du present Arrest, à peine d'en respondre en leurs propres & priuez noms, & que l'Arrest qui interuiendroit seroit leu, publié, registré, & affiché par tout où besoin seroit. Ladite Requeste signée du Suppliant, oüy le rapport de Maistre Charles de Saueuse Conseiller du Roy en ladite Cour, tout consideré : LA COVR a ordonné & ordonne, que chacun Officier de Police, chacun Maistre des six Corps, chacun Marchand de vins, chacun Vendeur, Mesureur & Porteur de Grains, Charbon, & autres, payeront la somme de dix liures au profit de l'Hospital general, lors qu'il sera receu Officier ou Maistre, & chacun Apprentif des six Corps, & des Marchands de vins, payera la somme de trois liures, lors de son Breuet d'apprentissage, Que chacun Maistre des autres Corps & Communautez, & de tous Arts & Mestiers, sans aucune exception, payera la somme de trois liures lors de sa Maistrise, & chacun Apprentif desdits Corps & Communautez, Arts & Mestiers, la somme de vingt sols, lors de son Breuet d'apprentissage, en quelque lieu que se fassent les receptions, Maistrises, & Apprentifs, soit directement pardeuant le Lieutenant Ciuil, soit pardeuant le Substitud du Suppliant, audit Hostel de Ville, ou pardeuant les Officiers du faux-bourg Sainct Germain des Prez, & autres de la ville & faux-bourgs de Paris; Ordonne que les receptions ne pourront estre faites, ny les Maistrises ou Breuets d'apprentissage registrez, qu'en rapportant la quittance du Receueur dudit Hospital. Enjoint à tous les Officiers d'y tenir la main, & à tous Maistres, Gardes & Iurez, de veiller à l'execution du present Arrest, à peine d'en respondre en leurs noms : Et sera le present Arrest leu, publié & affiché par tout où besoin sera. FAIT en Parlement le sixiesme iour de Septembre mil six cent cinquante-neuf.

Signé, DV TILLET.

---

*Arrest de la Cour de Parlement, du 27. Nouembre 1659 portant defenses à toutes personnes de donner l'aumosne aux Mandians, & d'empescher les Archers de prendre & conduire les Pauures dans les Hospitaux.* Du 27. Nouembre 1659.

*Extraict des Registres de Parlement.*

SVR la Remonstrance faite par le Procureur general du Roy, qu'au preiudice des Lettres de l'Establissement de l'Hospital general, verifiée en la Cour, & des Arrests qui ont esté rendus en suite, on voit dans les ruës de cette Ville plusieurs Mandians; & entr'autres des Vagabonds valides, ce qui prouient, tant de ce que plusieurs personnes, portez d'vne fausse compassion, donnent l'aumosne manuellement dans les ruës, au lieu, s'ils ont des charitez à faire, de les mettre dans les Troncs dudit Hospital; que de ce que les Archers preposez pour la capture des Pauures qui mandient, non seulement ne sont point secourus & protegez en leurs fonctions, mais mesme y sont troublez & empeschez par les frequentes rebellions qui leur sont faites par personnes de toutes qualitez : A quoy il est necessaire de promptement pouruoir: pource qu'autrement la Ville seroit incontinent remplie de Mandians, & l'Hospital qui est en grande necessité, priué de l'auantage qui doit prouenir des Troncs qu'on a remarqué depuis peu produire fort peu de chose, à cause des aumosnes qui se font ainsi manuellement à ceux ausquels on ne peut donner, & qui ne peuuent receuoir, qu'en contreuenant aux Edicts & Declarations du Roy & Arrests, dont il requiert la Cour d'ordonner l'execution, auec defenses d'y contreuenir, sous les peines portées par lesdits Edicts, Declarations & Arrests, & autres plus grandes, s'il y eschet. LA COVR a ordonné & ordonne, que les Arrests rendus en icelle, les dix-huit Auril, deux Iuin, & Nouembre mil six cent cinquante-sept, seront executez selon leur forme & teneur : Et en ce faisant, a fait & fait iteratiues defenses à toutes personnes de quelque qualité & condition qu'elles soient, de donner l'aumosne manuellement aux Pauures dans les ruës, ny dans les Eglises, aux portes d'icelles, ny autres lieux, pour quelque cause & sous quelque pretexte que ce soit, à peine de quatre liures parisis d'amende, au payement de laquelle, les contreuenans seront contraints sur le champ par corps, & sans déport, par le Bailly des Pauures, ses Brigadiers & Archers, ausquels elle enioint de ce faire, & d'en mettre à l'instant les deniers entre les mains du Receueur dudit Hospital general, pour subuenir aux necessitez d'iceluy : A fait & fait aussi tres-expresses inhibitions & defenses à tous Soldats, mesmes aux Bourgeois & Artisans de cette ville de Paris, & à toutes autres personnes, de quelque qualité qu'elles soient, de molester, iniurier, ny maltraiter ledit Bailly des Pauures, ses Brigadiers, & Archers, ny de leur apporter directement ou indirectement aucun empeschement en l'exercice & fonction de leurs Charges. Enjoint audit Bailly des Pauures, Brigadiers & Archers, d'emprisonner sur le champ les contreuenans ausdites defenses, s'ils les peuuent apprehender, sinon dresser leurs Procés verbaux, & iceux enuoyer au Procureur general, ou à ses Substituts, pour sur les Conclusions estre incessamment decreté, & les coupables punis exemplairement, comme perturbateurs du repos public, suiuant la rigueur des Ordonnances. A ordonné & ordonne, que tous les Mandians valides sortiront incessamment de cette Ville & Faux-bourgs. Enjoint aux Cheualier du Guet, Lieutenant Criminel de Robe courte, Preuost de l'Isle, Commissaires du Chastelet, & autres Officiers, d'y tenir la main, à peine d'en respondre en leurs propres & priuez noms, mesmes aux Bourgeois d'y prester main-forte, s'ils en sont requis, & que le present Arrest sera publié à son de Trompe & cry public par les Carrefours de cette Ville, & affiché où besoin sera, à ce que personne n'en pretende cause d'ignorance. FAIT en Parlement, le vingt-septiesme iour de Nouembre mil six cent cinquante-neuf.

Signé, DV TILLET.

---

Du 5. Septembre 1659.

*Arrest de la Cour de Parlement, du 5. Decembre 1659. qui permet aux Directeurs de l'Hospital, d'establir vne femme ou vne fille dans toutes les Parroisses de Paris, pour quester pour les Pauures de l'Hospital general.*

*Extraict des Registres de la Cour de Parlement.*

VEV par la Cour la Requeste presentée par les Directeurs de l'Hospital general, contenant, que la necessité en laquelle se trouue ledit Hospital, à cause du grand nombre de Pauures qu'ils ne peuuent refuser de receuoir, est si grande, qu'ils ont besoin de se seruir de tous les moyens legitimes qui leur peuuent apporter quelque secours, entre lesquels ils ont creu, que celuy de mettre vne Questeuse dans toutes les Parroisses de cette Ville & Faux-bourgs, qui toutes les Festes & Dimanches, suiuroit les bassins de l'Oeuure, pour cueillir les aumosnes de ceux qui auront volonté de donner aux Pauures, leur apporteroit quelque petit soulagement, & bien

bien que par la Declaration verifiée en la Cour, portant l'establissement dudit Hospital general, ils ayent droit de mettre des Troncs en tous les lieux que bon leur sembleroit, & de faire des questes ordinaires & extraordinaires, la contribution desquelles estant purement volontaire, ne peut blesser personne; neantmoins ils ont estimé, que l'establissement d'vne Questeuse ordinaire en chacune Parroisse, estant appuyée de l'authorité d'vn Arrest, leur seroit beaucoup plus aduantageuse: A CES CAVSES, requeroient les Supplians, qu'il leur fust permis d'establir vne femme ou fille en chacune des Parroisses de cette ville & fauxbourgs de Paris, qui auec les bassins de l'Oeuure questeroit pour la necessité dudit Hospital general, auec defenses à quelques personnes que ce soit, d'y apporter empeschement: VEV aussi les pieces attachées à ladite Requeste, signée Iouinet Procureur des Supplians, oüy le rapport de Messire Iean Doujat Conseiller du Roy en ladite Cour, tout cōsideré. LADITE COVR ayant esgard à ladite Requeste, permet aux Supplians d'establir vne femme ou fille en chacune des Parroisses de cette ville & faux-bourgs de Paris, laquelle aprés les bassins de l'Oeuure, questera pour la necessité dudit Hospital general; fait defenses à quelques personnes que ce soit, d'y apporter aucun empeschement. FAIT en Parlement, le cinquiesme iour de Decembre mil six cent cinquante-neuf.

Signé, DV TILLET.

---

*Arrest de la Cour de Parlement, du 7. Septembre 1660. sur le procez verbal de descente faite par Messieurs Deslandes Payen & Doujat, dans les maisons de l'Hospital general.*

*Extraict des Registres de Parlement.*

Du 7. Septēbre 1660.

VEV par la Cour l'Arrest d'icelle, du cinquiesme Aoust dernier, obtenu par les Directeurs de l'Hospital general, par lequel auroit esté ordonné, que Messires Pierre Payen & Iean Doujat Conseillers en ladite Cour, se transporteroient incessamment audit Hospital general, & lieux en dépendans, pour connoistre de l'estat d'iceux, le nombre des Pauures qui sont de present en chacune des Maisons dépendantes dudit Hospital: Comme aussi des personnes prepo sées au dedans desdites Maisons, pour la conduite desdits Pauures, tant au spirituel qu'au temporel; ensemble, des Officiers, de leurs qualitez & employs, se feroient representer les comptes qui auoient esté rendus, de la recepte & dépense dudit Hospital; & l'estat sommaire de celuy qui est à rēdre pour la presente année, & de tout dresser procez verbal, pour iceluy veu, rapporté, & communiqué au Procureur general du Roy, estre ordonné ce que de raison Procés verbal fait par lesdits Messires Pierre Payen & Iean Doujat Conseillers le vingtiesme Aoust dernier, en presence de l'vn des Substituts, contenant le transport par luy fait audit Hospital general & lieux en dépendans, où ils auroient reconnu l'estat d'iceux, le nombre des Pauures qui y estoient lors, & dans chacune des Maisons dépendantes dudit Hospital general; mesmes les personnes preposées au dedans desdites Maisons, à l'effet de la conduite desdits Pauures, tant au spirituel que temporel; des Officiers, de leurs qualitez & employs; & la representation à eux faite des comptes qui auroient esté rendus, de la recepte & dépense dudit Hospital, mesmes l'estat sommaire de celuy qui estoit à rendre en ladite année mil six cent cinquante-neuf, l'estat & inuentaire general des meubles & vstanciles de la Maison de Sainct-Iean Baptiste dudit Hospital, l'estat & inuentaire des ornemens de l'Eglise, seruans à la Chappelle de ladite Maison de Sainct-Iean Baptiste dudit Hospital general, l'estat des corps de logis & pauillons de ladite Maison, l'estat de la Maison de Nostre-Dame de Pitié dudit Hospital general; l'inuentaire des meubles, vstanciles, & linges estans dans les dortoirs dudit Hospital de la Pitié, & autres lieux, celuy des meubles de la Sacristie dudit Hospital, les Registres qui y sont tenus, l'estat de la Maison de la Petite pitié dépendant dudit Hospital general, l'inuentaire des meubles & vstanciles de ladite Maison, la description de la Maison Sainct Denys, dit la Salpestriere, de l'Hospital general, les Registres de ladite Maison, l'inuentaire des ornemens d'Eglise de ladite Maison de S. Denis, fait au mois de Feurier dernier; l'estat de la Maison de Sainct Nicolas, dite la Sauonnerie, dépendante dudit Hospital general, l'inuentaire des meubles & vstanciles de ladite Maison, auec celuy des ornemens, argenterie & linges seruans à l'Eglise de ladite Maison; l'estat de la Maisonde Saincte-Marthe, dite Scipion, de l'Hospital general, les inuentaires des meubles & vstanciles de ladite Maison, & des ornemens de l'Eglise d'icelle, & le memoire des Registres que l'on tient dans ladite Maison; sommaires des comptes rendus par Maistre Mathieu Arondeau Receueur de l'Hospital general, pour les années mil six cent cinquante-sept, & mil six cent cinquante-huict: le memoire des Fondations faites, tant en l'Hospital de Nostre-Dame de Pitié qu'audit Hospital general, depuis son Establissement; l'estat des sommes de deniers prouenus des rachapts de rentes & fonds appartenans audit Hospital general, consommez à l'acquit de ses debtes, en l'année mil six cent cinquante-neuf; l'estat des debtes deuës par ledit Hospital; l'estat de la dispensation du sel qui se fait dans les cinq Maisons dudit Hospital general, & dans les cantons de la Ville, pour les Mandians mariez, & pour la Maison des pauures Taigneux, auec l'estat des Officiers & Pauures de la Maison de la Pitié; & l'estat de ce qui a esté payé par le Receueur de l'Hospital general en l'année mil six cent cinquante-huict, pour la retribution des Ecclesiastiques, gages des Officiers, & appointemens des Archers dudit Hospital, extrait du neufiesme chapitre de dépense du compte rendu pour ladite année: Conclusions du Procureur general du Roy, oüy le rapport de Messire Iean Doujat Conseiller du Roy en ladite Cour, & tout consideré: LADITE COUR a donné acte aux Directeurs de l'Hospital general de leurs declarations, dires, protestations, remonstrances & requisitoires inserez au procez verbal des Commissaires de ladite Cour, des vingt-quatre & vingt-cinquiesme Aoust, & septiesme Septembre mil six cent cinquante-neuf: Ordonné qu'ils feront diligence de faire vuider les oppositions formées à l'enregistrement des Lettres Patentes de don de la Maison de la Salpestriere à present dite de Saint Denys, & des places, droicts, & autres choses y mentionnées: Qu'ils se pouruoyront pardeuers le Roy, pour obtenir la permission d'enfermer les Mandians mariez; & des fonds suffisans pour satisfaire, tant au payement de ce qui est deub, qu'à la subsistance dudit Hospital general; mesmes pour l'augmentation de l'exemption du vin, outre les mil muids par chacun an; & du franc-sallé, outre les quatre muids de sel, aussi par chacun an, accordez par ledit Seigneur Roy audit Hospital general; & pour ioindre la ruelle qui separe les Maisons & Ieu de Paulme nouuellement acquis, au faux-bourg de Sainct Victor, à l'Hospital de la Pitié: Ensemble, pour faire les chaussées du paué des longueurs & largeurs necessaires, sçauoir, depuis le grand chemin de Ville-neufue iusques à la Maison de Bisextre, dite Sainct Iean Baptiste; le chemin d'enhaut allant à la Maison de la Salpestriere dite de Saint Denys, au dessus du Marché aux cheuaux du faux-bourg Sainct Victor; & la ruë de la Maison de Scipion, à present dite de Saincte Marthe. Que la voirie qui est proche de ladite Maison de la Salpestriere, estant dans le ressort de la Iustice de l'Abbaye de Saincte Geneuiefue, sera changée du lieu où elle est à present, & porté plus loin, mise en lieu commode: en sorte que le public ny les Pauures n'en soient point incommodez. Que toutes les Communautez Seculieres & Regulieres, de l'vn & l'autre sexe, non exceptées par les Lettres d'establissement dudit Hospital, & les Corps Laïcs, les Fabriques des Eglises, les Chappelles & Confrairies, & les Corps des Mestiers, tant de la ville que des faux bourgs de Paris, seront taxez suiuant les Lettres du mois d'Auril mil six cent cinquante-six, sans que les Bourgeois en particulier soient subiets à aucune taxe, sinon en cas de tres grande necessité, & qu'il en fust besoin, pour empescher la cheute dudit Hospital general, auquel ladite Cour declare appartenir tout ce qui a esté ou sera donné pour les Pauures, dont l'application particuliere n'aura point esté faite par escrit, par les Donateurs ou Testateurs, sans que les Executeurs, ou autres, en puissent autrement disposer. Enjoint au Preuost de Paris de proceder incessamment, & sans delay, à l'enregistrement desdites Lettres d'establissement de l'Hospital general, du mois d'Auril mil six cent cinquante-six, & de l'Arrest interuenu sur icelles le premier Septembre ensuiuant, & au Substitut du Procureur general au Chastelet, d'y tenir la main, & d'en certifier la Cour au mois. Que le temps de six années, pour gaigner les Maistrises des Garçons Apoticaires & Chirurgiens, & de tous les Ouuriers, sera compté du iour que chacun desdits Garçons sera actuellement audit Hospital; & ce, sur les certificats des Directeurs, encores qu'il n'y ait eu iusques à present aucun interrogatoire ny reception des Garçons Apoticaires ny Chirurgiens, à la charge de subir par luy, en execution du present Arrest, l'interrogatoire & examen, & ainsi qu'il s'obserue à l'Hostel-Dieu de Paris. Que l'Arrest de ladite Cour, du sixiesme Septembre, touchant la reception des Officiers de Police, des six Corps des Marchands, des Apprentifs & des Maistres & Iurez de ladite ville & faux-bourgs de Paris, sera executé selon sa forme & teneur. Que les Notaires qui receuront les Testamens, seront tenus d'aduertir les Testateurs, de laisser quelque aumosne audit Hospital general, à peine de quatre liures parisis d'amende contre lesdits Notaires contreuenans, & en feront mention dans lesdits Testamens : LADITE COVR fait tres expresses inhibitions & defenses à toutes personnes de mandier, à peine du foüet; ce qui sera executé, nonobstant oppositions ou appellations quelconques : Et à cette fin, enjoint au Bailly & Archers des Pauures d'en faire vne exacte perquisition, & à tous Officiers & Bourgeois leur prester main-forte; & en cas de besoin, procedé extraordinairement contre toutes personnes, qui empescheront cy-aprés lesdits Bailly & Archers de prendre & conduire les Pauures, & les contreuenans punis exemplairement. Que conformément à l'Arrest de ladite Cour, du 27. Nouembre dernier, les Pauures mandians valides, les faineans & vagabons, les Soldats estropiez, & les Pauures mandians qui ne sont nez ny demeurans en ladite ville & faux-bourgs de Paris depuis vn an, seront tenus de se retirer au lieu de leur naissance, dans quinze iours aprés la publication qui sera faite du present Arrest, pour tout delay, à peine du foüet, sinon au cas qu'ils renoncent à la mandicité ; & si aprés ladite renonciation ils sont trouuez mandians, ils seront pris, & publiquement fustigez : Enioint aux Commissaires du Chastelet, & autres Officiers, de prester main-forte pour lesdites captures, à peine d'en respondre en leurs propres & priuez noms. LADITE COVR fait tres-expresses defenses à toutes personnes, de donner manuelement l'aumosne à aucuns Pauures trouuez mandians publiquement, ou secretement, soubs quelque pretexte que ce soit ; & en cas de contrauention, la peine de quatre liures parisis, portée par la Declaration, declarée encouruë contre les contreuenans, & outre sera informé & procedé contre eux extraordinairement. Que sur le tout, les Bailly, Brigadiers & Archers dudit Hospital general dresseront leurs procez verbaux, sur lesquels il sera decreté, suiuant l'Arrest du vingt septiesme Nouembre mil six cent cinquante-neuf. Que nouuelle estimation sera faite de la maison des nommez Robert & Aymard, ioignant celle de la Pitié, & que l'aduance du mur de Pelletier, au deuant de la Maison de Scipion sera incessamment démoly, si fait n'a esté, & le mur restably en droite ligne, aux frais & despens dudit Hospital general. L'Arrest de ladite Cour, du sixiesme Septembre, mil six cent cinquante-neuf, touchant les femmes grosses, atteintes du mal venerien, sera executé, & pourueu d'vn lieu pour enfermer les Fols & Folles qui sont à present, ou seront cy-aprés audit Hospital general. Au surplus, ordonne que les Lettres, Reglemens, & Arrests de ladite Cour, concernans ledit Hospital general, seront executez selon leur forme & teneur; auec defenses à toutes personnes d'y contreuenir, sur les peines y contenuës, & sans qu'aucun en puisse obtenir descharge ny moderation : Et à cette fin, lesdites Lettres du mois d'Auril, mil six cent cinquante-six, l'Arrest d'enregistrement d'icelles, & autres Arrests donnez en consequence, & le present, seront leus & publiez à son de trompe & cry public, & affichez par tout où besoin sera, afin que personne n'en pretende cause d'ignorance. FAIT en Parlement, le septiesme Septembre, mil six cent soixante.

Signé par collation, DV TILLET.

# ESTAT SOMMAIRE DES PAVVRES NOVRRIS PAR L'HOSPITAL GENERAL DE PARIS.

TOVT le Public a veu que les objets des diuerses miseres fournissoient abondamment la nourriture aux pauures, quand ils vaquoient par les ruës, & quand leur importunité arrachoit par force l'aumosne de la main des riches. Et les Directeurs de l'Hospital General se plaignent au public qu'on les oublie depuis qu'ils sont enfermez, quoy qu'on sçache bien les secours qu'ils reçoiuent & pour leurs corps & pour leurs ames.

Et comme les Directeurs reconnoissent que les personnes charitables qui prennent la peine de venir visiter les pauures, leur font aumosne, ayant veu leur grand nombre, leurs infirmitez, leurs maladies & le bon ordre de l'Hospital: Ils ont crû que pour exciter ceux qui n'ont pas la connoissance du dedans des maisons, & ceux qui ne peuuent ou qui ne veulent pas les venir visiter, ils deuoient faire sçauoir à vn chacun.

1. Le nombre des pauures logez dans l'Hospital & les diuerses especes de leurs miseres. Le nombre de ceux qui sont nourris hors de l'Hospital.
2. Rendre compte de la queste generalle faite depuis peu.
3. Marquer les raisons pourquoy on void encore tant de mandians par la Ville.

---

*LES CINQ MAISONS DE L'HOSPITAL GENERAL, sont, La Maison de Nostre-Dame de Pitié, qui contient en trois courts separées des filles, des vieilles femmes, & des petits garçons.*

FILLES.

En quatre écoles, 220.
Coûturieres en deux dortoirs, 93.
Tricoteuses en trois dortoirs. 131.
Lingeres. 32.
passemetieres en soye 61.
passementieres en fil, 54.
Gantieres. 32.
Estropiées, 18.
Escroüellées, 32.
Malades du Scorbut, 76.
Malades aux infirmeries, 9.
Conualescentes. 28.

FILLES.

Aydes à la cuisine, 10.
Aydes à la porte. 5.
Celles qui sont dans la premiere court, & les femmes qui seruent les portions du dehors, 12.
Vieilles femmes, 100.
Lauandieres, 11.
Nouuelles venuës auant que d'estre departies dans les dortoirs, par estimation, 40 à 50.
Femmes au dépost, auant que d'estre receuës ou renuoyées, par iour

FILLES.

soixante à 80.
Petits garçons qui vont aux conuois, 90.
Proche de cette maison, est vn lieu ou les Archers conduisent les hommes & les garçons, qui y sont gardez iusques au lendemain qu'ils sont mis en l'Hospital, ou renuoyez, il y en a chacun iour, 100. ou 120. cy 120.
Quatre pauures qui les gardent. 4.

*Nombre des pauures de ladite maison, treize cens dix.*

*La Maison de S. Denys, cy-deuant dite la Salpetriere, contient des femmes, des grandes filles & des petits enfans depuis quatre ans iusques à sept.*

Femmes aueugles, estropiées, entreprises de leurs membres & paralitiques, qui la plus-part ne sortent point du lit, 110.
Imbecilles d'esprit & folles, 85.
Vieilles & infirmes qui filent, 90.
Sexagenaires & au delà qui filent, 380.
Autres femmes & filles aagées qui filent, 300.
Epileptiques, 60.
Escroüellées. 20.
Galleuses. 60.
Filles au dessus de trente ans, volontaires & incorrigibles, qui font des gans & de la tapisserie, qui trauaillent en linge & à coudre les habits pour les pauures, & qui font des bas d'estame. 290.
Malades aux infirmeries auant que d'estre enuoyées à l'Hostel-Dieu. 30.
Conualescentes qui reuiennent de l'Hostel-Dieu. 25.
Enfans depuis quatre ans iusques à sept, 172.
Et les femmes qui les gouuernent 22. font 192.
Enfans Infirmes & conualescens 30.
Les nouuelles venuës, iusqu'à ce qu'elles soient placées dans les dortoirs. 200.
Les blanchisseuses, celles qui seruent à la cuisine, à la caue, à l'infirmerie à la porte, aux courts & autres besoins. 30.

*Nombre des pauures de ladite maison, dix-neuf cens.*

---

*La Maison de S. Iean Baptiste, cy-deuant dite Bicestre, ne contient que des hommes & des grands garçons.*

Vieillards en six dortoirs 185.
Estropiez vlcerez, chancreux & boiteux. 31.
Enfans d'escolle en quatre dortoirs. 103.
Inualides en cinq dortoirs 305.
Garçons inualides. 12.
Epileptiques. 35.
Foibles d'esprit. 10.
Escroüellez. 43.
Vlcerez & paralitiques. 41.
Mal-taillez. 22
Infirmerie des paralitiques 26.
Infirmerie des malades, auant que d'estre portez à l'Hostel-Dieu. 50.
Conualescens. 64.
Malades du scorbut 80.
Tricoteurs. 31.
Cordonniers. 33.
Sauetiers. 16.
Tailleurs. 55.
Drapiers. 58.
Tisserands, 24.
A la buanderie, 12.
Tonneliers. 3.
Tireurs d'eau. 3.
Menusiers. 5.
Serrurier. 1.
Seruans à la cuisine & à la caue. 9.
Seruans au Chirurgien à l'Apoticaire & aux Officiers. 9.
Chartiers. 2.
Gardes de iour & de nuict. 22.
Nouueaux venus iusques à ce quils soient departis. 53.
Valides, que le deffaut d'ouurage contraint de mandier que l'on renuoye peu à peu ou gens qui s'opiniastrent à mendier, qui ont esté repris plusieurs fois, & que l'on chastie par retranchement de portion 116.

*Nombre des pauures de cette maison, quatorze cens trente-trois.*

*La Maison de Sainte Marthe, cy-deuant dite Scipion, contient des femmes grosses ou nourrisses auec leurs enfans, & des filles de desordre mandiantes.*

Nourrisses. 194. Femmes grosses. 46. Enfans au pain. 80. Enfans à la bouillie. 108. Filles de desordre mendiantes 22. Femmes sans enfans qui seruent à la cuisine, à la Lauanderie, aux courts, aux dortoirs, & à la porte. 38.

*Nombre des pauures de cette maison, quatre cens quatre-vingt huict.*

*La Maison de S. Nicolas, dite la Sauonnerie, ne contient que des petits garçons.*

Petits garçons. 440.

*Nombre par soy, quatre cens quarante.*

Outre ces cinq maisons, il y en à vne où les pauures Teigneux sont logez & pensez aux dépens du grand Bureau nourris & meublez aux frais de l Hospital general, qui sont au nombre de quatre-vingt

*Nombre par soy, quatre-vingt.*

Toutes ces personnes sont pauures pour la conduite desquelles, ou pour leur instruction ou pour les tenir en deuoir par force, ou les soulager en leurs maladies & les seruir iournellement. Il y à des Oeconomes & sous Oeconomes, des Portiers, des Maistres & Maistresses des écoles & des ouurages, des Infirmiers, des Apoticaires, Chirurgiens, Cuisinieres, Lauandieres des Boulangers, Chartiers & autres Officiers selon la difference des sexes que l'on ne conte point icy, pource qu'on a rendu compte au public depuis peu par vn Estat Imprimé de leur nombre de leurs emplois de leurs gages: comme aussi du nombre de Messieurs les Ecclesiastiques, du Bailly des pauures, de ses Brigadiers & Archers.

Outre ces Officiers à gages, l'on choisit les plus reglez d'entre les pauures pour auoir égard sur les actions des autres, pour soulager les infirmes les malades, les enfans & rendre diuers seruices, lesquels n'ont point de gages & qui sont au nombre de deux cens soixante-cinq. Et pour ce qu'ils ont double portion, ils seront cy comptez pour 265.

Le pain qui est donné aux passans, monte à plus de quatre-vingts par iour, cy 80.

*Nombre des pauures nourris dans les cinq maisons,*

*Cinq mil neuf cens quatre-vingt seize.*

## PORTIONS AVX MANDIANS MARIEZ.

Outre le nombre de ces pauures enfermez & nourris dans les maisons de l'Hospital, les Directeurs donnent encor la portion pareille à celle de l'Hospital, en six cantons de la Ville, aux mandians mariez.

| | | | |
|---|---|---|---|
| A sainct Sulpice | 153. | A sainct Roch, | 150. |
| A sainct Eustache, | 620. | A sainct Paul, | 310. |
| A sainct Nicolas, | 350. | A la Pitié, | 826. |

*Nombre des portions au dehors, deux mil quatre cens neuf.*

**NOMBRE GENERAL DES PAVVRES, NOVRIS** *taut dedans que dehors l'Hospital, huict mil quatre cens cinq pauures.*

# QVESTE GENERALE.

L'Extreme neceſſité de l'Hoſpital General contraignit les Directeurs ſur la fin de l'eſté dernier de quitter le ſeruice des pauures, pour aller à Fontainebleau demander aſſiſtance au Roy: La Reyne Mere les ayda de ſa recommandation. Sa Majeſté les receut auec ſa bonté & ſa clemence ordinaire, leur témoigna grande affection pour les pauures, & aſſeura qu'il les vouloit ſoulager. Monſeigneur le Premier Preſident allant ſaluer le Roy à la naiſſance de Monſeigneur le Dauphin, repreſenta à ſa Majeſté le beſoin extréme de l'Hoſpital qui eſtoit proche de ſa ruine, s'il n'y eſtoit promptement pourueu: ce que ledit Seigneur a continué encor pluſieurs fois à Paris. Sa Majeſté luy a promis de faire vne aumoſne conſiderable, & a deſiré qu'il fut fait vne queſte generale dans ſa Cour, & dans la Ville. Ledit Seigneur Premier Preſident en a conferé auec Meſſieurs les grands Vicaires, & les principaux de Meſſieurs les Curez. Leurs Mandemens ont eſté publiez aux Paroiſſes, & tous les Proſnes & les Predications ont fait retentir les Egliſes du beſoin des pauures, & de l'extremité de l'hoſpital.

Les queſtes ont eſté faites, dont voicy le detail pour le faire connoiſtre au public.

| PAROISSES. | | |
|---|---|---|
| Sainct Paul. | Madame la Ducheſſe de Richelieu, a donné en ſon particulier 440 liu. Receu de Meſdames Nicolai, & de Bragelongne. 560. li 7. ſ. 6 den. De Meſdames Berthemet & de Caën. 306. l. 10. ſ. De Meſdames d'Angouleſme & d'Albret, 580. l. 9. ſ. 6. d. de Madame de Lyonne. 2887. l. 3 d. de Madame de Miramion, 1571. l. 1. ſ. | 6345. liu. 11. ſ. |
| S. André des Arcs | de Meſdames de Mautauglan & Gaillard | 2500. l. 10. ſ. |
| S. Coſme. | de Madame le Boults. | 588. l. 1. ſ. |
| S. Mederic. | de Madame de Nouion. | 1932. l. 10. ſ. |
| S. Louis en l'Iſle. | Madame de Courcelles 582. l. 19. ſ. 6. d de Madame le Feron. 285. 3. | 868. l. 2. ſ. 6. d. |
| Ste Opportune. | de Madame le Maiſtre. | 42. l. 1. ſ. 6 d. |
| S. Iacques de la Boucherie. | de Meſdames Dohin & Puthomme, | 668. l. 11. ſ. 9. d. |
| S. Landry. | de Madame de Machault. | 166. l. 2 ſ. |
| Ste. Croix de la Cité. | de Madame Gaultier. | 191. l. 5. ſ 6. d. |
| S Chriſtophle. | de Madame Charry. | 135. l. 6. ſ. |
| Sainte Marine. | de Madame | 41. l. 11. ſ. 6. d. |
| S. Pierre aux Bœufs. | de Madame Prigat. | 39. liures. |
| S. Syphorian. | de Madame Helyot. | 46. l. 7. ſ. |

| PAROISSES. | 5 | |
|---|---|---|
| S. Marcial. | de Madame | 55. l. 17. ſ. |
| S. Pierre des Arcis | de Madame Vitus, | 67. l. 1. ſ. |
| Sainte Geneuiefue des Ardans, | de Madame de Blois. | 8. liures. |
| Sainct Iacques du Hault-pas | de Madame Gobelin, | 530. l. 7. ſ. |
| Sainct Nicolas du Louure. | de Monſieur le Doyen. | 30. l. 4. ſ. |
| Sainct Sulpice, | de Meſdames de Brienne & de Puiſieux | 4840. l. 9. ſ. |
| Sainct Sauueur. | de Meſdames Mulot, de la Croix, & Grougnet. | 390. l. 13. ſ. 6. d. |
| Sainct Ioſſe. | de Meſdames de S. Iacques & Barbier | 42. l. 16. ſ. 6 d. |
| S. Iean en Gréue, | de Meſdames Coynart, d'Orſay, Bonneau de S. Martin & le Maire. | 2293. l. 14. ſ 6. d. |
| S. Benoiſt. | de Meſdames Briçonnet, & Champy. | 1762. l. 4. ſ. |
| S. Geruais. | de Meſdames le Tellier, de Chaumontel le Roux, de Beaubourg, Benoiſe, du Freſne, Groyn l'Aubigeois, de Villequier, & de Belesbat. | 4040. l. 9. d. |
| Cloiſtre N. Dame | de Monſieur le Gendre, l'vn de Meſſieurs les Chanoines. | 394. l. 10. ſ. |
| Sainct Germain l'Auxerois. | de Meſdames d'Aligre & Lierre, de Mortemar, Renard, de Valentiné, du Bouchet, Coignet, le Franc & autres. | 4669. l. 4. ſ. |
| Sainct Honoré. | de Monſieur le Doyen. | 150. liures |
| S. Leu S. Gilles. | de Meſſieurs Ianſon, & Paſquier. | 478. l. 18. ſ. |
| Les Ss. Innocens. | de Meſdames Noiret & Grineau. | 19. l. 15. ſ. |
| S. Euſtache. | de Meſdames de Maupeou, Roſſignol, Regnard, Pigeart, l'Eſpicier, Thibaut, Laugeois, Fremery, Maillet, Noſlin, Poignant, & le Foin. | 2571. liures. |
| S. Laurens. | de Meſdames Lieuin, Germain, & Menillet. | 40. l. 18. ſ. 4. d. |
| S. Eſtienne. | de Mademoiſelle Buré. | 449. l. 9. ſ. |
| S. Nicolas du Chardonnet | de Madame Lintlaer. | 740. liures |
| Gros Pauillon des Thuilleries. | de Mademoiſelle de Tonnay Charente | 88. liures. |

## SOMME DE LA QVESTE GENERALE.

*Trente-ſept mil cens quatre-vingt douze liures quatre deniers.*

Si la queſte du Louure, celle de quelques Paroiſſes qui n'ont encore rien apporté depuis le troiſiéme de Decembre, que les Mandemens de Meſſieurs les grands Vicaires ont eſté publiez, & les reſtes de quelques autres Paroiſſes, auoient eſte receus : Les Directeurs en euſſent fait mention en ce memoire, mais ils ont eſté preſſez de le mettre entre les mains de Meſſieurs les Predicateurs pour exhorter le public pendant ce ſaint temps de Careſme, que les cœurs ſont plus ouuerts à la charité.

## Des Mandians que l'on voit encor dans la Ville.

APres auoir donné le nombre des pauures, & les diuerses qualitez de leurs miseres ; & fait voir à quoy monte la queste generale faite dans la Ville ; Les Directeurs n'auroient pas besoin de rendre raison pourquoy apres huict mil cinq cens pauures que l'Hospital nourrit, on voit encore tant de mandians par la Ville : puis que la disette en toute la campagne & la famine dans quelques prouinces, outre les maladies generales en sont les causes connuës d'vn chacun ; mais pour instruire de ce qui se passe dans l'Hospital ceux qui ne s'en informent point, & ceux qui pour toute raison de refus, disent qu'ils voyent aussi grand nombre de mandians comme auant l'enfermement. Les Directeurs leurs representent humblement & dans l'esprit des pauures mesmes.

Qu'ayant veu cét Automne le grand mombre de miserables qui venoient fondre dans cette Ville, de tous les endroits voisins & de quelques prouinces les plus esloignées, pour satisfaire au public & à leur deuoir, ils se resolurent d'enfermer tous ceux qui seroient trouuez mandians, tant à dessein de les secourir, que pour empescher par cette exactitude les autres de venir, par l'apprehension naturelle d'estre enfermez.

Et de fait, depuis le mois de Nouembre iusques à maintenant, il a esté receu dans l'Hospital plus de deux cens cinquante personnes par semaine, sans ceux qui par apprehension de l'Hospital, ou ceux qui n'ayans iamais mandié, ont demandé en grace qu'on les laissast passer chemin : ce qui a augmenté le nombre dans les maisons de plus de trois mil

Mais la misere & la faim, qui conduisoit ces pauures gens à vne mort prochaine, ont combatu contre leur liberté. Pour deux que l'on a enfermé il en est venu quatre & six mandier dans la Ville : on a continué de les prendre & ils se sont trouuez si empressez dans l'Hospital que la maladie contagieuse seroit sans doute suruenuë en vne autre saison. Et ils auoient tant souffert de necessité, que la plus part sont tombez malades en y entrant, & les autres le sont deuenus quand ils ont trouué à manger.

Il seroit trop long de donner en détail les noms de ceux qui ont esté portez à l'Hostel-Dieu, & de ceux qui sont morts dans l'Hospital, on adioustera assez de foy au dire des Directeurs, & à leurs registres, & à ceux de l'Hostel Dieu : en voicy le nombre.

---

### MAISON DE LA PITIÉ.

| Portez à l'Hostel-Dieu. | | Morts en la maison. | |
|---|---|---|---|
| Nouembre 1661. | 20. | Nouembre 1661. | 4. |
| Decembre 1661. | 29. | Decembre 1661. | 6. |
| Ianuier 1662. | 28. | Ianuier 1662. | 16. |
| Féurier 1662. | 22. | Féurier 1662. | 24. |
| Vieilles femmes. | 15. | 50. | |
| 114. | | | |

*Nombre cent soixante-quatre.*

7

## MAISON DE S. DENYS.

| Portez à l'Hostel-Dieu. | | Morts dans la maison. | |
|---|---|---|---|
| Nouembre 1661. | 126. | Nouembre 1661. | 21. |
| Decembre 1661. | 251. | Decembre 1661. | 24. |
| Ianuier 1662. | 219. | Ianuier 1662. | 55. |
| Feurier 1662. | 240. | Feurier 1662. | 18. |
| 937. | | 88. | |

*Nombre mil vingt-cinq.*

## MAISON DE S. IEAN BAPTISTE.

| Portez à l'Hostel-Dieu. | | Morts dans la maison. | |
|---|---|---|---|
| Nouembre 1661. | 250. | Nouembre 1661. | 10. |
| Decembre 1661. | 350 | Decembre 1661. | 10. |
| Ianuier 1662. | 660, | Ianuier 1662. | 24 |
| Feurier 1662. | 650. | Feurier 1662. | 27. |
| 1910. | | 71. | |

*Nombre dix neuf cens quatre-vingt vn.*

## MAISON DE SAINTE MARTHE.

| Portez à l'Hostel-Dieu. | | Morts dans la maison. | |
|---|---|---|---|
| Nouembre 1661. | 35. | Nouembre 1661. | 23. |
| Decembre 1661. | 48. | Decembre 1661. | 43. |
| Ianuier 1662. | 81. | Ianuier 1662. | 57. |
| Feurier 1662, | 99. | Feurier 1662. | 40. |
| 263. | | 163. | |

*Nombre quatre cens vingt-six.*

## MAISON DE S. NICOLAS.

| Portez à l'Hostel-Dieu. | | Morts dans la maison. | |
|---|---|---|---|
| Nouembre 1661. | 30. | Nouembre 1661. | 5. |
| Decembre 1661. | 64. | Decembre 1661. | 0.. |
| Ianuier 1662. | 93. | Ianuier 1662. | 4. |
| Feurier 1662. | 107. | Feurier 1662. | 4. |
| 294. | | 13. | |

*Nombre trois cens sept.*

*Nombre des pauures portez à l'Hostel-Dieu pendant 4. mois, trois mil cinq cens dix huict.*

Nombre des pauures decedez dans l'Hospital trois cens quatre-vingt cinq.

*Nombre total, trois mil neuf cens trois.*

CE nombre excessif des morts n'a pas diminué dans l'Hospital celuy des viuans, puisque tant qu'il y a eu place on a receu d'autres pauures, & on en reçoit tous les iours tant qu'on en peut loger. L'Hospital ne desemplit point : Paris est le refuge general de tout le Royaume. Ceux qui peuuent gagner ses Faux-bourgs sont asseurez de ne pas mourir de faim, comme font les autres à la campagne. Ainsi les Directeurs ne peuuent remedier à la disette publique, ny empescher les pauures d'entrer dans la Ville, qui y abordent pour fuir la mort à cause de la grande cherté du bled, qui peut faire la ruine de l'Hospital, où il en faut prés de douze cens muids par an.

Enfin les Directeurs demandent l'aumosne pour les nourrir presentement ; Et des aduis pour employer ou pour chastier les mandians valides qui surchargent l'Hospital, & offencent le public : & les moyens d'empescher tous ceux de la campagne, valides ou inualides de le venir accabler par leur nombre.

Pour cela ils ont obtenu du Roy vn Edit, portant condemnation de la peine des galeres contre les mandians valides qui auront esté trois fois pris & chastiez dans l'Hospital General, donné au mois d'Aoust 1661. verifié en Parlement au mois de Septembre ensuiuant ; Mais ils ne peuuent & ne veulent le faire executer en ce temps d'vne misere si generale.

Des personnes de la plus grande authorité dans la Iustice & dans le commandement des armées, leur ont donné aduis de demander au Roy l'establissement des Hospitaux Generaux, par toutes les villes du Royaume, comme il y en a des-ja en trente-trois Villes principales. Ils esperent d'en obtenir dans peu la Declaration, puis que cette demande est conforme à l'équité naturelle, que chacun nourrisse ses pauures : & aux loix de l'estat, portées par l'Ordonnance de Moulins, & par vne Declaration de Henry III. du mois de May 1586.

On n'a iamais fait en France d'enfermement des pauures, que l'on n'ait en mesme temps ouuert des atteliers publics pour employer les valides. Les Directeurs ont tres humblement supplié le Roy d'en faire establir. Ils supplient aussi toutes les personnes qui auront des ouuertures pour empescher la mandicité publique, de leur en donner les aduis. L'Hospital est vn ouurage public, chacun y à interest & en est naturellement Directeur, Ils écouteront ce qui sera proposé, ils executeront ce qui sera trouué possible. Leur intention n'est que de seruir le public en seruant les pauures, comme ils n'attendent leur recompense que de Dieu.

*Fœneratur Domino qui miseretur pauperis : & vicissitudinem suam reddet illi.* Pro. 19.

BIBLIOTHEQUE DE L'ARSENAL

De l'Imprimerie de Martin Le Prest, ruë S. Iacques, deuant S. Seuerin, à la Couronne de France.

# DISCOVRS CHRESTIEN SVR L'ESTABLISSEMENT DV BVREAV DES PAVVRES DE BEAVVAIS.

Iouxte la Copie imprimée à Beauuais]

A PARIS,
Chez GVILLAVME DESPREZ, ruë S. Iacques à l'Image sainct Prosper, prés sainct Benoist.

M. DC. LV.

(13)

# DISCOVRS CHRESTIEN SVR L'ESTABLISSEMENT DV BVREAV DES PAVVRES de Beauuais.

## CHAPITRE I.

*Eloge de la Charité Chrestienne. Aduantage de celle qui s'exerce en public au dessus de la Charité des Particuliers.*

COMME il n'y a point d'obligation plus estroite dans la Religion Chrestienne que celle de la Charité, ny de fonction plus diuine que de se rendre l'Image viuante du Pere de misericorde dans le soulagement des miserables; Aussi ne peut-on rien conceuoir qui soit plus conforme à l'esprit de Dieu, & plus digne du premier zele de l'Eglise Saincte, que d'assister par vne prouidence generale tous les pauures d'vne Ville, & de porter ses soins charitables iusques dans les siecles futurs, pour preuenir par vn establissement public, les necessitez de ceux qui ne sont pas encore au monde.

Ce grand Dieu qui est la Charité mesme par sa nature, & qui veut que tous les Chrestiens se considerent comme les Enfans d'vn mesme Pere, le prix d'vn mesme Sang, & les membres d'vn mesme Corps, n'a permis dans le monde la distinction des Pauures & des Riches, que pour vnir les Fideles par vn commerce perpetuel de Charité. Ayant eu dessein de sauuer les vns par la patience volontaire de leurs maux: il veut que les autres meritent le Ciel par la liberale distribution des biens dont il les a faits de simples dispensateurs: Et comme il n'y a point de creature qui ne ressente les effets de sa conduite paternelle, il ne veut pas qu'il y ait de Pauures qui ne soient l'obiet de la compassion des Riches.

Deus Charitas est. 1. Ioan. 4. v. 16.

Scitis gratiâ Domini nostri I. Christi. quoniam propter vos egenus factus est, cùm diues esset, vt illius inopiâ vos diuites essetis. 2. Cor. 8. v. 9.

C'eſt pour ce ſuiet que le Fils vnique de Dieu, qui eſtoit riche par les droicts de ſa naiſſance diuine, s'eſt fait pauure pour l'amour de nous, afin de nous enrichir par ſa pauureté. S'eſtant reueſtu de nos miſeres pour en eſtre le reparateur, il a conſacré la pauureté & la miſericorde en ſa perſonne : Et ayant donné tout ſon Sang ſur le Caluaire pour exercer dans la Redemption de tous les hommes la plus grande des Aumoſnes, il a donné ſon ſainct Eſprit à ſon Egliſe le iour de la Pentecoſte, afin que cette Eſpouſe Diuine, qu'il auoit preuenuë de ſon Amour, deuint la Mere feconde d'vne infinité d'Enfans charitables.

Multitudinis credentium erat cor vnũ & anima vna : nec quisquam eorum quæ possidebat, aliquid suum esse dicebat, sed erant illis omnia communia. Act. Apost. 4. v. 32. Neque enim quisquam egens erat inter illos. Ibid. v. 34. Quoniam abundauit iniquitas, refrigeſſet charitas multorum. Math. 24. v. 12.

Et de fait, auſſi-toſt que ce feu celeſte fut allumé dans le cœur des Apoſtres & des Diſciples, les eſtincelles en volerent de toutes parts, & toute la face de la terre ſe trouua renouuellée par les flammes de la Charité. Il ne ſe fit qu'vn cœur & qu'vne ame de la multitude de tous les croyans : chacun d'eux ceſſa de conſiderer ſes propres biens comme des poſſeſſions particulieres ; & tout eſtant deuenu commun parmy eux, il ne s'y trouua plus de pauures. Le torrent des perſecutions redoubla cette ſaincte ardeur au lieu de l'eſteindre : l'Egliſe ne fut iamais plus liberale que quand elle fut plus affligée ; & elle fit voir, à la confuſion de l'Enfer, que la Charité fraternelle, auſſi bien que la Foy Diuine, eſtoit la veritable marque qui faiſoit le diſcernement des Chreſtiens & des Idolatres.

Si cette premiere ferueur n'euſt iamais eſté rallentie par la ſucceſſion des ſiecles, & ſi la paix de l'Egliſe, qui eſt la recompenſe du ſang de tant de Martyrs, n'euſt eſté ſuiuie du relaſchement des mœurs, la dureté impitoyable ſeroit auſſi rare parmy les Chreſtiens, que les monſtres ſont peu frequens dans la nature ; Mais à meſure que le monde approche de ſes dernieres années, l'abondance de l'iniquité refroidit la Charité dans l'ame de pluſieurs perſonnes ſelon la prediction du Fils de Dieu dans l'Euangile. On s'endurcit au ſentiment des miſeres du prochain. L'auarice n'eſt pas moins cruelle enuers les autres, qu'elle eſt inſatiable en elle meſme ; & la vanité qui eſt la mere du luxe, eſtouffe ordinairement la compaſſion. Ceux qui n'eſtiment pas beaucoup la Foy du Chriſtianiſme, n'examinent gueres ſes deuoirs, & font peu d'eſtime de ſon Alliance. Tout le monde recherche ſes intereſts, & non pas ceux de IESVS-CHRIST, ny de ſes plus precieux membres qui ſont les pauures. On les conſidere preſque comme des perſonnes non ſeulement d'vne autre condition, mais auſſi d'vne autre nature. On deſtourne les yeux de leurs plus pressantes necessitez, comme d'vn obiet importun; & au lieu de les enuisager comme ceux qui attirent les benedictions du Ciel sur les Villes & les Prouinces toutes entieres, on les regarde le plus souuent comme des spectres hideux qui troublent le repos des particuliers, qui interrompent la ioye des Familles opulentes, & qui ruinent la tranquillité publique.

Il faut aduoüer neantmoins que la Charité n'est pas esteinte dans tous les cœurs, & que les Chrestiens qui ont vn veritable desir de leur salut, prennent vn soin continuel de racheter leurs pechez par Aumosnes. Ils sçauent que quand ils auroient accomply tout le reste de la Loy auec vne exacte fidelité, la seule obmission de cét Article les rendroit criminels deuant Dieu, & les exposeroit à ses maledictions eternelles au iour de son terrible iugement. Plusieurs s'appliquent auec ioye à cette negociation Diuine. Ils donnent vne partie de leur reuenu, ou du fruict de leurs trauaux à ceux pour lesquels Iesus-Christ leur commun Pere a respandu tout son Sang; Et ils s'estiment heureux d'acquerir les richesses de l'eternité par la distribution de quelques biens perissables. Ils découurent le visage de leur Sauueur au trauers des plus vils haillons dont les Pauures sont reuestus. Les yeux de la Foy leur font apperceuoir à tous momens ce grand Mystere, & cette merueilleuse Transfiguration de la gloire & de la Majesté du Sauueur, en l'indigence & l'ignominie de ses membres. Enfin soit qu'ils le cherchent dans les Hospitaux où il est malade, soit qu'ils le rencontrent dans les ruës & à leurs portes, où il est pressé de faim & de soif, soit qu'ils le poursuiuent charitablement dans les lieux les plus secrets où la honte l'empesche de declarer sa disette, ils sont rauis de luy faire vne petite restitution des biens qu'ils tiennent de sa pure liberalité, & dont il ne leur a donné que l'vsage.

Matth. 25.

Mais quoy que ces Charitez particulieres soient agreables à Dieu, qu'elles desarment sa Iustice, qu'elles excitent sa misericorde, & que les diuines Escritures promettent mille benedictions à ceux qui en font leur exercice, il faut aduoüer neantmoins qu'elles ne sont nullement comparables à la conspiration saincte de plusieurs personnes qui s'vnissent par les deuoirs de la pieté Chrestienne non seulement pour soulager les miserables, mais aussi pour faire cesser la misere, & qui se trouuant enuironnées d'vne grande multitude de Pauures employent toutes sorte de moyens afin qu'aucun d'eux ne demeure sans assistance. Car si Dieu a dit autresfois dans l'Euangile,

Vbi sunt duo vel tres congregati in nomine meo, ibi sum in medio eorum. Matth 18. v. 20.

qu'il se trouue au milieu de deux ou trois personnes assemblée en son nom, il est principalement au milieu de ceux qui n'entrent en societé que pour s'appliquer plus particulierement aux œuures de misericorde. Et comme il prend le plus notable interest à l'execution de son ouurage, ce premier autheur de toutes les sainctes entreprises leur communique les lumieres qui sont necessaires pour trauailler diuinement à l'assistance des hommes. Et certes, quoy que la science de la Charité reside plustost dans le cœur des Chrestiens que dans leur teste, & que l'excez soit moins à craindre que le deffaut dans la distribution des aumosnes; Neantmoins il y faut apporter vne si grande discretion, & vne si sage conduite, que l'on peut tres-iustement l'appeller l'art des arts apres sainct Iean Chrysostome, à cause des grandes difficultez qui se rencontrent pour s'en acquitter dignement. Il est vray que le Fils de Dieu nous oblige dans l'Euangile de donner à tous ceux qui nous demandent, & que nous deuons tousiours estre dans cette disposition d'esprit, de ne proposer iamais de limites à nostre charité, quoy qu'il y ait des bornes dans les richesses temporelles que la Prouidence nous a données. Mais la prudence Chrestienne nous engage à faire le discernement de ceux qui implorent nostre secours: Ce seroit vne cruelle charité de vouloir entretenir par des aumosnes indiscretes, & par d'aueugles profusions le desordre & la faineantise de ceux qui n'ont qu'vne pauureté apparente, ou qui ne demeurent dans l'indigence que par l'auersion qu'ils ont pour le trauail. Et c'est pour cela que le Sage nous prescrit cette excellente regle de l'aumosne, *Donnez à l'homme de bien, & ne receuez pas le pecheur: Faites du bien à l'humble, & ne donnez rien à l'impie*, nous enseignant par ces paroles, non pas à abandonner entierement les meschans, qui nous sont tousiours vnis par le lien de la nature, mais à prendre garde que nos aumosnes ne soient pas l'aliment des crimes, ny l'instrument des mauuaises actions.

Chrys. homil. 49. in Matth.

Omni petenti te tribue Luc 6. v. 30.

Da bono, & non recepetis peccatorem. Bene fac humili, & non dederis impio. Eccl. 12. v. 6.

Cependant, quelque grande que puisse estre la prudence d'vn particulier, il est mal-aisé qu'il ne soit souuent trompé dans le discernement des pauures. Ceux qui employent tout leur esprit pour s'entretenir dans vne oysiueté criminelle sous le voile d'vne fausse pauureté, sont pleins de ruses & d'artifices pour abuser de la bonté des personnes charitables; Et si ces mal-heureux ont assez peu de conscience pour commettre des larcins continuels, en priuant les veritables pauures du secours qui leur est deu, ils n'ont ny pudeur, ny retenuë qui les empeschent de se joüer de la trop grande credulité de ceux qui regardent leurs feintes affections, auec les yeux d'vne compassion veritable. Mais ces inconueniens sont moins à craindre dans les aumosnes qui se font à tous les pauures d'vne ville par l'establissement public d'vn Bureau de charité. Il est mal-aisé que ceux qui exposent leurs miseres pour en trouuer le soulagement, imposent à tant de personnes, & trompent vn si grand nombre d'yeux qui sont continuellement ouuerts pour en iuger apres vne exacte discussion; & des aumosnes qui passent par tant de mains, ne sont pas suiettes à se corrompre par vne malice estrangere.

On peut adiouster à ces considerations, que comme les petits ruisseaux qui se tariroient d'eux-mesmes, forment les grandes riuieres quand on les fait couler dans vn mesme lict, & deuiennent souuent assez grands par cette vnion, pour entretenir le commerce dans les villes, & respandre la fertillité dans les campagnes: Ainsi les plus petites charitez, qui ne sont pas fort aduantageuses aux Pauures quand chacun les fait en particulier & selon l'instinct de sa propre pieté, deuiennent des secours considerables, quand elles entrent comme dans vne masse commune pour estre distribuées par vne charité generale, & par vne police Chrestienne selon les differents besoins de tous les Pauures d'vne ville que l'on assemble dans vne saincte societé. La profusion que l'on en fait est vne tres-grande espargne; & l'experience fait voir que cette entreprise, qui semble estonner d'abord les plus liberaux, apporte auec elle vne merueilleuse œconomie. Car vne seule maison suffit pour loger tous ceux à qui cinquante maisons ne suffiroient pas s'ils estoient abandonnez à leur conduite particuliere; & quoy qu'ils fissent vne despense beaucoup plus grande, plusieurs d'entr'eux demeureroient vagabons, sans couuert & sans retraite, exposez à toutes les iniures de l'air, & suiets à la licence ordinaire de ce mal-heureux genre de vie. Vn seul foyer peut satisfaire à leur cuisine; Et ceux qui ne sont pas en estat de se seruir, n'ont pas besoin d'vn grand nombre de domestiques, quand on les enferme dans vn mesme lieu.

Enfin puisque la Charité, qui est la loy fondamentale du Christianisme, oblige les riches de nourrir les pauures, & les rend responsables de leur mort comme d'vn meurtre s'ils les abandonnent dans leurs besoins: l'ordre qui se trouue dans cette diuine vertu aussi bien que dans toutes les autres, leur apporte des auantages signalez en ostant la confusion des aumosnes mal distribuées. Et quand il ne s'y rencontreroit pas d'autre vtilité, que de faire par vn establissement public, qu'il soit comme impossible que personne meure de faim, & demeure sans secours dans vne necessité extreme, il n'y auroit rien qu'il ne fallut entreprendre plustost que d'estre reduit à l'vn de ces fascheux accidens, qui fit autrefois ressentir vne si viue & si perçante douleur au grand & misericordieux Pape S. Gregoire, lors qu'il apprit qu'vn Pauure ayant eschappé à sa clairuoyante charité, estoit mort de faim, & sans assistance.

Ioan. Diacon. 2. de vita S. Gregorij 26.

## CHAPITRE II.

*Déplorable estat de la Ville de Beauuais à l'esgard des Pauures, auant l'establissement du Bureau.*

SI ces considerations doiuent auoir beaucoup de force sur les Chrestiens en general, il ne faut pas s'estonner qu'elles ayent fait vne puissante impression sur la ville de Beauuais en particulier, & que les grands maux qu'elle a deplorez si long-temps inutilemét, l'ayent reduite à en empescher le cours par des remedes extraordinaires. Cette ville, qui est vne des plus Chrestiennes, aussi bien qu'vne des plus anciennes du Royaume, ne subsistant que par le commerce & le lanifice, s'est tousiours trouuée accablée d'vn plus grand nombre de Mendians qu'aucune autre de son estendue. Car comme la manufacture des draps & des serges demande vn tres-grand nombre d'artisans, qui ne gaignent pas beaucoup, & pour l'ordinaire ne sont pas fort assidus au trauail, la fertilité des bonnes années n'a presque iamais diminué la multitude des Pauures, parce qu'il est souuent arriué, ou que l'abondance des bleds n'a pas esté suiuie de l'heureux succez du commerce, ou que les chefs de ces petites familles, qui n'ont presque rien de commun auec la préuoyance de la fourmy, voyans les viures à vil prix, sont tombez ordinairement d'vn excez de confiance dans vn excez d'oysiueté, ou dans la desbauche qui en est la suite ordinaire.

Vade ad formicam, ô piger Prou. 6. v. 6.

Et parce qu'apres cette mauuaise conduite, la necessité extréme, à laquelle ils se sont reduits par leur faute, leur est deuenue vn fardeau insuportable, le desespoir les a souuent portez à se separer de leurs femmes par vne fuite precipitée, & à abandonner leurs enfans dans la derniere indigence, sans considerer ny la saincteté d'vn Sacrement dont le lien est indissoluble, ny la voix du sang & de la nature, dont la force interieure & secrette condamne de dureté les mal-heureux Peres, qui ayant mis des enfans au monde ne se mettent

tent nullement en peine de leur procurer les choses necessaires à la conseruation de leur vie. Ainsi la ville de Beauuais a tousiours esté chargée d'vn certain genre de veuues qui auoient encore leurs maris, & d'orphelins dont les Peres n'estoient pas morts. Et comme vn desordre en attire plusieurs autres, ces enfans se trouuant tout à la fois priuez de pain, & demeurans sans education & sans employ, ont choisi la mendacité pour leur partage comme l'vnique mestier de ceux qui n'en sçauent point d'autre, & comme l'art des mal-heureux que la necessité enseigne aux hommes en vn instant.

Et certainement le nombre s'en estoit accreu d'vne maniere si prodigieuse, qu'il remplissoit tout de confusion & de tumulte ; & l'importunité des Pauures ne troubloit pas seulement le repos des riches, mais aussi ils interrompoient les plus saincts mysteres auec beaucoup d'irreuerance. Le bruit confus qu'ils faisoient dans les Eglises durant le seruice Diuin, causoit de l'inquietude, & apportoit de la distraction aux Prestres iusqu'au milieu des Autels, & pendant ces momens si terribles & si precieux de l'adorable Sacrifice, dans lequel IESVS-CHRIST mesme s'offre tous les iours pat leurs mains. La clameur de ces miserables imposoit souuent silence aux Predicateurs dans leurs chaires ; les peuples ne trouuoient pas plus de repos dans les Eglises que dans les ruës & dans leurs maisōs ; Et les mendians, qui les poursuiuoient sans cesse, ne permettoient pas qu'ils eussent vn seul moment de trãquillité dans leurs prieres. Ainsi la maison de Dieu estoit moins vne maison de paix, d'Oraison, & de silence, qu'vn lieu plein de bruit, de querelles, & de desordre ; & les Pauures, qui doiuent estre comme les Aduocats des riches aupres de sa diuine Majesté, ne seruoient la plus part du temps qu'à luy rauir la veneration qui luy est deuë, & à irriter sa colere.

*Patronos animarum nostrarum. Paulin Ep. 35.*

Mais il n'y a rien de comparable à la profonde & volontaire ignorance dans laquelle ils estoient enseuelis, & à la negligence criminelle de leur salut, qui leur persuadoit mal à propos, que les loix de Dieu & de l'Eglise n'estoient point faites pour eux. C'estoit vn spectacle digne de larmes de voir vn si grand nombre de personnes, qui estoient nées & auoient receu le Baptesme dans vne ville tres-Catholique, n'ignorer pas moins IESVS-CHRIST, que si elles auoiẽt tousiours vescu parmy les infideles & les barbares. Si les Predicateurs leur representoient dans les chaires, qu'ils deuoient estre beaucoup plus touchez des miseres de leurs ames, que de celles de leurs corps, puisque les vnes ne sont que de tres-grossieres peintures des autres; cette parole de verité ne venoit pas iusqu'à leur oreille, par ce que durant ce temps-là, où ils estoient à la porte de l'Eglise ; ou s'ils y entroient, c'estoit moins pour entendre la Predication, que pour interrompre le Predicateur. Quelque soin que l'on prist de faire le Catechisme pour toute sorte de personnes, ils croyoient que la pauureté estoit vne excuse legitime qui les dispensoit de la science du salut. Cette mesme erreur faisoit qu'ils passoient souuent des années toutes entieres dans les Eglises sans assister à la Messe, & ils s'esloignoient de la saincte Table, & du tribunal de la Penitence, comme si les riches seulement estoient obligez de s'acquitter de ce deuoir.

Que si l'ignorance est d'elle-mesme vne source inépuisable de toute sorte de vices, il n'est pas difficile de comprendre quels rauages elle fait quand elle est accompagnée de la necessité extréme, & d'vne entiere oysiueté. Il ne faut attendre que de funestes effets de ces causes malheureuses ; Et quand la corruption du cœur se trouue jointe à l'aueuglement de l'esprit, on ne peut se figurer de cette miserable vnion, qu'vn desbordement general des crimes les plus honteux & les plus enormes. Aussi peut-on dire, que l'exercice de la gueuserie est vne escole de larcin, d'impureté, de blaspheme, de libertinage, & de toute sorte d'abominations. Et si quelque chose merite la compassion des Chrestiens, c'est de voir que des personnes dont les ames sont si precieuses à IESVS-CHRIST, ne passent cette vie dans les miseres, qui d'elles mesmes pourroient estre vtiles à leur salut, que pour s'en attirer de plus grandes & de plus terribles qui ne finiront iamais.

Comme donc la pauureté des mendians de Beauuais frappoit les yeux de tout le monde, leurs necessitez spirituelles estoient encore plus sensibles à ceux qui sçauoient iuger des veritables maux par la lumiere de la Foy. On craignoit raisonnablement de voir mourir dans le desespoir ou dans l'endurcissement de cœur, ceux qui auoiẽt vescu depuis tant de temps dans vn estat encore plus lamentable aux yeux des Anges, qu'il n'estoit triste à ceux des hommes ; Et pour exercer en mesme temps vne double misericorde, on croyoit ne pouuoir rien faire de plus agreable à Dieu, que d'empescher que les Pauures, apres auoir esté accablez dans le temps du pesant fardeau de la necessité, ne deuinssent encore les objets de la vengeance Diuine dans l'eternité malheureuse.

## Chapitre III.

*Premiers efforts qui furent faits à Beauuais. pour apporter vn ordre dans la distribution des aumosnes, & pour oster la mendicité.*

IL n'y auoit presque personne qui ne demeurast d'accord de cette fin generale, qui deuoit estre la descharge de toute la ville, & le repos des particuliers : Mais en mesme temps que l'on se la proposoit comme necessaire, l'execution en paroissoit impossible, & plus on en estudioit les moyens, moins on y voyoit d'ouuerture. Ceux qui faisoient des aumosnes auec abondance & auec joye, auoient souuent le desplaisir de donner à l'importunité des mauuais Pauures, ce qu'ils estoient quelquesfois contraints de refuser aux demandes equitables & sinceres des veritables indigens; & ceux qu'vne secrette auarice rendoit insensibles aux afflictions de leur prochain, trouuoiét des excuses & des pretextes pour leur dureté dans cette foule nombreuse de miserables, comme s'il eust esté permis de n'en assister aucun parce qu'il ne paroissoit pas possible de les nourrir tous.

Dans cette confusion vniuerselle, les gens de bien creurent par la lumiere generale de nostre Religion, & par la creance particuliere qu'ils auoiét en la probité de leurs Pasteurs, que leurs aumosnes pouuoient estre bien confiées à ceux que Dieu auoit chargez de la conduite de leurs ames. Car feu Messire Augustin Potier Euesque & Comte de Beauuais de tres-heureuse memoire, les ayant choisis eux-mesmes pour estre les fideles œconomes de ses liberalitez Chrestiennes, & ayant fait cesser l'an 1647. l'aumosne publique, qu'il auoit tousiours faite deux fois la semaine dans son hostel Episcopal, afin que l'argent, qu'il faisoit distribuer indifferemment à tous ceux qui se presentoient, fust donné aux veritables Pauures auec plus de lumiere & de connoissance par les Curez de chaque Parroisse tant de la ville que des faux-bourgs, les peuples suiuirent volontiers l'exemple de leur Prelat, & souhaitterent que les mesmes mains, qui offroient pour eux le sacrifice adorable de nos Autels, fussent aussi employées à la dispensation de leurs aumosnes, & au sacrifice de leurs biens.

Mais comme les plus grands ouurages sont quelquefois renfermez en de foibles commencemens, on vid dans l'ordre d'vne Parroisse particuliere ce que l'on pouuoit esperer pour la police generale des pauures de toute la ville. Car les Parroissiens de S. Estienne vnissans leur zele à celuy de leur Pasteur, furent assez genereux en l'an 1650. pour empescher la mendicité dans leur Eglise durant les Dimanches & les Festes de deux années consecutiues, & donnans aux pauures de leur Parroisse ce qui estoit suffisant pour leur subsistance durant ces saincts iours, il les obligerent d'assister comme les autres au diuin Seruice, d'estre presens à la saincte Messe auec le respect qui luy est deu, de se nourrir de parole de Dieu, & de s'acquitter de tous les deuoirs de veritables Chrestiens.

L'année 1652. ayant apporté auec elle vn accroissement de disette par sa sterilité extraordinaire, donna lieu à vn redoublement de charité, & fit prendre des resolutions dans lesquelles le doigt de Dieu paroissoit d'autant plus visiblement, que l'esprit de l'homme & la prudence de la chair n'y auoient aucune part. Paris estant inuesti, & toute la France affligée d'vne diuision intestine & d'vne guerre ciuile qui luy déchiroit les entrailles, Beauuais voyoit perir en vn instant les moyens de sa subsistance par la cessation du commerce. Le bled estoit extraordinairement cher, & ces deux fleaux sembloient menacer les pauures d'vne desolation generale.

Neantmoins par vn effet merueilleux de la prouidence, ce qui deuoit apparemment les priuer de toute consolation, pour ne dire pas les reduire au desespoir, fut vne occasion fauorable de les secourir auec plus d'ordre & plus d'efficace que iamais. On reconnut que la crainte augmente souuent les difficultez, & que la charité les diminuë, que la fascheuse conjoncture des temps n'a point de force contre la toute-puissance du Roy des siecles, & qu'il trompe heureusement le desir & l'esperãce de ceux qui choisissent sa protection pour l'objet de leur confiance. En effet la trop grande circonspection ruine ordinairement les plus sainctes entreprises. *Celuy qui obserue le vent,* dit le Sage, *ne se met pas en peine de semer, & celuy qui considere les nuées ne fera iamais la recolte.* En vn mot la hardiesse est necessaire dans les combats de charité aussi bien que dans ceux du siecle, & on ne reconnoit iamais mieux ce que l'on peut auec Dieu, que quand on s'est esleué au dessus de soy-mesme par des pensées dignes de luy.

Qui obseruat ventum, non seminat: & qui considerat nubes, nunquam metet. Eccles. II. v. 4.

Durant tout le mois de Iuin de cette année si pleine de calamitez il se tint plusieurs assemblées, & chacun de ceux qui s'y trouuerent y apporta de sa part vne intention sincere de faire tout ce qui se pouuoit dans vne grande extremité. Monseigneur l'Euesque &

Comte de Beauuais, digne Successeur d'vn si digne Oncle, regardant les pauures comme vne des plus precieuses portions de son troupeau, & considerant le soin de leur nourriture comme vne des plus importantes fonctions de l'Episcopat, veilloit sur cette grande affaire auec toute l'exactitude qu'vn bon pere peut auoir pour son salut, qui est renfermé dans celuy de ses enfans. Messieurs les venerables Doyen, Chanoines, & Chapitre de l'Eglise Cathedrale, dont la liberalité Chrestienne a tousiours esté exemplaire dans la ville, estoient disposez de n'espargner ny despense ny trauail pour assister auec vne pieté veritablement Ecclesiastique les sacrez membres de IESVS-CHRIST dans vn besoin si pressant. Messieurs les Maire & Pairs de la ville estoient pleinement conuaincus, qu'vn des plus infaillibles moyens de procurer la tranquillité publique, & d'attirer les graces de Dieu sur la Prouince, estoit renfermé dans la police que l'on establiroit pour les pauures. Messieurs les Curez que l'on appelloit extraordinairement dans ces assemblées, y venoient auec vn esprit de zele, & paroissoient parler pour eux-mesmes en plaidant la cause des indigens deuant des Iuges qui auoient desia de parfaitement bonnes intentions. Ainsi tous les Ordres de la ville conspiroient à vn mesme but : mais plus on raisonnoit sur les moyens d'y paruenir, & plus il naissoit tous les iours de nouuelles difficultez. Il se faisoit bien quelque proposition de renfermer tous les pauures dans vn mesme lieu; Mais quand on comparoit Beauuais auec Lyon, où cette heureuse & salutaire discipline regne depuis tant d'années, on remarquoit si peu de proportion entre ces deux villes dont l'vne est prodigieusement opulente par l'affluence & la celebrité de son commerce, & l'autre tres-mediocre dans ces biens, que se grand dessein passoit d'abord pour vne idée agreable, & pour vn projet donc l'execution estoit absolument impossible.

Enfin apres beaucoup de differentes consultations, on commit le premier coup d'essay de cette grande entreprise à deux Pasteurs, qui estans beaucoup plus chargez & plus importunez de pauures que les autres, auoient aussi vn plus notable interest de voir reüssir vn ouurage également glorieux à Dieu, & vtile à son Eglise.

La charité des particuliers fut l'vnique source où ils puiserent durant six mois dequoy faire subsister tous les pauures de la ville & des fauxbourgs, & mesme dequoy faire l'aumosne aux passans. Les vns donnerent en bled, ou en argent ce qu'ils vouloient contribuer dans cette occasion extraordinaire. Les autres se chargerent volontairement de la nourriture d'vn ou de plusieurs Pauures; & tous ayans eu aduis de Messieurs leurs Curez de ne plus rien donner ny dans les Eglises, ny dans les ruës, ny à leurs portes, tous les pauures furent assistez charitablement depuis le premier iour de Iuillet de l'an 1652. iusqu'au premier iour de Ianuier de l'année suiuante.

En mesme temps on joignit le soin des ames à celuy des corps, pour suiure les mouuemens de la grace aussi-bien que les sentimens de la nature. On prit soin d'instruire ceux que l'on entreprenoit de nourrir. En leur partageant le pain terrestre & corruptible, on leur rompit le pain celeste & spirituel de la doctrine Chrestienne; & soit dans le Seminaire qui se chargea de la distribution des aumosnes, soit dans quelques maisons Religieuses qui s'y appliquerent auec beaucoup de tendresse & de ferueur, soit dans d'autres maisons particulieres de la ville qui seconderent volontiers ces œuures de pieté, les membres du Fils de Dieu trouuerent de toutes parts des yeux pleins de compassion, des mains liberales, des cœurs ouuerts, & des entrailles sensibles.

Ainsi sans faire d'emprunt public dans la plus pressante necessité que l'on eust veuë depuis long-temps, sans vser de force & de violence à l'endroit des miserables, la mendicité fut abolie dans la ville & dans les faux-bourgs au grand estonnement de tout le monde, & chacun iouïssant d'vn bon-heur qu'il n'auoit pas esperé, eut suiet de benir Dieu qui auoit tiré en cette rencontre la lumiere des tenebres, l'ordre de la confusion, & les plus aymables effets de sa misericorde paternelle des plus rigoureux traits de sa iustice.

## CHAPITRE IV.

*Ouuerture du Bureau des Pauures. Ordre general estably pour reconnoistre le veritable estat de leur pauureté, & pour la differente distribution des aumosnes.*

CE commencement estoit trop heureux pour ne point passer plus auant. On venoit de reconnoistre que les aumosnes des particuliers estoient suffisantes pour entretenir tous les pauures de la ville pourueu qu'elles fussent bien mesnagées. On estoit obligé de suiure Dieu, qui ayant respandu vne si grande benediction sur les premiers efforts de cette charité publique, sembloit marquer par vn trait visible de sa puissance & de sa bonté, que son peuple de Beauuais estoit appellé à quelque chose de plus grand, & destiné à voir en nos iours vn establissement plus solide & plus perdurable.

Pour ne pas differer plus long-temps l'execution de cette pieuse entreprise, on choisit dans l'estat Ecclesiastique & seculier des personnes zelées & intelligentes; & abandonnant ce sainct ouurage à leur fidelité qui estoit connuë de tout le monde, on leur donna tout pouuoir de faire en cette rencontre ce qu'ils iugeroient plus à propos. Le commencement de l'année 1653. fut consacré par l'ouuerture de ce Bureau, & dés le second iour de Ianuier, c'est à dire, huict iours apres la nomination de Messieurs les Administrateurs, ils chercherent la maison la moins incommode qu'ils pûrent pour y enfermer les pauures, en attendant que Dieu, qui conduisoit ce dessein, donnast les moyens d'en auoir vne plus grande, & qui fust digne d'vn establissement de cette importance.

Et afin que ce qu'ils bastissoient d'vne part ne fust pas destruit de l'autre, ils prierent Messieurs les Curez de publier à leurs Prosnes, que dans l'attente d'vn reglement vniuersel, leurs Parroissiens s'abstinssent à l'aduenir de donner l'aumosne aux mendians, & que les pauures de chaque Parroisse s'adressassent au Bureau où l'on pouruoiroit à toutes leurs necessitez. Les pauures furent contraints de se soumettre à cet ordre, & ne pouuans esperer d'ailleurs aucun secours par la suspension generale des aumosnes de tous les particuliers, ils se rendirent à ce lieu public de charité, comme à l'vnique port qui leur restoit apres le naufrage.

Le discernement des pauures d'auec ceux qui ne l'estoient pas, fut le premier soin de Messieurs les Administrateurs du Bureau. Car, comme dit le celebre Autheur des Liures de la vie contemplatiue, qui a eu l'auantage d'estre inseré dans le Concile d'Aix-la Chapelle, *les Pauures qui doiuent viure du fruict de leur mestier, ou de leur trauail, ne doiuent point demander ce que les malades & les infirmes doiuent receuoir: de peur qu'il n'arriue que l'Eglise, qui peut fournir les choses necessaires à ceux qui sont priuez de toute assistance, estant surchargée de ceux qui reçoiuët d'elle sans necessité, ne puisse secourir les autres à qui elle doit son secours.*

Ipsi quoque pauperes si se possunt suis artificiis aut laboribus expedire, non præsumant, quod debet infirmus aut debilis accipere: ne fortè Ecclesia quæ potest omni solatio destitutis ministrare, si om-

Afin donc d'euiter toute surprise, les Administrateurs du Bureau diuiserent la ville & les faux-bourgs en quatre differens quartiers, où l'on deuoit s'enquerir exactement de la veritable pauureté de ceux qui se presentoient; & on le fit auec d'autant plus de succez, que l'on en auoit desia vne assez grande connoissance par les memoires de

nes etiam nihil indigétes, illis quibus debet grauata subuenire non valeat. Lib. 2. de vita contempl. cap. 10. Côcil. Aquisgran. c. 19.

chaque Parroisse, qu'vn chacun de Messieurs les Curez auoit donnez.

Ils prirent d'abord vn soin tout particulier, & ils l'ont tousiours gardé tres-religieusement, d'estre inflexibles aux prieres & aux recommandations des personnes interessées pour leurs parents, ou pour leurs amis, & de n'escouter iamais la chair & le sang dans la distribution des amosnes. En effet la seule necessité des Pauures doit estre la regle & le motif de la liberalité Chrestienne; & s'il n'est point permis aux particuliers qui donnent leurs propres biens de faire aucune autre acception de personnes, que de celle qui est authorisée par les loix de la charité, ceux qui ne sont que les œconomes publics, & les fideles dispensateurs des pieuses largesses de toute vne ville, ne doiuent non plus en abuser que d'vne chose toute sainéte & toute sacrée. Leur authorité n'est qu'vne simple commission qui leur est plustost donnée par Iesus-Christ mesme que par les hommes; & comme c'est de luy seul qu'ils doiuent attendre leur recompense, c'est à luy principalement qu'ils sont obligez de rendre compte de l'employ des biens qui ne viennent que de luy seul, & qui retournent à luy quand on s'en sert pour le secours de ses membres.

Au premier iour de leur séance ils iugerent à propos auant toute chose, de n'admettre aucun pauure que toute la famille de celuy qui se presentoit n'y fust presente, parce qu'estant composée la pluspart du temps de valides & d'inualides, les vns meritoient vne assistance totale, & il suffisoit de suppléer aux autres ce qui leur manquoit, & qu'ils ne pouuoient gaigner en trauaillant.

Ils resolurent de ne retenir dans le Bureau que ceux qui n'auoient pas de retraite, comme les Orfelins & les vieillards, & tous les gueux de profession, qui n'ayans iamais eu d'autre mestier que celuy d'vne mendicité faineante, estoient la principale cause du desordre.

On fit prouision d'vn fort gros Registre de papier blanc dans lequel toutes les Parroisses furent exactement diuisées, & on écriuit fidelement le nom de ceux que l'on admettoit, auec vne table de leurs noms, chacun sous sa lettre, afin de ne pas mettre deux fois les mesmes personnes.

On escriuit indifferemmēt le nom de tous ceux qui se presentoient, auant mesme que d'examiner s'ils estoient de la qualité requise pour estre admis; & on en vsa de la sorte afin que s'ils se representoient encore vne fois apres auoir esté refusez d'abord, on eust recours à ce qui en auroit esté reglé.

On n'admettoit aucun Pauure la premiere fois qu'il se presentoit, si l'on n'auoit vne parfaite connoissance de l'estat de sa personne, & de la qualité de sa disette : Et on en remettoit la decision au premier iour de l'assemblée suiuante, afin que pendant cette interualle les Administrateurs, qui auoient charge du quartier d'où estoit le pauure, eussent le loisir de s'en informer auec tout le soin & la diligence necessaire pour n'y estre pas surpris.

Outre les Pauures que l'on enferma dans le Bureau pour y estre tout à fait nourris & entretenus, il fut conclu que l'on assisteroit ceux du dehors, & on leur marqua dans la ville deux maisons où ils iroient prendre tous les Lundis le pain qui leur seroit reglé. Ce qui fut fait auec quelque sorte de distinction, ce soulagement estant accordé aux vns pour toute leur vie, & aux autres pour vn certain temps seulement, soit à cause de quelque infirmité que l on iugeoit n'estre que passagere, soit en consideration de ce qu'ils manquoient de trauail, soit parce que leurs efforts & leur industrie ne leur fournissoient pas entierement dequoy se nourrir.

N'estant pas iuste d'exclure de la charité publique, les malades qui sortent de l'Hostel-Dieu, il fut ordonné qu'ils seroient assistez de quelque argent iusqu'à-ce qu'ils fussent en estat de trauailler. Et quant aux pauures du Bureau qui tombent malades, on iugea qu'il seroit dur de les transporter incontinent à l'Hostel-Dieu. C'est pourquoy on attend cinq ou six iours pour voir la suitte du mal, pendant lequel temps non seulement on leur donne les premiers remedes, mais mesmes on les nourrit comme des malades. Et c'est ce qui a fait establir pour vne regle constante, qu'il y eust tousiours pour eux vn pot exprés auec de bonne viande, afin de ne pas manquer de boüillon qui fust propre à des infirmes.

Il restoit à faire quelque reglement pour les passans & les vagabonds qui courent de ville en ville. On les enuoye au Bureau pour y receuoir ou le giste, ou la passade selon la prudence de celle qui en a la commission. La despense en estoit tres-grande au commencement, mais par la suitte du temps elle est deuenuë fort legere, & l'experience a fait voir que les Gueux de profession, fuyent les villes où ils sçauent que cét ordre est estably, parce qu'il n'y a rien à profiter pour eux que dans la confusion & dans le desordre.

## CHAPITRE V.

*De la nourriture, & du vestement des Pauures.*

ENcore qu'en interdisant la mendicité on se soit chargé de la nourriture des Pauures, il est iuste neantmoins de la borner à la seule suffisance: Et comme il n'y a pas d'obligation de s'appauurir soy-mesme pour les enrichir, aussi en les tirant de l'extremité de la misere, & comme des portes du desespoir, il n'est ny possible, ny à propos de leur procurer vne vie molle, & de les entretenir dans les delices. Car si le Patriarche Iacob qui estoit trés-grand par sa naissance, & destiné à la possession d'vne infinité de richesses, ne demandoit à Dieu que du pain pour sa nourriture, & des vestemens pour se couurir, & s'il se voüoit entierement à son seruice sous cette condition, ce n'est pas traitter les pauures auec dureté que de leur donner pour aliment quelque chose de plus que ne demandoit à Dieu le petit fils d'Abraham, & le chef de tous les Israëlites.

Si fuerit Deus mecum, & custodierit me in via per quã ambulo, & dederit mihi panem ad vescendum, & vestimentum ad induendũ, erit mihi Dominus in Deũ, & lapis iste, quem erexi in titulũ. Genes. 28. v. 20. 21. Basil. in Regul. fusius disputatis interrogat. 9. Ioan. 6.

IESVS-CHRIST mesme, selon l'obseruation de S. Basile, ayant entrepris de nourrir dans le desert cinq mille personnes, & d'operer ce grand miracle qui porta les peuples à vouloir l'obliger d'estre leur Roy, voulut rendre ce festin plus merueilleux dans la maniere de le preparer, que dans la somptuosité des mets & la qualité des viandes dont il estoit composé. Il ne rassasia ses Auditeurs que de pain d'orge, & de quelques morceaux de poissons; Et comme l'Euangeliste S. Iean ne fait pas mention de leur breuuage, il marque assez par ce silence qu'ils n'estancherent leur soif qu'auec l'eau claire, qui couloit naturellement des fleuues ou des fontaines.

Habentes alimenta & quibus te.

Son Apostre oblige tous les fideles de se contenter du viure & du vestement: Et si les riches se nourrissent auec plus de delicatesse que les pauures, c'est plustost vne marque d'infirmité qui les rend dignes de compassion, qu'vn auantage que l'on doiue regarder auec enuie. *Le pauure & le riche*, dit S. Augustin, *sont également suiets à la faim. Le pauure souhaite d'estre rassasié, & le riche souhaite la mesme chose. Le pauure se rassasie de viandes ordinaires & qui ne sont pas de grande valeur, le riche se rassasie de viandes de grand prix. Tous deux sont égalemẽt rassasiez, tous deux possedent la mesme chose, & l'vn & l'autre est arriué où il pretendoit, mais auec cette difference que l'vn a pris vn chemin plus raccourcy, &*

Esurit pauper, esurit diues. Saturari quærit pauper, saturari quærit diues. Saturatur pauper de vilibus cibis, saturatur di.

*l'autre s'est seruy d'vn plus grand destour. Mais, dit le riche, les viandes exquises & delicieuses que l'on me sert sont bien plus agreables à mon goust. Quelque grande que soit ta delicatesse, à peine est tu rassasié. Tu ne connois point quel est le ragoust, & combien grandes les delices que la faim donne aux alimens. Ie ne pretends pas neantmoins par ces paroles contraindre les riches de viure des mesmes viandes dont les pauures se nourrissent. Que les riches viuent selon l'habitude qu'ils ont contractée par leur infirmité, mais qu'en mesme temps ils soient faschez de n'en pouuoir vser autrement; car il leur seroit plus auantageux de pouuoir viure d'vne autre maniere.*

Les pauures ne sont donc pas à plaindre si on les met en estat de ne point passer les bornes de la necessité, mais les riches sont plustost à plaindre de s'estre accoustumez par vne longue suite d'années à cette delicatesse de viandes, qui est deuenuë comme vne seruitude particuliere à leur condition dans le supplice general de nostre nature.

Et certainement depuis que les pauures du Bureau ont esté reduits à ce regime de viure constant & reglé, & qu'ils ont cessé de manger quelquefois auec excez, comme ils faisoient auparauant, pour passer en suitte plusieurs iours dans la pressante incommodité d'vne faim cruelle, les maladies ont esté plus rares parmy eux, la mortalité y a fait moins de moissons, & leur santé, qui estoit autrefois si chancelante, s'est visiblement affermie.

Mais comme la regle de la suffisance ne doit pas estre vniforme pour toute sorte d'aages, les vieillards qui sont entretenus dans le Bureau ont deux portions de vin par iour; Et s'il y a quelque chose à adiouster à la nourriture des autres, on sera prest de le faire quand Dieu en aura donné les moyens.

Vne des plus grandes despenses est celle que l'on est obligé de faire pour entretenir les pauures d'habits & de linge; & il en faut vne tres-grande quantité, parce que l'on n'en donne pas seulement aux Enfermez & aux Apprentis du dehors, mais aussi à vne infinité d'autres, qui ne pouuans gaigner par le trauail de leurs mains que dequoy viure auec incommodité, demeureroient nuds si la charité publique ne suppléoit à leur indigence.

Les Espouses de Iesvs Christ qui le seruent dans les solitudes religieuses, les vierges Chrestiennes qui sont dans le monde comme si elles n'y estoient pas, les veuues qui ont l'Illustre Tabithe pour leur modelle, les honnestes femmes qui viuent auec pieté dans le mariage, ont tesmoigné en cette occasion vne emulation saincte pour reuestir de leurs propres mains celuy qui est encore tout nud

ues de pretiosis cibis, Saturitas æqualis est, possessio vna est: quò ambo volunt, peruenere; sed ille per compendium [illegible] uenit, [illegible] multum circuit.
Sed melius, inquit, mihi sapiunt apparata prætiosa; vix fastidiosus satiaris, Nescis quomodo sapit quod fames accendit.
Neque hoc ita dixi vt diuites cogam epulis & cibis pauperum vesci. Vtantur diuites consuetudine infirmitatis suæ, sed doleant aliter se non posse. Melius enim possent si aliter possent. Aug. serm. 3. de verbis Dom.

en la personne de ses pauures ; & soit qu'il ait fallu luy rajuster quelques vieux haillons, qui se moisissans dans les coffres appartenoient à ceux qui n'en auoient pas selon le langage des saincts Peres, soit qu'il ait fallu luy faire quelque nombre de chemises, toutes sortes de mains y ont esté agreablement occupées.

B sil. homil in illud, destinam horrea mea, &c.

## Chapitre VI.

*De l'employ & du trauail des pauures au dedans, & au dehors du Bureau.*

SI l'on se fust contenté d'abolir la mendicité dans la ville & les faux-bourgs de Beauuais sans en bannir la faineantise, on auroit fait vne tres-grande despense pour entretenir vn plus grand desordre; & la mesme charité qui nous commande de nourrir les pauures, nous oblige aussi de faire mourir le vice qui est la plus ordinaire production de l'oysiueté.

En effet la loy qui engage les hommes au trauail est aussi ancienne que le monde. Adam ne fut estably dans vn Paradis de delices que pour y agir, & le garder; Et quand il en fut chassé en punition de son crime & de sa desobeïssance, il receut cét Arrest irreuocable de manger son pain à la sueur de son visage tout le reste de ses iours.

La Religion Chrestienne, qui nous oblige à vne penitence continuelle, nous impose la necessite indispensable d'vne vie laborieuse. Et S. Paul, qui en a renouuellé le commandement de la part de Dieu, a fait luy-mesme des tentes & des pauillons dans la ville de Corinthe, trauaillant de ses propres mains dans la maison d'Aquila, & de Priscille, quoy que son occupation continuelle pour annoncer l'Euangile pût le mettre legitimement hors de l'estenduë de cette loy. *Cét homme qui commandoit aux Demons*, dit S. Chrysostome, c'est à dire vn de ses plus grands admirateurs, *cét homme qui estoit le Docteur vniuersel de tout le monde habitable, qui auoit la charge & la conduite de tous les hommes de la terre, qui prenoit vn tres-grand soin de toutes les Eglises que le Soleil esclaire de ses rayons, de tous les peuples, de toutes les nations, de toutes les villes, ne laissoit pas de trauailler nuict & iour, & cette penible occupation de ses mains ne luy donnoit point de relasche. Et nous qui n'auons pas la milliesme partie de ses soins, ou pour mieux dire, qui ne les sçaurions comprendre par le plus grand effort de nos esprits, nous passons toute*

Tulit Dominus Deus hominem, & posuit eum in Paradiso voluptatis vt operaretur & custodiret illum. Genes. 2. v 15. In sudore vultûs tui vesceris pane Ibid. v. 9 Act. 18. Chrys. Tom. 5. Serm. 27. In illud, salutate Priscillam.

nostre vie dans vne entiere oysiueté. Dites-moy, qu'elle excuse alleguerons nous pour iustifier nostre conduite, & comment en obtiendrons-nous le pardon? Tous les maux imaginables ne se sont respandus sur les hommes, que parce que plusieurs tiennent à vne tres-grande gloire de ne pas trauailler de leur mestier, & mettant au rang de la derniere infamie de passer dans l'estime des autres pour des personnes qui sçauent quelque chose de cette nature. Cependant sainct Paul n'a point de honte de manier le poinçon, de coudre des peaux, de discourir en cet estat auec des hommes establis en vne haute dignité: au contraire, il fait sa gloire de cette occupation, & il est rauy qu'vne infinité de tres-grands & tres-illustres personnages vienne à luy quand il est en cet exercice. Et non seulement il n'a point de honte d'en vser ainsi, mais mesme il graue son mestier dans ses Epistres comme sur vne colonne d airain. Il trauaille dans la suitte de sa vie du mestier qu'il auoit appris dans ses premieres années, & il en trauaille apres apres auoir esté rauy iusques au troisiesme Ciel, apres auoir esté enleué dans le Paradis, apres auoir esté admis à l'estroite communication des plus secrettes paroles de Dieu. Et nous qui ne sommes pas mesme dignes de baiser ses souliers, nous rougissons des mesmes choses dont ce grand Apostre faisoit sa gloire. Quoy que nous offensions Dieu tous les iours, nous ne nous conuertissons pas, & nous ne trouuons rien de honteux dans nostre mauuaise vie; Mais nous abhorrons comme vne chose honteuse & ridicule de viure des iustes trauaux de nos mains. Dites-moy, apres cela, quelle esperance aurons-nous de nostre salut? Car si on doit auoir de la honte, c'est du peché seulement, c'est d'auoir offensé Dieu, c'est d'auoir fait quelque mauuaise action; Mais pour ce qui est des mestiers & des ouurages manuels, il y a suiet de s'en glorifier, puisque par ce moyen l'occupation continuelle bannira les mauuaises pensées de nostre esprit, nous serons en estat de secourir les indigens, nous n'assiegerons pas auec importunité les portes des autres, & nous accomplirons la Loy saincte de IESVS-CHRIST qui dit que c'est vne chose plus heureuse de donner que de receuoir. En effet nous auons des mains pour nous secourir nous mesmes, & pour assister selon toute l'estendue de nostre pouuoir, & des choses qui nous appartiennent ceux qui ont le corps mutilé. Que si quelqu'vn demeure dans l'oysiueté, de quelque santé qu'il iouysse il est plus miserable que ceux qui sont trauaillez de la fiéure. Car on pardonne aux vns à cause de leur infirmité, & on les regarde auec compassion: mais ceux qui deshonorent la vigueur & la bonne constitution de leur corps meritent la haine & l'auersion de tout le monde comme des personnes qui violent la Loy de Dieu, qui ruinent la table des infirmes, & qui corrompent leur ame propre. De fait le mal dont ils sont coulpables ne consiste pas seulement en ce qu'ils se rendent importuns aux portes des au-

*tres, eux qui se deuroient nourrir eux-mesmes du iuste trauail de leurs mains, mais en ce qu'ils deuiennent les plus meschans de tous les hommes, puis qu'en effet il est constant qu'il n'y-a rien qui ne se destruise par l'oysiueté. L'eau deuient puante & se corrompt quand elle demeure sans mouuement, mais son cours & son agitation luy fait conseruer sa vertu. Le fer que l'on ne manie pas, s'amollit, se gaste, & est mangé de la roüille: mais quand on le met en œuure, il deuient beaucoup plus vtile qu'auparauant, il acquiert vne nouuelle beauté, & il n'y a point d'argent qui esclatte dauantage. On voit aussi qu'vne terre qui n'est point labourée, au lieu de porter de bons fruits ne produit que de mauuaises herbes, des ronces, des espines, & des arbres qui ne rapportent rien, mais que quand on prend le soin de la cultiuer, elle produit toute sorte d'excellens fruicts & de bonnes plantes auec vne fecondité merueilleuse. Enfin, pour le dire tout en vn mot, l'oysiueté corrompt tout, & chaque chose deuient plus vtile par sa propre operation.*

Il estoit impossible de representer l'obligation du trauail par vn exemple plus pressant que celuy du grand Apostre, & par des paroles plus fortes & plus eloquentes que celle de sainct Iean Chrysostome qui est le plus fameux de ses interpretes. Aussi le Diuin Paul n'a rien eû en plus grande recommandation que de rapporter son propre exemple, & s'il en fait quelquefois son Apologie, il l'employe tousiours tres-vtilement pour l'instruction des autres. Ayant appellé les Euesques & les Prestres d'Ephese & des lieux circonuoisins, il leur dit entre autres choses auant que de partir du port de Milet, *vous sçauez que ie n'ay desiré ny or, ny argent, ny vestemens de personne, & que le trauail de mes mains m'a fourny, & à ceux qui estoient auec moy, les choses necessaires pour nostre entretien. Ie vous ay monstré toutes ces choses dans mes actions, & ie vous les represente encore dans mes paroles, pour vous donner l'exemple de la charité desinteressée, auec laquelle vous deuez trouuer dans vos trauaux le secours des pauures & des infirmes, & encore pour vous faire souuenir de cette excellente parole de nostre Seigneur IESVS-CHRIST que c'est vne chose plus souhaitable & plus heureuse de donner que de receuoir.*

Argentum & aurum, aut vestem nullius concupiui, sicut ipsi scitis, quoniam ad ea quæ mihi opus erant, & his qui mecū sunt ministrauerunt manus istæ, omnia ostendi vobis, quoniam sic laborantes oportet suscipere infirmos, ac meminisse verbi Domini Iesu, quoniam ipse dixit, Beatus est magis dare quam accipere. Act. 20. v. 4. 5.

Il a voulu que plus d'vn peuple fust tesmoin de cette penible conduite, afin d'auoir par toute la terre des imitateurs de cette vie laborieuse; & ses deux Epistres aux Thessaloniciens en sont des monumens augustes: *Vous vous souuenez mes freres*, dit-il dans la premiere de ces Epistres, *du trauail extréme qui nous a exercez lors que nous*

Memores estis, fratres laboris nostri

*estions chez vous, & vous auez esté l s tesmoins de nostre grande fatigue. Vous sçauez, qu'en vous preschant l Euangil: nous n'auons pas laissé de trauailler nuit & iour de peur de vous estre à charge.* Et il en parle encore plus au long dans la seconde quand il dit, *vous sçauez de quelle maniere il faut que vous imitiez nostre conduite, puis qu'en effet nous n'auons pas mené parmy vous une vie desreglée ; que nous n'auons pas mangé de pain sans le payer, & sans l auoir gaigné à la sueur de nostre visage ; que nous auons trauaillé de nos mains la nuit aussi bien que l: iour, pour nous entretenir nous mesmes sans estre à charge à personne. Ce n'est pas que nous n'eussions le pouuoir de nous nourrir à vos despens. Mais nous auons voulu vous laisser dans nos actions vn modelle pour imiter, & il falloit que nostre procedé fust vne iustification de ce que nous vous enseignions, lors que nous estions chez vous, celuy qui ne veut point trauailler n'est pas digne de manger.*

& fatigationis : nocte & die laborantes ne quem vestrum grauaremus, prædicauimus in vobis verbum Dei 1. Thess. 2. v. 9 Ipsi scitis quemadmodum oporteat imitari nos : quoniam non inquieti fuimus inter vos, neque gratis panem manducauimus ab aliquo, sed in labore, & in fatigatione, nocte & die operantes, né quem vestrûm grauaremus. Non quasi non habuerimus potestatem : sed vt nosmetipsos formam daremus vobis ad imitandum nos Nam & cùm essemus apud vos, hoc denonciabamus vobis, quoniam si quis non vult operari, nec manducet. 2. Thess. 3 v. 7. 8. 9.

Il n'y a rien à adiouster à cet Oracle d'vn homme que Dieu mesmesme auoit instruit dans l'escole du troisiéme ciel, & son exemple est vne condamnation de l'oysiueté des riches, & de la faineantise des pauures. *En qualité d'Apostre & de Predicateur de l Euangile*, dit sainct Augustin, *en qualité de Soldat de IESVS-CHRIST, de laboureur occupé à planter sa vigne, de Pasteur de son trouppeau, Dieu luy auoit ordonné de viure de l'Euangile, & neantmoins il n'a point voulu se faire payer de ce qui luy estoit deu pour sa solde & son entretien, afin de se rendre le modelle de ceux qui desiroient se faire payer des choses que l'on ne leur deuoit pas, comme il dit luy-mesme aux Corinthiens, qui a iamais veu vn Soldat porter les armes sans en receuoir de solde ? Qui a iamais veu vn Vigneron planter la vigne & la cultiuer, sans gouster du fruict qu'elle rapporte ? Qui est le Pasteur lequel en prenant beaucoup de soin de son trouppeau, ne mange point de son laict ?*

Illi tanquam Apostolo, prædicatori Euangelii, militi Christi, pastori gregis constituerat Dominus vt de Euangelio viueret, & tamé ipse stipendium sibi debitum non exegit, vt se formam daret eis qui exigere indebita cupiebant, sicut ad Corinthios dicit, quis militat suis stipendiis vnquam ? Quis plantat vineam, & de fructu eius non edit ? Quis pascit gregem, & de lacte eius non percipit ? Aug. de opere Monac. c. 3.

On n'a pas iugé inutile de s'estendre sur cette matiere, parce que l'oysiueté de toutes sortes de personnes est vn des plus grands desordres de nostre siecle, & que l'ennemy de nostre salut persuade insensiblement aux hommes par ses trompeuses illusions, que la vie molle & la vie Chrestienne ne sont pas deux choses incompatibles.

Mais pour ne parler en ce lieu que des Pauures qui ont donné la matiere à ces reflexions, les personnes inutiles & sans employ doiuent estre si peu souffertes dans les Estats bien reglez, que les loix ciuiles des Empereurs ordonnent de seueres punitions contre les mendians qui auront assez de force de corps pour trauailler.

C. Theodos. lib. 18. Tit. 14. de mendicantib. non inualidis. C. Iust. Lib. 11. tit. 25. de mendicantibus validis. S. Thom. 2. 2. q. 185. Art. 5. ad 5.

C'estoit vne grande entreprise d'oster la mendicité de la ville de Beauuais, mais c'en estoit encore vne plus grande de faire trauailler les pauures, puis qu'ayans vne auersion naturelle du trauail, ils s'estoient confirmez dans l'oysiueté par vne longue habitude, estoiét accoustumez à ne trouuer rien de plus doux dans ce mal-heureux genre de vie, que d'estre exempts de toute sorte d'emplois & de fonctions. Il n'y en auoit gueres parmy eux à qui on ne pust appliquer cette parole du Sage, *le fou tient ses deux mains croisées l'vne sur l'autre, & mange sa propre chair dans l'extremitté de son indigence, en disant il vaut mieux n'auoir qu'vne petite poignée de pain, & viure en repos, que d'auoir toutes les deux mains pleines, & estre sujet au trauail & à l affliction de l'esprit.*

Stultus complicat manus suas & comedit carnes dicens: Melior est pugillus cum requie quam plena vtraque manus cũ labore & afflictione animi. Eccles. 4. v. 6.

Il a fallu vser d'vne vigilance extraordinaire, & prendre vn grand empire sur eux pour les retirer de cet estat deplorable; & pour leur donner quelque goust de ce qu'ils auoient tousiours regardé auec horreur. L'occupation des filles & des femmes valides est de filer de la laine. On y exerce aussi les petits garçons iusqu'à ce qu'ils ayent atteint l'aage d'entrer en quelque mestier qui demande plus de force. Ils trauaillent tous en vn mesme lieu, & il y a vne femme qui veille sur eux, & qui les tient en discipline.

Pour les grands garçons, les vns apprennent à faire des serges, ou à peigner de la laine, & les autres, qui sont moins aagez, sont employez à des ministeres de moindre consequence, & qui ne laissent pas toutefois d'estre necessaire pour ces mestiers. Ils ont tous vn Maistre qui les enseigne, & les tient en discipline.

Vne partie des serges qui se font sert à reuestir ou ceux mesmes qui les ont faites, ou les inualides, que l'on nourrit dans le Bureau; & on donne à ceux qui trauaillent vn tiers de leur gain, auec pouuoir d'en disposer comme ils veulent ou pour le supplément de leur viure, ou pour leurs autres necessitez, en gardant les regles de la moderation & de la temperance Chrestienne.

Quoy qu'il en soit, les estoffes du Bureau n'ont pas esté de mauuais debit; & en mesme temps que les pauures ont eu le bon-heur de manger le trauail de leurs mains (ce que le Psalmiste attribue à vne

Labores manuum tuarum quia manducabis, beatus

vne grande benediction) les personnes charitables ont eu la consolation de voir que ceux qui auoient esté si long-temps inutiles, se sont rendus capables en peu de temps de contribuer quelque chose à l'vtilité publique.

es, & benedibi erit. Ps. 47. v.

Mais par ce que les garçons assez auácez en aage sont en trop grand nombre pour pouuoir tous apprendre leur mestier dans le Bureau, on en met plusieurs en apprentissage chez les Maistres de la ville, chacun selon son inclination; & comme on se charge de leur conduite, on les considere tousiours comme des personnes de la Maison, & qui ne subsistent que par la charité commune de toute la ville.

L'entreprise de ces estoffes a obligé d'abord à vne tres-grande despense, tant pour la laine que pour les autres choses necessaires; & elle demande des personnes tres intelligentes & tres desinteressées, pour veiller sur vn si grand nombre d'ouuriers, & sur la qualité des ouurages. Aussi Dieu a suscité vne bonne veuue, qui ayant toutes les qualitez necessaires pour cet effet, donne tous les iours en cette occasion si importante, des marques publiques de la charité qu'elle a fait paroistre en plusieurs autres rencontres. Car comme le Sage en faisant la description d'vne femme forte & genereuse, dit *que ses mains se portent aux ouurages qui demandent vne grande force, & vn courage tout viril, & que ses doigts sçauent manier le fuseau*; on peut dire que cette honneste femme, qui frequente le Bureau pour en faire reüssir les ouurages, trauaille par les mains des autres; & que ses mains, comme ses yeux, sont ouuertes sur les pauures; qui de leur part sont obligez de receuoir auec beaucoup de soumission, de docilité, & de respect la charité de ses enseignemens, l'vtilité de ses aduis, & l'assiduité de ses visites.

Manum suam misit ad fortia, & digiti eius apprehenderunt fusum. Manum suam aperuit inopi, & palmas suas extendit ad pauperem. Prou. 31. v. 39. 40.

## CHAPITRE VII.

*De ce qui se fait dans le Bureau pour l'instruction Spirituelle des Pauures, & pour les deuoirs de la pieté Chrestienne, & de quelques autres points de la discipline exterieure.*

LA compassion que l'on a eue pour les Pauures auroit esté vn mouuement tout humain & tout charnel si en garantissant leurs corps d'vne misere & d'vne affliction passagere, on n'eust tasché de procurer à leurs ames vne felicité eternelle qui est l'vnique fin de tous les Chrestiens, & pour laquelle la pauureté exterieure doit moins estre vn obstacle qu'vn moyen auantageux. Et à dire vray, si les personnes misericordieuses sont les images de IESVS-CHRIST, cét adorable reparateur de nostre nature est également le Sauueur de nos ames & de nos corps; & de toutes les œuures de Charité, il n'y en a pas qui luy plaisent dauantage, que celles qui s'estendent iusques à l'interieur, & qui tendent à operer d'elles mesmes le salut de nos freres qui sont ses membres,

Et comme la grande misere doit exciter la grande misericorde, il ne s'est rien rencontré dans tout cét establissement qui meritast dauantage la compassion des personnes charitables, que le triste estat où estoient la pluspart des Pauures, pource qui concerne les deuoirs de la Religion & les affaires de leur salut. C'estoient des malades qui apprehendoient également les remedes & les medecins, & qui demeuroient insensibles dans l'extremité de leurs plus grands maux. Car si ces sortes de personnes craignent naturellement le trauail du corps, l'application de l'esprit leur est encore tout autrement insupportable, & adjoustans l'endurcissement à l'ignorance, ils ayment mieux mourir dans l'obscurité des plus espaisses tenebres comme des aueugles volontaires, que d'apprendre auec peine des veritez pour lesquelles ils n'ont ny goust ny sentiment,

Les vieillards auoient passé toute leur vie sans auoir appris à prier Dieu; & comme ils n'auoient presque iamais passé plus auant que la porte de l'Eglise, ils ne s'estoient iamais instruits des articles de la Foy, ny des maximes fondamentales de nostre Religion, sans lesquelles il n'y a point de salut. La mauuaise éducation des ieunes enfans les auoit laissez sans connoissance, ou s'ils sçauoient quelque chose, c'estoit de la nature de celles qu'il faut necessairement oublier.

Afin d'allumer le flambeau des veritez saintes, & de faire esclatter la lumiere Euangelique dans l'obscurité de ces tenebres, on choisit trois Ecclesiastiques, qui se chargerent de l'instruction des hommes & des garçons: Ceux du Seminaire ont continué de s'y appliquer auec beaucoup d'assiduité; & Messieurs les Curez, & quelques Directeurs Spirituels de la Ville, ont soin d'enuoyer des filles deuotes & charitables, dont les vnes enseignent & repetent familierement le Catechismes aux femmes & aux filles du Bureau; & les autres monstrent à lire à celles qui sont encore en estat d'apprendre. ¶

Quelque Ecclesiastique des plus considerables de la Ville, vient faire vne exhortation Chrestienne dans la Chappelle du Bureau tous les Dimanches & les Festes de l'année; & l'on y assemble tous les deux sexes pour receuoir cette nourriture Spirituelle, qui leur est distribuée auec tout le zelé & toute la condescendance, que l'on peut desirer de ceux qui ne respirent que la pure gloire de Dieu dans l'assistance du prochain. On y fait aussi venir en ces mesmes iours les Apprentis du dehors, qui ne peuuet assister aux instructions que l'on fait durant le cours de la semaine; & les riches, qui y veulent assister, ne sont pas exclus de ce banquet si gratuit & si charitable.

Ainsi ce qui fut autrefois vne des marque de l'Incarnation du Messie, fait encore tous les iours vne des principales consolations de ceux qui se plaisent dans l'heureux succés des œuures de misericorde. Et si le fils de Dieu donna autrefois la commission aux Disciples de son Précurseur de dire à leur Maistre, qui les deputoit vers luy, que l'Euangile estoit presché aux Pauures, *pauperes Euangelizantur*; monstrant par là, aussi bien que par par quelques autres preuues, l'accomplissement des Propheties; on peut renfermer en ces deux paroles vn des plus considerables fruits de l'establissement du Bureau. Car non seulement il se trouue des Predicateurs assez charitables pour preferer aux plus fameux Auditoires la charge d'enseigner les Pauures, mais on voit aussi maintenant les Pauures deuenir les Auditeurs de la parole de Dieu sans auersion & sans contrainte. On voit des enfans, qui n'auoient iamais rien sceu que des paroles indignes d'estre proferées par des bouches Chrestiennes, & qui n'auoient la teste remplie que de chansons toutes profanes, respondre publiquement des articles de la Foy, des principes de nostre Religion, & des maximes de la Morale celeste, auec vne suffisante que l'on n'attendroit pas d'eux, & qui ne se rencontrent pas tousiours en des personnes de bonne naissance. Et comme la fertilité d'vne campagne n'est iamais plus remarquable, que quand on voit iaunir les moissons dans les mesmes terres qui n'auoient autrefois esté couuertes que de ronces & d'espines, le changement extraordinaire que l'on remarque en cette ieunesse, ne peut estre attribué qu'à une grace particuliere de celuy, qui tient la lumiere dans ses tresors, & qui la respand auec abondance sur les entreprises dont sa charité est l'vnique fondement.

Et parce que le principal fruit des instructions Chrestiennes doit se rapporter au bon vsage des Sacremens, il y a des Ecclesiastiques qui entendent les confessions des Pauures auec beaucoup de patience & de bonté, & qui taschent de former dans leurs ames par l'operation de l'Esprit saint, les dispositions necessaires pour receuoir dignement la tres-auguste Eucharistie.

Mais on ne peut assez rehausser par les plus iustes loüanges Monsieur le Curé de la Parroisse, qui par ses soins paternels, par son incroyable actiuité, & par son zele infatigable, a tousiours soustenu vne tres-grande partie de ce fardeau, & qui n'attendant sa recompense que de Dieu seul, seroit payé d'vne trop chetiue monnoye, s'il ne trouuoit son eloge que dans cét escrit.

Pour entretenir en cette Maison la pieté Chrestienne, & conseruer l'honnesteté dans les personnes qui y sont admises, on separe exactement les deux sexes par la diuersité des appartemens & par de bonnes clostures, & on prend garde qu'ils ne puissent auoir aucune communication l'vn auec l'autre, principalement durant la nuit.

Les Pauures se couchent à neuf heures, & vne demie-heure auparauant on les assemble pour prier Dieu tous en commun. En esté ils se leuent à cinq heures, & en hyuer à six, & ils commencent la iournées par des prieres publiques auant que de se mettre à leur trauail, dont ils ne doiuent attendre la benediction que de la grace du Ciel.

Aussi-tost que toute la trouppe est couchée, les Maistres & les Maistresses, visitent les chambres chacun en son appartement; Ils obseruent si tout le monde est en son lit sans confusion & sans tumulte, & prennent le soin d'esteindre le feu en hyuer.

Cét ouurage n'estant pas encore arriué à sa perfection, ou pour mieux dire n'estant que le commencement d'vne charité assez hardie; le pesant fardeau de la despense, & le peu d'estendue du lieu que l'on a choisi pour enfermer les mendians, n'ont point permis iusqu'icy que l'on ait donné vn lict separé & particulier à chacun d'eux, & la necessité a fait passer pardessus cette loy de la bienseance. Comme l'importance en est assez connuë, on en espere quelque iour l'execution.

Au reste, comme il n'y a point de communauté qui puisse subsister sans correction, aussi la mesme charité qui a fait renfermer les Pauures oblige ceux qui leur veulent plus de bien de les arrester par quelque sorte de chastiment, lors qu'ils ont commis vne faute qui merite d'estre punie. On n'a point iugé à propos de se seruir du foüet, parce que d'vne part plusieurs s'y endurcissent insensiblement, & que d'vn autre costé, c'est vn chastiment qui n'est point proportionné à toute sorte de personnes. Ceux qui meritent quelque punition exemplaire, sont renfermez dans vn petit reduit que l'on appelle la prison : la qualité de leur faute regle la durée de leur supplice, & l'experience a fait connoistre qu'il n'y auoit rien de plus auantageux pour les contenir dans les bornes de leur deuoir.

Ce sont à peu prés les Reglemens qui ont esté establis par la prudence de Messieurs les Administrateurs en suitte de quantité de Conferences, ou plustost voila le tableau fidele de ce qui s'y pratique tous les iours. Dans la premiere ouuerture qui s'en fit, ces Messieurs ne passerent aucun iour sans s'assembler durant l'espace de trois mois; Ils ne s'y trouuent plus maintenant que deux fois chaque semaine, & ils entendent vne fois le mois le compte du Tresorier, sans que d'autres qu'eux s'en meslent pour en prendre connoissance.

Leur sage conduite a fait, que les Pauures recherchent maintenant d'eux mesme comme vn asile asseuré ce que quelques-vns d'entre eux auoient autrefois regardé comme vn supplice espouuantable. Car lors que l'on fit les premieres propositions de les renfermer, ils se figurent ce lieu de misericorde & de charité, comme vn cachot plein d'obscurité & d'horreur, ou on vouloit les enseuelir tous viuans. Ceux qui auoient tousiours vescu ou à la porte des Eglises, où à celle des hostelleries, ne pouuoient se resoudre de soumettre leur vie licentieuse au ioug de cette discipline, & la seule extremité eut la force de les y faire consentir. Mais la source des aumosnes particulieres estant tarie, & la cherté extraordinaire du pain les empeschant de subsister du petit fonds, qu'ils pouuoient auoir acquis dans la longue suitte d'vn exercice qui est l'vnique mestier des faineans; ils firent de necessité vertu, & reconnurent en effet toute autre chose, que ce qu'ils auoient apprehendé sans fondement & sans raison. Ce qui les estonna le plus, fut de voir que l'on choisit l'vn d'entr'eux, pour en faire le geolier de cette prison imaginaire, c'est à dire, que l'on donna les clefs de la porte, & le soin de la garder à vn homme de leur trouppe & de leur profession : Et comme ils sceurent de ceux qui s'y estoient rendus les premiers, que l'on trouuoit en cette Maison de bon pain, & de bon vin, bonne viande & bon feu, & le tout sans aucun trauail (parce que n'y en ayant pas encore assez de fonds, on ne pouuoit regler d'abord ce qui estoit necessaire pour leur donner de l'employ) leur ridicule frayeur se dissipa d'elle-mesme; & plusieurs depuis ce temps-là, ont fait instance pour estre receus dans le mesme lieu, qu'ils s'estoient representé comme l'ombre de la mort, & qu'il ne sembloit offrir à leurs yeux que le funeste appareil d'vne captiuité effroyable.

## CHAPITRE VIII.

*Quel est le fonds du Bureau, & des moyens de sa subsistance, qui consistent presque tous en la charité des particuliers.*

LA plus grande merueille du Bureau des Pauures de Beauuais, c'est le Bureau mesme; & lors que d'vne part on fait vne serieuse reflexion sur son establissement, qui s'est fait dans vne conjoncture si peu fauorable, & que d'vn autre costé on considere le grand nombre de personnes qui subsistent au dedans & au dehors de ce lieu par la charité publique, on peut dire sans exaggeration, que cette entreprise n'est pas l'ouurage des hommes, mais celuy de Dieu, & que son doigt & le caractere de sa toute-puissante bonté y sont tous visibles.

En effet ceux qui sçauent que Beauuais n'a iamais esté plus riche qu'en pauures, ne pourroient comprendre cette merueille s'ils ne sçauoient que Dieu luy a fait la grace d'estre riche en charité. Ce n'est pas vn port de mer, qui reçoiue de temps en temps ou des vaisseaux chargez de marchandises precieuses, ou des flottes toutes entieres. Ce n'est pas vne ville située sur vn grand fleuue, & l'eau n'est pas pour elle le vehicule de l'abondance, & ne luy sert pas de canal pour estendre de toutes parts la facilité de son commerce. C'est vne ville, qui n'a rien que de mediocre dans le reuenu de ceux de ses habitans qui paroissent plus accommodez, & qui n'a iamais esté plus gemissante & plus accablée de charges publiques, que dans ces dernieres années, & particulierement depuis la precedente garnison qui y a encore laissé des restes lugubres. Auec tout cela, Dieu luy a donné assez de generosité Chrestienne, pour entreprendre de nourrir tous les pauures dans vn temps, où plusieurs de ses plus honnestes Citoyens auoient vn sujet assez raisonnable d'apprehender de manquer eux-mesmes des choses les plus necessaires.

Quelques-vns auoient proposé d'abord de faire cét establissement par maniere de subuention, & d'obliger tout le monde par authorité publique de payer quelque chose au pied de la taille, pour executer vn dessein de si grande consequence. Mais outre que les nouuelles impositions eussent esté odieuses dans vn temps plein de calamitez & de miseres, on iugea que cette conduite ne seroit pas tout à fait conforme à l'esprit de nostre Religion, que la charité se deuroit seruir de loy à soy-mesme, & que les aumosnes des Chrestiens auoient tousiours esté des contributions volontaires. Car les plus anciens & les plus celebres autheurs qui ont fait des Apologies pour l'Eglise de IESVS-CHRIST, & qui l'ont si dignement deffenduë contre les calomnies des infideles, ont dit, *que si nous auons qu.lque espece de thresor, l'argent qui s'y recueille n'est pas comme vn tribut ordinaire que l'on impose pour la grace qu'on reçoit d'estre admis à cette Religion : mais vne liberalité gratuite d'vne somme tres-mediocre, que chacun y apporte vne fois le mois, ou quand il veut, mais encore s'il le veut, & s'il le peut, personne n'y estant contraint, & cette aumosne estant toute volontaire, & toute libre.* On eut trop bonne opinion de la conscience des particuliers pour authoriser cette contrainte; & on creut que les loix nouuelles auroient peu de force sur ceux qui auroient esté inflexibles à la voix lamentable de leurs freres en les voyant mourir de faim.

Nam si quod arcæ genus est, non dehonoraria summa quasi redemptæ religionis congregatur. Modicam vnus quisque stipē menstruâ die, vel si velit, & si modò velit, & si modò possit, apponit, nam nemo compellitur, sed spōtè cōfert. Tertul. Apologet. c. 39.

Il y auoit desia long-temps que l'on auoit appliqué aux plus pressantes necessitez des pauures le petit reuenu de la maladerie de sainct Lazare; on creut qu'il ne pourroit estre mieux employé que pour le Bureau.

Il y auoit encore quelque petit fonds d'aumosnes publiques qui estoit entre les mains de la ville, & s'estoit tousiours distribué par le Procureur des pauures. On fit aussi vn petit renfort de ce foible soulagement : Mais comme tous les deux estoient fort legers & fort mediocres, on pouuoit dire en cette rencontre ce que les Apostres disoient autrefois à leur diuin Maistre en leur parlant des cinq pains d'orge, & des deux poissons qui estoient à vendre pour la nourriture du peuple dans le desert; *sed hæc quid sunt inter tantos? Qu'est-ce que cela pour estre distribué à tant de personnes.*

La compassion des particuliers fut donc tout le recours, le seul fonds, & l'vnique fondement de cette grande entreprise. On creut qu'il falloit s'abandonner à la prudence, & receuoir agreablement ce que l'esprit de la charité Chrestienne imprimeroit dans le cœur, & feroit respandre par les mains des personnes de l'vn & de l'autre estat. Les Predicateurs de l'Euangile, qui n'ont rien de plus glorieux dans leur sacré ministere que d'estre les Ambassadeurs des pauures, recommanderent plus que iamais les foibles & precieux membres de celuy qui leur auoit confié sa parole saincte. Les Pasteurs esleuerent leur voix paternelle pour representer les estroites & indispensables obligations qu'ont les Chrestiens de ne pas abandonner leurs freres dans l'extréme necessité. Enfin comme l'on promettoit vn meilleur ordre dans la distribution des aumosnes, cette ouuerture fut comme vne amorce innocente à l'égard des personnes charitables, & elles prirent resolution de ietter sans crainte & sans espargne cette semence feconde, qui leur estoit comme le gage infaillible d'vne abondante recolte pour le temps & pour l'eternité.

On auoit eü quelque pensée, de mettre des Troncs dans les Eglises, pour receuoir les aumosnes du Bureau. Mais apres auoir examiné cét expedient, il ne fut iugé auantageux que pour seruir de voile & de couuerture à la dureté des riches impitoyables, puis que ceux qui voudroient se dispenser de ce deuoir, & ne rien donner quand on iroit faire la queste chez eux, pourroient dire qu'ils auroient desia deposé leurs charitez dans ces reseruoirs publics, quoy que peut-estre ils n'eussent rien donné du tout, ou que tout au plus leur liberalité eust esté reduite à quelques deniers.

Il fut arresté neantmoins que l'on poseroit quelques Troncs dans les plus pauures Parroisses, afin que ceux qui n'auroient que peu de chose à donner pûssent du moins imiter la charité de cette veuue qui en donnant deux deniers, & ayant vn cœur liberal & tout plein d'amour, est deuenuë si fameuse dans l'Euangile. On en a mis aussi quelques-vns dans les plus fameuses hostelleries pour solliciter la pieté de ceux du dehors, & les obliger doucement à ce trafic de misericorde, qui ne doit estre borné ny par les villes ny par les Prouinces.

Voicy donc tout le secret de cette recolte spirituelle. Monsieur le Doyen de l'Eglise Cathedrale, ou quelque ancien Chanoine en son absence, recueille de temps en temps les charitez des Ecclesiastiques de sa compagnie. Messieurs les Curez vont vne fois le mois dans chaque Maison de leur Parroisse pour receuoir les aumosnes libres & volontaires des peuples que Dieu a soûmis à leur conduite; & en suitte ils mettent ce sacré depost entre les mains de Monseigneur de Beauuais, qui sçait le multiplier par sa benediction Episcopale, & ne le rendre au Tresorier du Bureau qu'aprés y auoir respandu vne nouuelle fecondité.

Et par-

Et parce que le Bureau doit se charger du secours de tous les pauures de la ville, il est iuste aussi qu'il soit le depost vniuersel de toute sorte d'aumosnes, hormis celles qui se ecueillent pour la charité des malades; & que chacun s'abstienne d'en faire de particulieres sous quelque pretexte que ce puisse estre, soit pour des enfans à qui il faut chercher des nourrices à cause de la mort de leur mere, soit pour des maladies de longue durée, soit mesme pour des honteux, l'experience ayant fait voir assez souuent, que ceux qui ont donné de bonne foy par leur propre mouuement, ont fait des charitez malreiglées, & qu'en croyant faire du bien à des personnes priuées de toute assistance, ils ont esté trompez par des personnes artificieuses qui sçauent prendre à deux mains, & qui ne laissent pas d'estre encore à la charge du Bureau. Il suffit que les Administrateurs ayent assez de prudence & de charité pour espargner la pudeur des pauures les plus honteux, qu'en ces rencontres ils proposent simplement les necessitez sans nommer du tout, ny marquer trop expressement les personnes, & que celuy d'entr'eux à qui l'on s'est découuert, employe tout son credit pour procurer vn prompt secours, à ceux qui luy ont representé secrettement leur indigence. Que si apres tout cela il se trouue encore en des occasions particulieres, quelques personnes d'vne honte assez delicate, pour n'oser declarer leurs necessitez à aucun des Administrateurs du Bureau, les particuliers qui en auront connoissance, doiuent vser d'vne grande circonspection dans la charité secrette dont Dieu leur aura donné le mouuement, & ne rien faire dans l'exercice de cette vertu qui puisse blesser la discipline publique.

Depuis cét establissement, quelques charitables Ecclesiastiques ont esté comblez de ioye de pouuoir donner en gros ce qu'ils distribuoient auparauant en détail; & ils n'ont point eu de peine à conceuoir, que pour faire à Dieu des offrandes agreables, il est beaucoup plus auantageux de luy sacrifier son bien en pleine santé, que d'attendre au dernier moment de la vie à se dépoüiller de ce qu'on ne peut plus retenir.

Il se trouue mesme des Laïques, qui prennent cette occasion de declarer de bonne heure leur derniere volonté; & au lieu qu'vn eloquent Pere de l'Eglise a dit *que les Testamens des auares sont plustost escrits auec du sang qu'auec de l'encre*, parce qu'ils sont pleins de tromperie, & de dureté, l'amour des pauures fait faire des Testamens qui sont plustost escrits auec de l'or qu'auec de l'encre, & les Anges les

Chryf. homil. 13. in Epist. 1. ad Corinth.

portent eux-mesmes dans le Ciel, pour les conseruer dans des Registres augustes, en mesme temps qu'ils sont confiez sur la terre à des hommes tres-zelez & tres-fideles.

Cette mesme pieté doit persuader à quelques-vns de ceux qui sont chargez d'enfans, que s'ils admettent encore IESVS-CHRIST en ce nombre, & s'ils le comptent parmy leurs heritiers, ce ne sera pas tant diminuer leur succession, que ce sera luy procurer vne plus grande asseurance, & qu'apres tout, comme dit tres-solidement S. Cyprien, *les Peres doiuent faire d'autant plus d'aumosnes qu'ils ont plus d'enfans, puis qu'il y a plus de personnes pour lesquelles ils doiuent inuoquer Dieu, dont ils ont à racheter les pechez, dont les consciences ont besoin d'estre purgées, dont les ames doiuent estre deliurées.*

Plures sunt pro quibus Dominum depreceris; multorum delicta redimenda sunt, multorum purgandæ conscientiæ, multorum animæ liberandæ. Cyprian. de opere & eleemos.

On pourroit icy produire la charité de quelques autres personnes, & sur tout, celle d'vne veuue tres-celebre, qui ayant vescu plusieurs années dans l'estat du mariage, sans auoir eu la consolation de laisser aucune posterité sur la terre, a commencé d'adopter IESVS-CHRIST mesme au nombre de ses enfans, & de luy rendre par auance vne partie des biens qu'elle auoit receus de luy. Mais parce que ces personnes si exemplaires, en ouurant leur cœur à la charité diuine sont obligées de le fermer à la vanité, qui est la plus grande & la plus subtile tentation des hommes, la peste secrette & le venim pernicieux des plus sainctes actions; on s'abstient de ce discours particulier, pour ne pas dresser vn piege à ceux dont les bons exemples ne sont pas moins la condamnation des auares, que l'edification de toute l'Eglise.

Enfin ceux qui ont peu de chose à donner, ne laissent pas de donner beaucoup quand ils l'offrent à Dieu volontiers; la pauureté mesme est assez souuent liberale; & selon la riche & agreable expression de sainct Augustin, *quiconque a le cœur tout remply de charité a tousiours dequoy faire des dons, & des largesses.*

Habet semper vnde det, cui plenum pectus est charitatis. Aug, In Psal. 117

Voila le plus asseuré reuenu du Bureau des pauures, qui n'est estably que sur la Prouidence de Dieu, & sur la compassion des hommes: Et si cet edifice spirituel subsiste, comme on ose se le promettre, on pourra dire dans la suitte des siecles futurs, que la foy en a esté le fondement, que l'esperance l'a affermy, & que la seule charité, qui en a dressé le plan, luy a donné la perfection & le comble.

## CHAPITRE IX.

*Concluſion de ce diſcours.*

CE ſeroit abuſer des biens-faits de Dieu, & tomber viſiblement en vne prodigieuſe ingratitude, que de finir ce diſcours ſans luy rendre grace d'vn ouurage, qui n'auroit eſté qu'vne entrepriſe ridicule, & vn effort temeraire, s'il n'en auoit formé le deſſein par ſes inſpirations, conduit la ſuitte par ſa ſaincte grace, oſté les obſtacles par l'eſpanchement de ſa lumiere, & rendu l'execution poſſible par la douce infuſion de ſa charité. Il n'y auoit que luy ſeul, qui pouuoit ſe ſeruir de ſi foibles inſtrumens pour vn ſi rare chef-d'œuure, & auec ſi peu de choſe faire vn ſi heureux eſtabliſſement, comme de rien, & par la ſeule efficace de ſa parole il a creé tout l'Vniuers. Sa iuſtice confondit autrefois les langues de ceux, qui vouloient eſleuer iuſques au Ciel vne tour ſuperbe, & laiſſer à tous les ſiecles futurs vn monument perdurable de leur vanité: Mais ſa bonté a vny les cœurs de ceux, qui ont trauaillé auec aſſez de ſuccez, pour ouurir vn aſile aux miſerables, & exercer en leur endroit tous les deuoirs de cette double compaſſion, par laquelle on n'embraſſe pas moins le ſalut des ames que l'aſſiſtance des corps.

Pour exprimer en vn mot la grace qu'il nous a faite en cette rencontre, il ſuffit de dire que ſainct Iean Chryſoſtome, qui ſouhaittoit autrefois vn pareil eſtabliſſement dans la ville Imperiale de Conſtantinople, ſans en auoir eu la conſolation, a prononcé dans vne de ſes homelies, que la terre deuiendroit vn Ciel, ſi on pouuoit voir tous les pauures nourris en commun dans l'enceinte d'vne meſme ville.

Chryſ. homil. 11. In Acta Apoſt.

Ce grand Dieu obligea autrefois vn de ſes Prophetes, de faire retentir ſa voix de toutes ſes forces, & de la faire eſclatter comme le ſon d'vne trompette pour dire à ſon peuple que l'aumoſne ſeule eſtoit l'vnique moyen de flechir ſa diuine Majeſté. Il luy enjoignit de propoſer ce remede à la maiſon d'Iſraël, & de leur dire, *rompez voſtre pain au pauure qui eſt preſſé de la faim, & logez dans voſtre maiſon ceux qui n'ont point de demeure où ils ſe peuſſent retirer; Si vous en voyez quelqu'vn qui ſoit nud, habillez-le & ne meſpriſez pas vos proches & ceux*

Frãge eſurienti panem tuũ, & egenos vagoſque induc in domum tuam; cùm *qui sont de vostre sang; & alors vostre lumiere paroistra soudain comme l'aurore, vous aurez bien-tost des marques de la santé de vostre ame; vostre iustice sera comme vn flambeau qui ira deuant vous pour vous esclairer; & enfin la clarté Diuine vous enuironnera de toutes parts. Alors vous vous escrirez vers Dieu, & lors que vous luy parlerez encore, il vous dira me voicy.* Mais s'il promet de si amples recompenses à ceux qui rompent vn morceau de pain pour la nourriture d'vn seul pauure, que ne fera-t'il point en faueur de ceux, qui font cesser la pauureté & la disette au milieu des années les plus steriles, qui garantissent tous les indigens d'vne ville de cette honteuse incommodité d'aller mendier vn morceau de pain de porte en porte, qui les arrachent des bras de la mort pour les faire viure dans vne occupation toute paisible & toute Chrestienne, & qui estouffent dans la bouche des miserables les paroles de murmure, d'impatience, & de desespoir, pour les rendre capables de sainctes prieres, de sacrez Cantiques, & de continuelles actions de graces?

videris nudũ operi eum: & carnem tuam nè despexeris. Tunc erupet quasi mane lumen tuum, & sanitas tua citiùs orietur, & anteibit faciem tuam iustitia tua, & gloria Domini colliget te. Tunc inuocabis, & Dominus exaudiet: clamabis, & dicet ecce adsum. If 58. v. 7 8. 9.

Certes il n'y a point de remparts qui puissent munir vne ville comme ces maisons publiques de charité, où les affligez deuiennent heureux en vn instant, & où ils ont suiet de benir iusques au derdernier soupir de leur vie le malheur de leur naissance ou la desroute de leur famille, puisqu'ils y rencontrent la voye la plus asseurée de leur salut. Les plus regulieres forteresses ne garentissent les villes que de la violence des ennemis: Mais cette Maison de paix est vn boulevart que l'on esleue pour se deffendre de la colere de Dieu, pour opposer des œuures de misericorde à la rigueur de sa Iustice, & pour desarmer celuy qui estant inuincible de luy-mesme, se plaist à estre vaincu par la douce & agreable force de la charité.

Il faut donc luy demander, qu'il benisse ce saint lieu comme sa propre Maison; qu'il y fasse couler sans cesse vn fleuue de consolation & de ioye; qu'il le rende agreable aux Pauures qui sont ses mẽbres, aux Chrestiens charitables qui sont ses images, aux Pasteurs fidelles qui sont ses Vicaires & ses Lieutenans: qu'il inspire aux riches le dessein de faire paroistre de plus en plus leur fidelité par des saintes profusions; qu'il les porte à ne pas espargner la despense qui est absolument necessaire pour enfermer dans vn lieu plus commode & plus spatieux tant de differentes personnes: enfin que chacun considere cét ouurage comme l'instrument de sa propre felicité, comme la rançon de ses pechez, comme la benediction du Clergé, la prosperité du peuple, & le bon exemple de tout le monde.

Des vœux si iustes & si necessaires seroient vne agreable conclusion de tout ce discours, s'il n'y auoit suiet d'apprehender, que comme les choses les plus saintes sont suiettes à vne plus grande corruption cette entreprise de pieté ne fust vne occasion de ruine & de reprobation eternelle pour quantité de personnes. En effet, comme le Saint vieillard Simeon predit autrefois à la Sainte Vierge, que son diuin Fils qu'il tenoit entre ses bras, *estoit estably pour estre la ruine, & la resurrection de plusieurs en Israël, & qu'il seroit exposé comme vn but de contradiction*, on peut dire à peu prés la mesme chose de l'ouurage que de l'autheur, & appliquer au Bureau des pauures de Beauuais ce que ce Prophete a dit du Sauueur de tout le monde. Il est vray que sa contradiction n'a pas esté de longue durée, & que les moins pitoyables en loüent desia le succez, parce qu'ils y trouuent leur compte: Mais cette satisfaction les condamne, puis qu'ils se contentent de ne voir plus les portes de leurs maisons assiegées de cette foule de pauures qui les interrompoit sans cesse durant le repas, & le repos, & qu'au lieu qu'ils donnoient autrefois quelques legeres aumosnes comme par despit, pour se deliurer de cette importunité continuelle, ils ont le pernicieux contentement de setisfaire pleinement à leur auarice en ne donnant plus quoy que ce soit.

Ecce positus est hic in ruinam, & in resurrectionem multorum in Israël, & in signum cui cõtradicetur. Luc 2. v. 34.

Mais si le precieux Sang de IESVS-CHRIST, si le sacré nœud de nostre Religion, la voix des Predicateurs, le bon exemple de tant de personnes charitables, les deuoirs de l'humanité commune, ne sont point capables d'amollir ces cœurs de pierre; s'ils ayment mieux engraisser les ras de leurs greniers, que nourrir les membres de leur Sauueur, on ne peut plus les assister que par des prieres & par des larmes, & on croit en estre quitte quand on leur aura dit, que s'il n'y a point de Tribunal sur la terre par l'ordre duquel on chastie la cruauté des riches sans compassion, IESVS-CHRIST en doit vn iour esleuer vn dans les nuées, pour exercer vn iugement sans misericorde sur ceux qui n'auront point pratiqué la misericorde, & pour leur faire trouuer vn Iuge inflexible en celuy mesme qui porte auec ioye la qualité de nostre Aduocat.

FIN.

# PLAINTE DES PAVVRES de l'Hostel-Dieu de Pontoise, & de la plus grande partie des Religieuses Hospitalieres du mesme lieu, qui est de la Fondation de saint Louis.

IL n'est que trop veritable, & de notorieté qui n'est que trop publique; qu'il y a vne tres-grande diuision dans la Communauté des Religieuses Hospitalieres de Pontoise : Le scandale inseparable des desordres de cette nature n'a que trop éclaté; & il n'est que trop certain que le mal est augmenté iusques au point, que l'on ne peut plus y apporter de remedes qui ne soient extraordinaires.

Dieu n'est plus glorifié dans sa Maison, comme il estoit auparauant ces troubles; il n'y regne plus si absolument qu'il faisoit, & l'on n'y fait plus vnanimement sa sainte volonté.

Le seruice des pauures, qui sont les chers membres de IESVS-CHRIST, en souffre vn notable prejudice; & cette assemblée de Vierges, qui ne deuroit estre gouuernée que par l'esprit de paix, est à tous momens agitée des conuulsions de la discorde.

On ne peut pas douter que le Ciel n'ait desia ietté la malediction dont l'Euangile menace les auteurs des scandales; mais pour sçauoir sur qui cette malediction est tombée, il faut sçauoir au vray l'histoire de ce differend.

On voit dans cet Hospital deux partis fort animez l'vn contre l'autre : la Prieure est à la teste de l'vn qui n'egale pas l'autre en nombre : L'autre n'a point de Chef visible, mais il pretend en auoir vn inuisible, qui est le mesme que celuy de l'Eglise vniuerselle.

Ces deux partis ne sont pas les principaux interessez en cette querelle; il y en a vn troisiéme, pour lequel personne n'a parlé iusques à maintenant, & c'est neanmoins celuy à qui la chose touche de plus prés; & le seul & legitime proprietaire du bien qui fait la contestation des deux autres.

Ce troisiéme est le Pauure, qui n'a point de secours, mais Dieu luy en suscitera. *Quia liberabit pauperem à potente, & pauperem cui non erat adiutor.*

Il conuient de disputer premierement l'interest de ceux qui sont sur les rangs, & qui ne manquent pas d'appuy, pour examiner ensuitte celuy de l'abandonné, & que l'on ne compte pour rien.

Il y a plusieurs & differens sujets de cette diuision : celuy qui fait le plus de bruit, & qui n'est pas toutefois le principal, regarde la maniere de receuoir les filles, ou dans la Maison, ou dans la Communauté, ou au Nouiciat, ou à la Profession.

La Prieure pretend que c'est à elle seule à qui en appartient le pouuoir & l'autorité, & que si-bien elle consulte les Capitulantes pour cet effet, ce n'est que pour s'éclaircir, & pour estre aidée de leurs conseils, & non pas pour estre determinée par la pluralité de leurs voix : c'est pourquoy elle soustient qu'elles doiuent luy venir dire leurs auis à l'oreille, pour les suiure ou les reietter, selon qu'elle le iugera le plus à propos.

Ces dernieres se fondent sur leurs Constitutions, approuuées par feu M. l'Archeuesque de Roüen leur Superieur, & confirmées par le S. Siege : En veüe desquelles elles disent qu'elles ont fait leurs vœux & leur profession.

Contre ces raisons, la Prieure allegue vn article des mesmes Constitutions, & vne Ordonnance de M. l'Archeuesque de Roüen d'apresent, par laquelle elle pretend que les autres articles, qui font pour ses aduersaires, sont abolis. Voila ce qui regarde la question de droit : aprés qu'elle aura esté discutée, on viendra à celle de fait, qui n'est pas de moindre importance.

L'article des Constitutions, dont la Prieure se sert pour appuyer ses pretentions, est conceu en ces termes tirez du Chapitre second desdites Constitutions, qui a pour titre, QVELLES FILLES DOIVENT ESTRE RECEVES EN CETTE MAISON. *Bien que l'autorité de les receuoir n'appartienne qu'a la Mere Prieure : neantmoins, afin qu'elle n'y soit pas elle mesme trompée ou preuenuë ; qu'elle y procede auec grande prudence & consideration, prenant en toutes choses notables l'auis de son conseil, & des Meres discrettes ; mais singulierement en celle cy, &c.*

Les aduersaires de la Prieure répondent à cet article, qui ne peut estre entendu que de la premiere entrée des filles dans la Maison, & que quand ainsi seroit qu'il donnast l'autorité à la Prieure de les y admettre seule, & de son chef, (ce qui est de peu d'importance) cette autorité ne pourroit pas s'estendre plus auant que cette premiere entrée, estant bornée comme elle est par les articles suiuans, qui reglent, & font distinctement mention de tout ce qui doit estre precisement obserué depuis ladite entrée des filles dans la Maison, iusques à leur Profession.

Aprés qu'elles ont esté receuës dans la Maison, il faut qu'elles passent par quatre differents degrez, auant que de paruenir à estre Religieuses.

Le premier les conduit dans la Communauté ; le second au Nouiciat, pour y estre en habit seculier, l'espace de trois mois ; le troisiéme, à l'habit de Religion, pour faire vne année de Nouiciat ; & le quatriéme & dernier à la Profession.

Voicy les termes des Constisutions extraits du mesme Chapitre second, qui prescriuent l'ordre qu'il faut garder pour ces quatre démarches. *Auparauant qu'aucune soit admise dans la Communauté, elle demeurera trois iours dans le Conuent comme Persionnaire, pour estre veuë & considerée de toutes les Sœurs, pendant lesquels, la Mere Maistresse des Nouices aura soin de la voir & entretenir de sa vocation; & aprés ces trois iours expirez*, LA MERE PRIEVRE, AYANT PRIS LES AVIS DES MERES ET SOEVRS PLVS ANCIENNES, SI LA PLVSPART Y CONSENTENT, ELLE POVRRA ESTRE ADMISE A LA COMMVNAVTÉ, *& commise à la charge de ladite Mere Maistresse, auec les autres Nouices, y demeurant l'espace de trois mois, en habit seculier: Aprés lesquels, on assemblera le Chapitre*, ET SI LA PLVS GRANDE PARTIE DV CONVENT Y CONSENT, *on luy donnera l'habit au Nouiciat, selon les formes du Ceremonial.* Et plus bas: *La R. M. Prieure ne leur donnera point l'habit, qu'elles ne l'ayent humblement demandé, les genoux en terre, en plein Chapitre*, LA SVPPLIANT, AVEC TOVTES LES MERES ET SOEVRS DE LA RECEVOIR EN LEVR COMPAGNIE, *aprés laquelle priere, la faisant sortir du Chapitre*, SI ELLE A LA PLVRALITÉ DES VOIX, ON LVY ACCORDERA SA DEMANDE, SINON, ON LVY DONNERA SON CONGÉ.

Il est ensuite parlé des causes qui peuuent donner suiet d'oster l'habit à vne Nouice, en cette sorte. *Aprés auoir fait prier Dieu pour vne telle affaire*, SI ELLE N'A POINT LA PLVRALITÉ DES VOIX, LA M. PRIEVRE SERA TENVE DE LA RENVOIER.

Enfin sur ce qui est necessaire pour admettre les Nouices à la profession, les Constitutions s'expliquent ainsi: *Et quant à tirer le consentement de la pluspart des Meres pour leur profession*, IL FAVT PRENDRE LES VOIX PAR SCRVTINS SECRETS, ET SVFFIT D'EN AVOIR LES DEVX TIERS.

La Prieure n'ayant rien à opposer contre des termes si singuliers, si clairs, & si decisifs du differend dont il s'agit, a eu recours à M. l'Archeuesque de Roüen, qui luy a fait expedier & deliurer vne Ordonnance le 20. de Iuillet 1661 par laquelle, de son autorité priuée (*inconsultâ Sede Apostolicâ*) il oblige ladite Communauté de renoncer à la voie des scrutins secrets, requise par lesdites Constitutions, pour la profession des Nouices.

En consequence de cette Ordonnance, la Prieure pretend qu'à l'auenir les Professions se doiuent faire en cette maniere. *Que chaque Religieuse ira luy dire à l'oreille son auis, pour admettre ou exclure celle qui sera proposée, sans que ladite Prieure soit tenuë de faire écrire les suffrages, ni de les compter.*

Ses parties aduerses croyent estre bien fondées, de soustenir qu'elles ne sont pas obligées d'obeïr à cette Ordonnance, d'autant qu'elle est contraire à leurs Constitutions, qu'elles ont fait vœu de suiure, & d'obseruer de point en point.

Il n'y a rien de si triuial que cette maxime de droit, qui veut que, *vnumquodque dissoluatur eo modo quo contractum est.* Leurs Constitutions ont esté admises & confirmées en Cour de Rome, par Bulle authentique du Pape Vrbain VIII. le vingt-quatriéme Aoust 1635. il faut par consequent vne semblable Bulle pour les changer. Elles esperent que cela n'arriuera pas sans leur consentement, ou du moins, sans qu'elles soient ouïes.

La raison que M. l'Archeuesque employe dans son Ordonnance, portant abolition des scrutins secrets, est fondée SVR CE QV'IL PRETEND QVE LA PRIEVRE DOIT EXAMINER AVEC LES RELIGIEVSES LES MOTIFS DE LEVRS AVIS, TOVCHANT LA RECEPTION OV LE REFVS DES FILLES A LA PROFESSION, ET CE POVR OBSERVER L'ORDRE PRATTIQVÉ, à ce qu'il dit, EN PLVSIEVRS ENDROITS ET EN TOVT SON DIOCESE.

Les Religieuses respondent, que les motifs qu'elles doiuent auoir de leurs suffrages pour la reception, ou pour le refus, ESTANT PRECISEMENT COTTEZ DANS LE SECOND CHAPITRE DE LEVRS CONSTITVTIONS, ELLES N'ONT, POVR SE DETERMINER A L'VNE OV A L'AVTRE, QVE LEDIT CHAPITRE ET LEVRS CONCIENCES A CONSVLTER, ET QV'ELLES ONT CET AVANTAGE, EN SVIVANT LEVRS CONSTITVTIONS, DE SVIVRE L'ORDRE LE PLVS GENERALEMENT OBSERVÉ DANS TOVTES LES COMMVNAVTEZ ECCLESIASTIQVES OV REGVLIERES, ET EN LA PLVSPART DE CELLES DV DIOCESE DE ROÜEN.

C'est pourquoy elles sont persuadées que la derniere Ordonnance de M. l'Archeuesque, en vertu de laquelle, comme il sera dit cy-aprés, le Pere le Meige Iacobin, a fait faire de nouueau profession à la Sœur de Halot le 26. d'Octobre 1663. n'est pas plus iuridique, ni plus soustenable que la precedente. Car si la premiere profession a esté iuridiquement faite, en consequence de l'Ordonnance dudit Sieur Archeuesque, portant abolition des scrutins secrets, il estoit inutile de la repeter: Et si elle a esté mal faite, par ce qu'elle estoit contraire aux Constitutions, elle n'a pû estre rectifiée par la seconde Ordonnance, qui n'est que confirmatiue de la premiere.

Quand les termes des Constitutions ne seroient pas aussi formels qu'ils le sont, pour appuyer ce dilemme, on ne pourroit pas, s'agissant de suffrages, disconuenir, que ces deux Ordonnances ne fussent pleines d'abus, & puisqu'elles tendent à oster la liberté desdits suffrages si recommandée, & si autorisée par les sacrez Canons, qui veulent que *Electio sit in libertate eligentium, & non valeat contraria consuetudo.*

Il y a

Il y a deux Decretales qui semblent auoir esté faites exprés, pour prouuer l'abus & la nullité desdites deux Ordonnances. La premiere est de Celestin troisiéme : *Sicut ex quarumdam litterarum tenore accepimus, quidam in electionibus praua consuetudinis morbus irrepsit, vt cùm alicuius Pralati electio debet celebrari, conuentus ad quem pertinere dignoscitur,* DVAS PERSONAS NOMINE ET LATENTER AVRIBVS PATRIARCHÆ VEL PRINCIPIS EXPRIMENDAS; *vt sic alterius eligendæ, vel totius electionis penitùs irritandæ, idem Patriarcha vel Princeps plenariam habeat facultatem : quia igitur hoc redundat in grauamen & perniciem Ecclesiasticæ libertatis,* PRÆSCRIPTAM CONSVETVDINIS PRAVITATEM SANCIMVS PENITVS ABOLENDAM.

La seconde est d'Innocent troisiéme, lequel *censet quòd electio per minorem partem capituli facta non tenet, nec per consequentem consensum ratificari potest. h. d. secundùm communem intellectum,* QVONIAM ELECTIO QVÆ AB INITIO FVERAT IRRITA IPSO IVRE, PER SVBSEQVENTEM CONSENSVM, MAXIME APPELLATIONE PENDENTE, NON POTERAT ESSE RATA.

Lesdites Religieuses ont esté conseillées de faire, dans la veuë d'vn si bon droit, soustenu d'autoritez si expresses, leurs oppositions, & d'interietter appel comme d'abus desdites Ordonnances, & de tout ce qui a esté fait en consequence d'icelles, à leur preiudice.

Iusques icy sont les raisons de part & d'autre, concernant la question de droit. Pour ce qui regarde le fait, voicy ce qui est arriué.

La Prieure qui auoit obtenu cette premiere Ordonnance de M. l'Archeuesque, pour tâcher de faire valider la profession de Sœur Gillette L'Angeuin, qui n'auoit eu que fort peu de voix par le scrutin, & qui par consequent deuoit estre reiettée par la pluralité, a entrepris, afin d'establir & de confirmer dauantage cette profession & sa pretention, de receuoir à la Profession ladite Sœur Marguerite de Halot, bien qu'en l'assemblée du Chapitre tenu le vingt-huictiéme May de la presente année 1663. elle n'eust eu les suffrages que d'enuiron le tiers de la Communauté. Ce procedé a obligé les parties aduerses de la Prieure de luy faire signifier le dix huitiéme d'Aoust dernier, leur acte d'opposition à ladite Profession : nonobstant lequel, & au preiudice de l'ordre adressé par M. l'Archeuesque au sieur Langlois, Vicegerent de la Cour d'Eglise à Pontoise, pour entendre les Religieuses sur leur iugement de la capacité de ladite Sœur de Halot, ladite Prieure n'a pas laissé le premier Septembre ensuiuant, de passer outre à ladite Profession. Les parties aduerses s'y sont publiquement opposées, & de viue voix : ce qui ne s'est pas fait sans vn grand scandale.

Ensuite de ces desordres elles ont esté fort mal traitées; on les a priuées non seulement de la visite de leurs parens, desquels elles pouuoient prendre conseil, mais encore de celle de leurs Peres spirituels; on leur a mesmes souuent dénié l'vsage de la Confession, aussi-bien que plusieurs choses necessaires à celuy de la vie. L'assistance & les remedes ordinaires ont esté refusez aux malades : elles ont esté surchargées de penitences publiques, sans aucun legitime sujet ny fondement ; & on s'est porté iusques à cet excés à l'endroit de l'vne d'elles, que de luy faire souffrir vne espece de chastiment, dont il n'estoit pas autrefois permis d'vser en la personne des Citoyens Romains.

Ces cruelles violences ayant contraint ces pauures affligées de se resoudre d'auoir recours au bras seculier ; sur l'auis que M. l'Archeuesque en eut, il leur promit d'interposer son autorité pour les faire cesser. Mais au lieu de leur enuoyer pour cet effet quelque personnage non suspect, & qui fust *omni exceptione maior*, il a deputé pour faire la visite ledit P. le Meige Iacobin : Elles ont fait leurs remonstrances à M. l'Archeuesque sur cette nomination, il n'y a point eü d'égard : Et ce Visiteur a bien montré qu'il n'auoit pas les qualitez requises pour vn employ de cette importance : Car apres les auoir interrogées, il a communiqué à la Prieure leurs depositions, dont le secret n'est gueres moins sacré que celuy de la Confession : Et ayant concerté auec elle ce qu'elle deuoit exiger de M. l'Archeuesque, pour s'autoriser de tous points, il est reuenu muni d'vne nouuelle Ordonnance dudit Seigneur, confirmatiue de ses precedentes, en vertu de laquelle il a publiquement admis de nouueau a la Profession de ladite Sœur de Halot ledit iour 26. d'Octobre dernier, sans auoir voulu deferer aux oppositions & protestations reïterées de la plus grande & plus saine partie de la Communauté, qui luy ont esté signifiées en parlant à sa personne.

Il a accompagné cette violente action d'vn Sermon, auquel la Prieure auoit fait inuiter les principaux Officiers de la garnison de Pontoise, dans lequel il a traité ces pauures persecutées, de Vierges foles, de Cabalistes & de reuoltées : Et la iournée de cette belle action s'est terminée par vne grande collation qui luy a esté faite dans la chambre de la Prieure, apres y auoir passé toute l'apresdinée.

On l'a veu danser dans cette chambre, il y a esté regalé de la compagnie des plus agreables confidentes de la Prieure, & des plus iolies pensionnaires, auec lesquelles son Compagnon s'est licentié de prendre des libertez qui ne se souffrent pas dans les familles des seculiers, où les regles de l'honnesteté sont exactement obseruées.

Il seroit à desirer qu'il n'y eust pas dequoy pousser plus auant cette histoire, ou au moins que ce qui s'y peut adiouster fust tellement secret, qu'il ne fust pas permis de le rendre public : Mais comme il s'agit de procurer vn bien, & de reparer vn mal, auquel on ne sçauroit remedier qu'en le découurant, il n'y a pas lieu de craindre en cette occasion d'offenser la religion du secret, ou de pecher contre les loix de la charité Chrestienne : Puisque ceux dont la mauuaise conduite va estre diuulguée, bien loin de prendre le soin de la cacher, en font eux-mesmes vanité & ostentation.

Ce sont des ennemis de la Croix de IESVS-CHRIST, desquels on ne doit parler qu'en pleurant, *inimicos crucis Christi, quorum finis interitus : quorum Deus venter est, & gloria in confusione ipsorum qui terrena sapiunt,*

On ne les sçauroit assez obseruer, ni les éclairer de trop prés, suiuant le conseil de l'Apostre. *Rogo vos, fratres, vt obseruetis eos qui dissensiones & offendicula præter doctrinam quam didicistis, faciunt, & declinate ab illis : Huiusmodi enim Christo Domino nostro non seruiunt, sed suo ventri, & per dulces sermones & benedictiones, seducunt corda innocentium.*

Ce n'est point sans raison qu'il a esté cy-deuant obserué, que la reception des filles n'estoit pas le principal sujet du differend qui fait aujourd'huy tant d'éclat & de scandale. La veritable cause de ces funestes diuisions, est la dissipation du bien de l'Hospital, en festins, en luxe & en bastimens. C'est le dessein que la Prieure a formé, & qu'elle a executé, de se l'approprier en abolissant, par vne entreprise sur le Sanctuaire, la coustume d'en compter pardeuant les Administrateurs, & pardeuant les Meres discretes. C'est la destruction des lieux destinez au seruice des Pauures; ce sont les diuerses promenades à la campagne, de la Prieure & de ses confidentes: Ce sont les diuertissemens que l'on y prend, qui ne different point, soit pour le jeu, soit pour la bonne chere, de ceux des seculiers les plus relâchez : C'est l'abus que l'on fait de la voix d'aucunes des Religieuses, qui ne deuant chanter que les loüanges de Dieu, sont contraintes pour plaire à la Prieure, d'entonner des airs profanes aux belles soirées fauorisées du clair de la Lune, de dessus vne terrasse exposée à la veuë de la plus celebre Hostellerie de Pontoise pendant que les autres sont dans le dortoir. C'est la profanation du Temple, & de la demeure du Tres-haut, où l'on a fait entrer des gens à cheual, pour donner à la Prieure, & à celles de son party, le diuertissement des trompetes & des timbales. Enfin ce sont les visites, à heures indeuës, & par des portes furtiues, de ceux qui n'ont droit d'en faire de de iour & de Canoniques : Ce sont leurs scandaleuses sortie au temps d'vne nuit si auancée, qu'alors les Officiers de Iustice sont armez pour arrester ceux qui marchent sans aveu, ou qui par leur fuitte, & par le desordre qui paroist en eux, donnent suiet de croire qu'ils se sentent coupables de quelque crime nouuellement commis.

Pour auoir vne connoissance particuliere de ce qui vient d'estre representé en termes generaux, il faut sçauoir:

Que la Prieure a sa cuisine & son pot à part : Que les parties du Rotisseur pour son ordinaire, ou pour ses festins, se sont trouuez monter pour vne seule année, à huit cens liures (le reste va sur le mesme pied): Qu'elle ne fait point de difficulté de traiter les seculiers dans son appartement, & que l'on s'y diuertit de la mesme maniere que l'on se diuertit dans le monde.

Elle est meublée, & elle se fait seruir comme les personnes du siecle de la plus grande qualité. Elle a vne camail de taffetas, & des deshabillers de camelot de Hollande doublez de Hoüate, & garnis d'vne confusion de galands. (Ce fût en cet equipage de deshabiller, & auec vne cornette jaune, qu'elle parut à la grille du Chœur, suiuie de celles qui sont dans ses plaisirs, le iour fameux par son horreur, des timbales & des trompettes.) Elle a des tapisseries de haute-lisse, vn lit de drap de Hollande, vn emmeublement de salle de tapisserie à l'éguille, des gueridons, des tablettes à porcelaine, & la plufpart des autres galanteries des Coquetes du monde. Elle a quantité de vaisselle d'argent, iusques à vn bassinoire, vne coupe, vne sous-coupe, vne cuillere & vne fourchette de vermeil doré: Il ne luy manque qu'vn cadenas pour faire en toutes façons la Princesse.

Pour auoir moyen de payer ces honteuses dépenses, qui ne passeront iamais que pour tres-criminelles, (puisqu'estant pour son propre vsage, elle ne peut pas les faire sans violler son vœu de pauureté) elle ne fait point de scrupule de commettre vn sacrilege, en contraignant les depositaires d'employer dans leurs comptes du bien de l'Hospital, qui est le patrimoine de IESVS-CHRIST, de la toile & des cierges qui n'ont iamais esté liurez à la Communauté.

Elle a ruïné la plufpart des lieux reguliers, & de ceux bastis pour la commodité des pauures malades, elle en a fait des logemeus de suite à la moderne, dont les cheminées ons tous les ornemens que la vanité du siecle a depuis peu inuentez.

Elle a fait abattre le Chapitre, l'Infirmerie, & quinze chambres du Dortoir, pour faire ses parloirs, sa Chappelle particuliere, & des chambres d'attente pour les seculiers de sa connoissance, où elle n'a pas manqué de faire pratiquer des passages secrets, outre ceux dont elle porte la clef. Elle a fait sa cuisine particuliere, du lieu qui seruoit à serrer les habits des pauures malades: Elle a conuerti la chambre où l'on mettoit les lits de plumes, lors qu'on les vuidoit pour les renouueller, en vne grande salle, à la distinction d'vne autre plus petite, qui seruoit de Nouiciat auparauant qu'elle se la fust appropriée. Le lieu où l'on faisoit seicher le linge des malades, luy sert maintenant de galerie: Cette galerie est lambrissée d'vne menuiserie ornée de moulures, de quadres & d'enfoncemens, pour seruir d'attente à des basses tailles, ou à des tableaux curieux. Ses armes sont presques en tous les lieux nouuellement bastis ou reparez, aussi-bien que dans toute la vaisselle du Conuent,) qui a esté changée exprés, pour y mettre ces extrauagantes marques de sa vanité) comme si c'estoit à ses propres cousts & dépens, & non pas du bien de l'Hospital que toutes ces choses eussent esté faites.

Pour rendre ſes appartemens plus agreables, ils ſont tous du coſté de l'eau, & l'on peut dire ſans exageration, qu'elle occupe elle ſeule, tant pour ſon logement, que pour celuy qu'elle reſerue, ou qu'elle deſtine à ſes ſuruenans, preſque autant de lieu que tous les malades, & les autres Religieuſes enſemble: Si bien que les pauures Hoſpitalieres ſont reduites à n'auoir plus qu'vn grenier, dans lequel elles ſont contraintes de mettre peſle meſle, le linge ſale, & le linge blanc, les couuertures, les lits, & les robes de chambre des malades. Pour leurs habits, ils demeurent ſur leurs lits, au lieu de les mettre à l'air. A peine a-t-on laiſſé vn paſſage pour aller vuider les immondices: Ce qui rend le ſeruice de l'Hoſpital tres-fâcheux, & tres-difficile: Mais lors que les Religieuſes en ont voulu parler, on a continué d'abatre les lieux auec precipitation, afin que la ruïne en fuſt irreparable,

Ce n'eſt ni par prudence humaine, ni par crainte de s'attirer la malveillance des autres, dont on a eſté obligé de crayonner groſſierement cy-deſſus la conduite, que l'on s'abſtient de donner les derniers traits à leur tableau, comme l'on a fait à celuy de la Prieure. Des conſiderations plus ſaintes font tomber tout d'vn coup, le pinceau de la main de celuy qui a eſté chargé de cet ouurage. Mais ſi ceux que l'on épargne par reſpect de leur caractere, ne ſe ménagent autrement qu'ils ont fait par le paſſé; Qu'ils ſçachent que IESVS-CHRIST a encore des Miniſtres, dont le cœur eſt bruſlant du feu diuin du zele de l'honneur de ſa Maiſon, qui ne s'ébranlent point par le pouuoir & par la qualité des hommes, lors qu'il s'agit de la gloire de ce diuin Seigneur, & des intereſts de ſes membres. *Audite hoc Principes domus Iacob & Iudices domus Iſraël, quia abominamini iudicium, & omnia recta peruertitis.*

Mais il eſt temps & plus que raiſonnable de parler ſingulierement de la cauſe des Pauures, apres auoir auec tant de ſoin & d'exactitude, diſcuté celle des Hoſpitalieres, qui ne ſont que leurs ſeruantes.

Ce ſeroit vne vaine entrepriſe, & vn deſſein mal concerté que de vouloir les faire paſſer pour les principaux intereſſez en cette affaire, comme il a eſté dit au commencement de ce diſcours, ſi l'Hoſpital auoit eſté inſtitué pour les Religieuſes, & non pas les Religieuſes pour l'Hoſpital.

Pour ne rien auancer ſur ce ſujet qui ne ſoit conforme à la verité, il importe de remonter iuſques à l'origine de la fondation de l'Hoſtel-Dieu de Pontoiſe. C'eſt vn des ouurages du grand Saint Louis.

Cet incomparable Prince ſe propoſa de laiſſer dans le territoire de cette petite ville, deux rares monumens de ſa pieté. Le premier fut la fondation de l'Abbaye de Maubuiſſon, où il établit des Religieuſes: C'eſtoit en ce lieu qu'il vaquoit à l'oraiſon, & où il exerçoit la vie contemplatiue. Le ſecond fut l'établiſſement de l'Hoſpital dont il s'agit; Il en confia le ſoin à douze Preſtres: Et pour le ſeruice des Pauures, & l'aſſiſtance des Bourgeois de la ville dans leurs maladies, il inſtitua douze

Seruantes en corps de Communauté. C'estoit dans cet Hospital qu'il alloit mettre en pratique, les saintes resolutions qu'il formoit dans Maubuisson pour le soulagement du prochain.

Les anciens Statuts de cet Hospital, dont feu M. l'Archeuesque de Rouën fait mention dans ses Lettres d'approbation desdites Constitutions du 30. d'Avril 1629. contiennent les susdites conditions de sa Fondation. Il énonce par sesdites Lettres que lesdits Statuts luy ont esté representez par les Religieuses, écrits en seize feüillets de parchemin, d'vne vieille écriture, & que lesdites Religieuses luy firent entendre qu'ils auoient esté faits par le commandement & autorité du glorieux Saint Louïs leur Fondateur.

On voit par plusieurs tiltres autentiques, que le bien dudit Hostel-Dieu a esté long-temps gouuerné à l'instar de celuy de Paris, par les Administrateurs, qui estoient de bons & notables Bourgeois de Pontoise, gagez pour cet effet, comme il resulte de plusieurs comptes du Domaine, dans lesquels il est employé la somme de deux cens liures par an pour lesdits Administrateurs.

Mais comme il n'y a point d'institution, quelques saints qu'en ayent esté les motifs & les commencemens, qui ne s'altere & ne se corrompe par succession de temps; l'Hospital de Pontoise n'a pas esté exempt de ce mal-heur : L'estat où il se trouue maintenant le fait bien voir, puisque au lieu desdits douze Prestres & douze Seruantes, il est desserui par vn grand nombre de Religieuses qui n'auroient pas dépossedé les Seruantes, si elles estoient demeurées dans leur deuoir. Mais ce changement de seruice n'a pas deû alterer le bien de l'Hospital, ni en changer l'administration : Car si les Cessionnaires n'ont pas plus de droit que les Cedans, les Substituez n'en ont pas plus que les Instituez.

Suiuant cette maxime, le plus grand auantage que l'on puisse accorder à la Prieure, quand elle seroit mesme bien vnie & en parfaite intelligence auec toute sa Communauté, c'est de la considerer comme le Maistre d'Hostel d'vn grand Prince, qui allant faire vn long voyage, luy passe sa procuration generale pour l'administration de tout son bien, auec ordre de bien traiter ses enfans, qui sont en bas âge, durant son absence, & de gouuerner ses domestiques selon les loix de sa maison, & à condition de rendre les comptes de sa gestion pardeuant certaines personnes preposées pour les entendre.

Que s'il arriuoit à ce Maistre d'Hostel de negliger le seruice des enfans de son Seigneur, en sorte qu'il s'oubliast iusques au point d'employer à son propre vsage, & pour contenter sa vanité, ou pour satisfaire à ses débauches, le bien destiné à leur entretien ; qu'il n'en rendit aucun compte ; & que se preualant de l'absence de son Maistre, il s'emparast des principaux appartemens de sa maison, il en changeast entierement la disposition, il reduisist ses petits Maistres tellement à l'étroit qu'ils vinssent à manquer des choses necessaires à la vie ; Que méprisant les loix de la maison, il entreprist de les abolir, pour en faire de nouuelles : Et qu'enfin cabalant vne partiedes domestiques, il traitast les autres auec la derniere dureté : Qui doute que ce Prince informé de ses desordres, ne fist executer impitoyablement alencontre d'vn si mauuais seruiteur, & de tous ceux de sa cabale, ce sanglant Arrest marqué dans l'Euangile, *Malos male perdet ; & dabit vineam suam aliis agricolis qui reddant ei fructum temporibus suis:*

L'application de cette parabole est bien aisée à faire. Ce Prince est IESVS CHRIST ; l'Hostel-Dieu de Pontoise est sa maison, les pauures sont ses enfans ; le Maistre d'Hostel est la Prieure ; les domestiques sont la Communauté des Religieuses Hospitalieres ; les loix de la maison du Prince, sont les Statuts de l'Hospital, & les Regles & Constitutions des Religieuses Hospitalieres ; les domestiques cabalez, sont les confidentes de la Prieure ; les domestiques mal-traitez, sont ses aduersaires, qui ont esté, & sont persecutées, parce qu'elles maintiennent le seruice des Pauures, & leurs Constitutions.

Mais on ne craint pas ce Prince ; parce que l'on ne le voit point. Il est plus proche que l'on ne pense, *medius vestrûm stetit quem vos nescitis*. Son pouuoir s'exerce bien autrement que celuy des Monarques du monde ; ils ne font aucune démarche qu'auec beaucoup de bruit & d'éclat: celuy-cy remuë le Ciel & la terre sans se mouuoir, & lors que l'on y pense le moins, il assiste de sa puissance ceux qui ont recours à sa bonté. *Suscitans a terra inopem, & de stercore erigens pauperem, vt collocet eum cum principibus, cum principibus populi sui.*

C'est ce qui se va faire en faueur du Pauure indefendu. La force du bras diuin s'appreste pour le releuer, & pour le soustenir, apres l'auoir tiré de la poussiere & du fumier, où il estoit comme enseueli par la mauuaise administration de la Prieure. Il est sur le point de ioüir de la protection d'vn grand Monarque qui porte le nom, aussi bien que la couronne de son saint & glorieux Fondateur. Il n'attend que l'heure de voir Messieurs du Parlement, qui sont ses veritables tuteurs, & les Princes establis pour rendre la iustice aux peuples, prononcer vn Arrest qui remplira de biens ceux qui sont dans la necessité & dans l'indigence, & qui renuoyera vuides & pauures ceux qui se sont gorgez du patrimoine de IESVS-CHRIST, qui est celuy des miserables. *Esurientes implebit bonis, & diuites dimittet inanes.*

Il espere que par cet Arrest, la Cour deputera vn de Messieurs pour Commissaire, afin d'informer de la dégradation des lieux destinez au seruice des malades, & de la Communauté des Hospitalieres, de la dissipation du bien de l'Hostel-Dieu, & de la profanation des Autels, pour l'information veuë & rapportée à la Cour, estre ordonné que doresnauant ledit Hostel-Dieu, conformément à ses Statuts, & à l'ancien vſage, ſera gouuerné & adminiſtré à l'inſtar de celuy de Paris : Et cependant par forme de prouiſion, afin de découurir les veritables auteurs de la diuiſion, qui eſt dans ladite Communauté, en oſter le ſcandale, y reſtablir l'eſprit de regularité & de charité pour les malades, il ſera pourueu à ladite Communauté de Superieurs Eccleſiaſtiques ou reguliers, & de Peres ſpirituels non ſuſpects, comme auſſi d'vne Superieure du meſme Ordre, mais de differente Maiſon, pour gouuerner ladite Communauté, iuſques à ce que tous les differens des parties ayent eſté reglez diffinitiuement.

www.ingramcontent.com/pod-product-compliance
Ingram Content Group UK Ltd.
Pitfield, Milton Keynes, MK11 3LW, UK
UKHW012024240726
13965UKWH00002B/561

9 782012 953147